究極
夢辭典

坂内慶子／著
洪于琇／譯

前言

夢會告訴我們靈魂的目的

說到夢，大家心裡會浮現什麼呢？

難以捉摸，每天晚上都會見到的畫面和故事；意義不明，一醒來馬上就會忘記的東西……或許，也有些每天辛勤工作的人會說：「我不做夢！」

我從事在日本也相當少見的夢療法家工作已經超過二十年，倚靠案主的夢境協助對方找回原本擁有的光輝與活力。

對我而言，夢是再可靠不過的導師，也是勝過任何事物的最強夥伴。無論人生中發生什麼事，夢都會告訴我們解決的方法。

夢會在我們即將面臨麻煩前提出警告，也會告訴我們引發麻煩的理由；甚至在身體狀態即將惡化之際，給予我們具體的飲食和運動建議。

我敢肯定地說，只要能理解夢，則無論面臨何種困境，我們都能輕易掌握人生，積極地活下去。

因為，夢就是每個夜晚通知我們人生目的，更準確來說，是「靈魂目的」的專任顧問。

人類只要不偏離自己的靈魂目的，就能保持身心健康。雖然很多時候，靈魂的目的會與世間或父母灌輸給我們的價值觀截然不同；但即使不被周遭所理解，只要堅定相信那就是自己的生命主題，我們便能以穩健的步伐走下去。

所謂的人生，就是不要迷失自己的「靈魂目的」，並且誠實面對。若是在途中感到迷惘，只要再次聆聽夢的訊息就好。夢正是一直在我們身旁給予鼓勵，絕對不會厭倦也不會放棄我們的優秀教練。

話雖如此，或許還是有很多人會感到毫無頭緒。那麼，接下來我就簡單談一談自己為何會對夢如此深信不疑的緣委吧。

與艾德格．凱西相遇

我從小開始大約有四十年時間都是處於體弱多病的狀態，被周遭的人戲稱是「生病百貨公司」。被說成是百貨公司，就是身上不只有一種毛病，總是會有哪邊不舒服的意思。

我去過醫院，也吃過昂貴的藥，卻都效果不佳。無論是我自己，還是身旁的人都深信我幾乎不可能健康度過接下來的日子。

在這樣的人生中，我有幸遇見的就是凱西療法。那是一位美國人艾德格．凱西所提倡的疾病應對方式。

這位名為凱西的人物是位已故的美國攝影師，從小便擁有不可思議的能力。只要他一處於催眠狀態（改變意識的狀態），就能解答任何問題——從極為困難的科學、醫學相關內容，到政治、經濟趨勢、宗教及哲學等，甚至包含夫妻吵架等人際關係問題的解決方法，內容包羅萬象。

凱西本人是名虔誠的基督徒，個性相當勤奮。但由於他出身貧窮，並未受過高等教育，他的「言詞」明顯就像是來自另一個次元的訊息。訊息的來源充滿謎題，至今尚未解開，儘管有諸多假設卻都難以證明。

或許有很多人會認為這種事情聽起來很可疑，但重點是凱西說的內容十分具體，實際上也非常有效。他幫助受疾病所苦的人，為研究遭遇瓶頸的人提供提示與解答，也給予絕望輕生的人希望。

發明大王愛迪生就曾在聽聞此事後，前去向凱西尋求建議；而除了這個有名的故事外，據聞當時的美國總統也曾暗中拜訪凱西。因凱西的建議而痊癒的患者接連不斷，根據他所述內容製作而成的藥品和化妝品，至今也仍深受多數人喜愛。

很遺憾，我知道這個人時他已經不在世上了，所以無法從他那邊獲得專屬建議。不過，我從凱西遺留的語錄中判斷「食療法」、「蓖麻油濕敷」、「洗腸」應該對我有幫助，開始投入其中。由於凱西療法的詳情已有專書出版，在此就不做贅述；但總而言之，每種療法都有它驚人的效果。

我默默實行這些療法後逐漸消除了身心靈的緊張，不知不覺間身體的水腫消失了，四肢也不再冰冷，連好幾位醫生都放棄的惱人問題也全數煙消雲散。當時，就連我也半信半疑，想不到自己竟然能擁有夢寐以求的健康身體。

從此之後為了維持健康，凱西療法成為我生活中的一部分。

健康生活的三大工具

因為前述的體驗，我對艾德格·凱西產生了絕大的信賴。在痊癒後，我不只閱讀他醫療相關的言論，也開始看起他關於人類生活方式的建言。

在長年與疾病的相處之中，我開始思考生病與生活方式是否為一體兩面？疾病是否為內心的一種展現？凱西也曾說過：

「只要對人生抱持健全的看法，就能透過飲食與運動緩和並克服大部分的疾病。」

身體與心中所思果然是息息相關的。

那麼，要怎麼樣才能「對人生抱持健全的看法」呢？關於這點，凱西也留下了許多建議，其中令我印象最深刻的是：

「其根本就在於冥想與祈禱，與此同時，保持打從心底奉獻的態度，經營規律而有建設性的生活相當重要。」

「注意呼吸與食物，每天早晨醒來時，要仔細記錄昨晚的夢境並進行分析。」

「夢是與超意識自我交流的一扇門。」

〔出自《超能力的祕密——艾德格．凱西報告（World Within）》（暫譯）吉娜．舍明那拉（Gina Cerminara）著 十菱麟譯 多摩出版〕

他的意思或許就是「藉由祈禱確立自己的意志，再透過冥想和夢境察覺神給予的答案」吧。只要反覆實行這些步驟，就不會偏離人生應行的方向。凱西的提案簡單得令人驚訝。

這麼說來，我對凱西療法產生興趣沒多久後就做了這樣一個夢：

突然有一架幽浮飛來停在我頭上，從正中間射下光線。一個圓形物體咕溜地降了下來。

我伸出雙手收下，發現那個東西就像是裝沙拉的木盆。木盆裡裝著油，油裡浮現出一張人臉。我覺得他彷彿在呼喚我喝光那盆油，便將其飲盡。

我雙手不停在膝蓋上翻轉空了的沙拉盆後，盆子便化為一堆稿紙，我明白那是正是寫作書籍用的稿紙。

當時，我尚不知道油中的人臉是誰。那是個長相嚴肅、表情宛如哲學家的人。做那個夢時，正逢我剛加入美國艾德格．凱西探索和領悟學會（A.R.E.）的時候，沒多久我便收到了說明手冊，印在手冊上的凱西肖像正是我夢裡出現的那個人。

我當時的唯一心願就是希望自己能夠健康，夢正是針對這點給了我確實的答案——實行凱西療法。由於凱西療法經常使用油，幾乎可以說是一種油療，因此也就能理解為什麼我會在夢中喝油了。

而稿紙堆的部分，是因為我當時抱著小小的期待，心想或許將來能將自己的體驗寫成書。

我興奮不已，認為能夠給予如此明確建議的夢，其中一定存在著某些意義。很明顯地，這不僅僅是單純的占卜或咒語，只要能夠好好解讀夢境，它或許還能教導我們更多各式各樣的事……。

希臘神話中的名醫亞希彼斯也曾在治療中使用夢境；此外，馬來西亞的色諾族（Senoi）習慣在早晨讓孩子談論夢的內容，透過夢來共享孩子的成長。同樣地，聽說美國原住民家庭也會每天早上談論夢境，確認彼此的心靈狀態，這點對小孩子的成長特別有幫助。而佛洛伊德和榮格對夢的解析應該是無人不知、無人不曉吧？即使到了現代，世界各國都有將夢實際運用到臨床治療的案例。

可惜的是，能實際感受到夢的價值的人並不多。開頭也有寫到，大部分的人都認為夢是一種難以理解的東西吧？

我從那時起到現在都覺得這樣相當可惜。就算不到生病的地步，人生總還是會伴隨著困難。在這種時候，夢能伸出比所有人都準確的援手。這件事，我在這世上活了超過四十個年頭都沒能察覺；即使無奈，我仍強烈盼望大家能夠發現這份每個人每天都能獲得的恩惠，哪怕多一個人都好。

與夢共生

之後，我便開始正式面對自己的夢。我走自學路線，廣泛閱讀關於夢的各類書籍，並透過自己的夢來驗證其中的內容。在學習過程中，再次讓我切身體會到夢的力量的，便是我五十歲結婚的時候。我先前曾在別本書中提過，在此便不做贅述（請參考《Dream Book「夢」的符號辭典》（暫譯）Betty Bethards著，坂內慶子譯，中央ART出版，卷末短篇）。從我與先生相遇到結婚之間的迂迴曲折，夢都悉心仔細地給予我支持。

應該跟這個人來往嗎？吵架的時候該麼辦？下定決心結婚是對的嗎……只要一談戀愛，煩惱就會伴隨而來。

不過，夢會配合一個人的內心成長，時而溫柔、時而嚴厲地持續傳達訊息。當然，這在婚後也未曾改變。

我越來越信任夢，在這之後便以夢療法家的身分獨立開業。雖然剛開始時也常發生完全無案可接的情況，但夢在這種時刻依舊持續支持我，讓我以逆境為食糧，學習堅強。

我認為，婚後有了能互相談論夢的對象也很棒。伴侶是最適合一起談論夢的人。

解夢靠自己也能完成，如果從不要受他人想法左右這點來看，大多數時候一個人解夢確實比較好。不過，與熟知自己的優點、缺點、過去的痛苦等的人談夢，有時也會獲得意想不到的靈感。有時只是單純地有人傾聽自己說話，內心就會平靜下來，能夠做出冷靜的判斷。正因為夢的建議如此正確，所以有時也會相當尖銳；若是連這些都能兩人一起承受的話，解夢就會變成一件有趣的事。

我希望已婚的朋友務必夫妻倆一起談論夢，你們會變得更加深愛彼此。正在考慮結婚的朋友也請別害怕，試著和對方說說自己的夢吧，這樣或許能從不一樣的角度離對方更近一步。有孩子的父母有時也能藉由聆聽孩子的夢，發現孩子們說不出口的煩惱。

不知道我是否有稍微傳達出一些與夢共同生活的美好了呢？當然，不管再怎麼重視夢的價值，生活中仍會遭遇難過與悲傷。有時也會發生出乎意料的事，讓你對有夢的指引卻依然失敗的自己感到不耐。但世上不可能存在沒有試煉的人生。

只要擁有「無論何時背後都有支持在」的安全感，確信自己走在應行的道路上，堅定不移，就不會過度消沉。你會能夠發揮柔軟度，平靜卻傾己所能地過生活。

即使面臨失敗和困難，這些都是「靈魂的磨刀石」。儘管感到痛苦，但從中學習必要的事物後，就只要再朝自己靈魂的目的地跨出步伐就好。或許，當我們能抱持這種簡單的態度時，無論我們是否富有、健康，都會是幸福的。

沒錯，與夢共同生活就是幸福地生活。

究極夢辭典　目錄

☆夢是來自我們超意識的信號

☆關鍵字辭典

■人物

■物品

■場所

■靈性

■大自然

■行為、事件

☆夢是來自我們超意識的信號

什麼是夢？

夢的內容大抵都令人不解。在夢境世界裡，意義不明、不合邏輯、超現實的內容是家常便飯，你一開始或許會擔心：「我有辦法分析這種東西嗎？」不過，夢境充滿謎題是有其明確理由的。

從人的三層意識結構來看，夢是由最下層的「超意識」所帶來的訊息。這層超意識清楚掌握了你的靈魂目的，期盼能將其傳達給你的上層意識。夢之所以能成為最可靠的導師，就是因為這層超意識是絕對正確的。更大膽地說，所謂的超意識，便是神靈寄宿之所。

那麼，為什麼超意識要以這麼難懂的方式告訴我們該前進的方向呢？

這是因為，這些信號在從超意識抵達意識之前必須先穿過潛意識，而我們的潛意識層中潛藏著諸多兒時的心靈創傷（所謂的心理創傷）。

心理創傷是一些過於深刻、疼痛尖銳，讓我們不想再度被碰觸的地方。由於「連想都不願意想起」，顧名思義，才會被收納進位於意識深層的潛意識中。一般人即使面臨到會想起傷痛的事，也幾乎都會下意識地將其排除，養成了不去思考與那道傷痛相關問題的習慣。

這種生活習慣會對一個人的個性與人格形塑帶來莫大影響，與人生中的困難也密切相關。然而，由於多數人對於自己避開傷痛的生活方式毫無覺察，比起認為困難是自己所導致，更多人會將其視為一種無法逃脫的命運。

其實，知曉靈魂真正目的的超意識所給予我們的，正是圍繞著這些傷痛和習慣的信號。

「如果希望人生有意義地前進，請直視那些傷痛，不要逃避。養成逃避的習慣會讓

意識（心）的三層結構

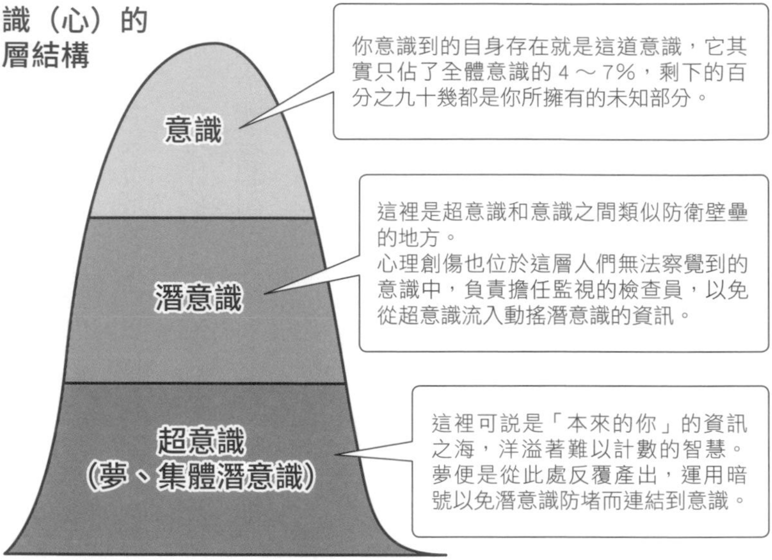
意識
潛意識
超意識
（夢、集體潛意識）
你意識到的自身存在就是這道意識，它其實只佔了全體意識的 4 ～ 7%，剩下的百分之九十幾都是你所擁有的未知部分。
這裡是超意識和意識之間類似防衛壁壘的地方。
心理創傷也位於這層人們無法察覺到的意識中，負責擔任監視的檢查員，以免從超意識流入動搖潛意識的資訊。
這裡可說是「本來的你」的資訊之海，洋溢著難以計數的智慧。夢便是從此處反覆產出，運用暗號以免潛意識防堵而連結到意識。

你的人生變得更加複雜。若能面對並克服傷痛，無論是感情、工作還是健康，所有你現在煩惱的事都會往好的方向發展。請去做那件你最不想做的事。」

簡單來說，超意識每次說的幾乎都是同一件事。因為歸根究柢來說，靈魂的目的就是克服創傷。當然，由於每個人都帶著不一樣的創傷，因此超意識每次都會顯示具體的重點，並同時向我們展示跨越傷痛的方法。

然而，那也是件極為艱難的事，因為那代表我們得重新去意識自己想忘卻的事，刻意去觸碰不想被觸碰的地方，當然無法馬上接受。

由於一旦接觸這些訊息會很痛苦，心理創

傷所在的潛意識自然會一一防堵這種來自超意識的訊息。但超意識仍想傳達這項真理，因為那是屏除人生苦痛的不二法門；而超意識也明白，在本人的意識深處是想得知這項真理的。

因此，超意識便創造出能夠成功傳送訊息，又能不讓潛意識注意到的方法，那就是意義不明又不合邏輯的夢。與心理創傷有關的重要資訊會化為暗號，避開潛意識的注意，成功來到意識層。因此，儘管帶著暗號的夢令人不解，但那些讓人不明所以的地方才正是夢的真諦。所以只要專注在這些地方，知道解讀方法的話，理解夢的訊息便不再是難事。

有時，我們會對嚴峻的訊息感到恐懼顫抖，而超意識也會評估意識能夠接受訊息的「時機」，因此，現在夢見這個夢的你，其實已經具備跨越這項困難的能力，接著只要一步步克服那塊不擅長的領域就好。

總結來說，夢會告訴你令你人生遭逢困難的原因，也就是心理創傷的存在，也會教導你處理方法。這就是夢。

夢療法的第一步

我們先來看看幾種經常出現的典型夢境。如果不只是單純的閱讀，而是一邊利用本書的關鍵字辭典確認夢裡登場事物的意義、一邊思考的話，應該就能更容易掌握夢療法的重點。

「春夢、性行為的夢」

春夢可以說是最像夢的一種夢。雖然做這種夢可能會讓人有所顧忌，羞於向人啟齒，但「性」在夢裡面是靈性的極致，屬於非常重要的事物。

性，會和懷孕的可能性相互連結。懷孕生子是一項非常巨大的挑戰，也是未知世界的起點。換言之，這樣的夢是在暗示：你的心靈現在正面臨嶄新的舞台。

夢會教導我們邁向新狀況的訣竅，那就是將在夢中登場的性行為對象的優點化為自己的一部分。無論對方是誰，都要從自己身上引導出那個人的優點，就算性行為的對象是同性也一樣。

像是這樣思考——

「〇〇〇的優點是……對動物和孩童很友善，總是與弱勢族群站在同一邊。我在公司差不多也要開始帶人了，是不是該試著站在年輕人的角度，而不是光顧著自己呢？」

性行為對象的優點是你的成長課題，將這件事情付諸行動後，應該會看到出乎意料的進展。順帶一提，夢並不是建議你在現實中與那個人發生性關係，只是要你單純地相信自己身上也有那個人的優點，鼓勵自己做出和那個人一樣的行為舉止而已。

另一個觀點是，有時候夢之神會給予長期沒有性行為對象的人性層面的狂喜。我們的肉體並非單純的物體，而是靈性的容器，本來就非常神聖，也必須謹慎對待。不過，實際上又是如何呢？或許這也是一個檢視自己是如何與自己肉體相處的機會。

藉由從這種體驗聆聽肉體的聲音，應該就能理解性是神聖的極致。

「飛翔夢、墜落夢」

兩種夢都是心神不定、個性浪漫的人常做的夢。這類型的人個性真誠、精神層面崇高；但另一方面似乎懷抱著不被周遭理解的孤獨，經常在生活中感受到莫名的痛苦。

由於夢中最常出現的是距離地面幾公尺飛翔的狀態，因此掉落時也不會從太高的地方墜落。在天際或是宇宙間自在遨翔、不斷從相當高的地方墜落等夢境基本上是一樣的，做夢的人都對自己活在世上這件事有某種無法理解之處，無法擁有在這個現實世界中腳踏實地前行的切身感受。

那麼該怎麼做呢？你在現實生活中也一直感到像浮在半空中般地惶惶不安嗎？是不是覺得沒有支持你的人呢？如果有的話，你是否在心中將對方描繪成宇宙盡頭的存在呢？為什麼你會這樣認為、有這樣的感受呢？

由於我們生活在相當便利舒適的社會中，因此很容易忘記人類是無法獨自生存的。或許是時候該注意到「我們時時刻刻都擁有許多有形或無形的支持」這件事了。人生在世，有時會覺得生命淨是悲傷與痛苦；但正是因為活著，我們才能經歷各式各樣的事，從經驗中學習。請試著思考看看，擁有生命以及地球賦予我們肉體是多麼值得珍惜的一件事吧。

你可能已經沒有這段「記憶」，但你是自己下定決心要生於這個地球、磨練靈魂的。請記住，夢裡有著讓你在這個現實世界裡腳踏實地的建議。

「死亡夢、殺人夢」

這也是一種相當有衝擊性的夢。雖然有人會擔心這可能是預知夢，但這種夢絕大部分都不是代表現實中的死亡。

與死亡相關的夢大致上可分為兩種意義：第一是暗示你必須捨棄（放手）身上不再需要的部分；第二是指出你完全沒有在生活中善用自己的優點（優點正在死亡）。

前者是靈魂層面死亡與重生的夢，你可能正處於人生的轉換階段或轉捩點。夢中是誰死了？面對這個死亡你有什麼感受？其中應該蘊藏了許多建議吧。夢見父母死亡的夢稱為「弒親夢」，告訴你你能超越父母親成長，能為心靈成長帶來很大的勇氣。

後者的情形講得嚴厲點，是種怠慢。或許你無法坦率承認，但每個人身上都有他人所沒有的美好特質。你是不是一直讓那份特質沉睡呢？有沒有什麼才能正遭到你的禁錮、扼殺呢？

在夢中變成屍體或是遭到殺害的對象，是在你心中被你殺害的事物。如同寶石需要經過磨練才會發光，請找出自己潛在的需求，珍惜它、培育它。認同這一點，讓屬於你的特別才能重生吧。「死亡的狀態並不是原本的你」，夢就是來告訴你這件事的。

「被追逐的夢」

會夢見遭到某種事物追逐，是因為你逃避了必須面對的問題。儘管你逃離了狀況，但這樣卻無法解決任何事，現在的你有這個能力，請挺身面對吧。這是存於你心中的神靈嚴厲而溫柔的鼓勵。

在關鍵字辭典裡查詢追逐自己的東西，應該就能揭開你所逃避事物的真面目。大多數情況下，即使不查辭典，本人也已經有所自覺了。

雖然被追逐的夢會一再出現，但一旦你下定決心「不再逃避、挑戰看看」，並開始行動後，就突然不再會夢到了。這是因為你打開了新的大門，夢會在下個階段提供你別的建議。

另一方面，即使你始終不去挑戰，過一陣子後也不會再夢見這種夢。因為你選擇了維持現狀，所以超意識判斷這則訊息現在沒有意義。日後，夢會衡量適當的時機讓你再夢見相同的夢。

醒來後回想起會讓人很不舒服的夢被稱為惡夢，遭到人們厭惡；但其實越不舒服的惡夢訊息越強烈，傳達的內容非常清晰。如果想讓你的人生活得有意義，建議你更該坦率面對惡夢的忠告。即使跳過這道忠告，人生中也只會不斷出現同樣的課題而已。

「金錢夢、購物夢」

夢中的金錢代表了決心的能量，購物是在告訴我們自己會對那件事灌注多少精力行動。意即藉由這個夢，你可以知道自己現在想得到的東西是什麼、打算為此付出多少精力，並了解自己衝勁和決心的程度。

因此在夢中有想買的東西時，請不要殺價，用原價購買吧。付出正當的代價，將那個東西確實納為己有吧。反映在現實中，你也將會能夠將需要的人或物引進人生裡。

如果在夢裡購買特價品，在現實生活中就算想達成什麼事，也會因為決心薄弱而無法做出改變事態的行動。

如果在夢中遺失或是掉落金錢，代表你或許正在現實世界裡浪費精力。請決定處理事物的優先順序，評估自己的效率吧。

錢財遭竊的夢是光顧著他人而疏於關照自己的表現。請檢視一下自己是否容易因為太過注意周遭，而騰不出時間考慮自己事情呢？

如何？只要掌握「夢會告訴我們心理創傷和個人課題」這個重點後，原本只覺得難以理解的夢，看起來也會有所不同。

就算被點出心理創傷，也請不要責怪自己「我這樣〇〇〇很差勁吧」。夢不會將無法挑戰的訊息傳遞給你，只要客觀地意識現狀，採取改善的行動即可。夢並非在責備你，而是隨時給予我們改變的契機。

有些人或許會想：「我雖然想理解自己的心理創傷，但現在非常疲憊，沒有精神面對。就暫時先維持現狀，等身心狀態好一點後再行動吧。」如果真心這麼認為的話，這也是選項之一。有時比起勉強自己，更適合靜待時機成熟。採取行動時，將門檻設定得低一點，一步步慢慢前進會比一開始就挑戰高難度更佳。萬一遇到卡關，只要再想想夢，思索自己的生活方式就好。

雖然夢會給予我們無限的建議，但為了讓我們達到真正的成長，它會將一切的決定權交付在我們手中。別忘記，行動與否操之在己，為人生做出決定的人是你，是你自身的意志在掌舵，這也正是人生的奧妙所在。

☆任何人都能輕鬆實踐的夢療法

1 向夢提問吧

夢不是只能等待它光臨的東西，只要你提問，夢一定會回答。現在正懷抱煩惱的人，請於睡前整理好心中的問題，祈禱「請用明天早上醒來前的那個夢告訴我解決方法」再就寢。※沒有特定煩惱的人可以略過這道步驟。

2 試著寫下夢筆記

記錄夢境的筆記是心靈的成長紀錄。如果決定要投入夢的課題，請在枕邊放一本筆記本，將記憶尚存的夢寫下來吧。習慣以後，就算不寫筆記本而是記在手機或腦海裡，也能繼續之後的作業；但為了儘可能正確記錄夢境，一開始還是建議從寫筆記開始。

請準備沒有線條的空白筆記本，在最上端寫下編號，下方記下日期，將夢見的內容統整寫在一頁裡。以文字記錄夢中內容時不要用「過去式」，而是要用「現在式」的口吻敘述。

夢裡經常會出現不可思議的東西，有時圖像比文字更容易表現夢中情境。這種時候，在筆記上半部以文字記錄，下半部畫插圖也不錯。這裡拿來當作範本的，是一位五十多歲的男畫家所記錄的夢筆記。由於他的本行是畫畫，因此畫了很厲害的插圖；但做筆記時只要能讓自己在事後閱讀時掌握到情境就好，不用介意圖畫得好不好。

做了夢但夢醒馬上就會忘記的人，請試著在睜開眼睛後保持醒來的姿勢不要改變，靜待自己回憶起夢的內容。就算想不太起來，隨著沉浸在當下的情緒中，或許就會慢慢想起。重點是不要焦躁。

如果覺得直接寫在筆記本裡沒辦法好好整理夢境內容，之後翻開也很難閱讀的話，不妨在枕邊放便條紙。可以先在便條紙上草寫，之後再慢慢謄到筆記本上。一開始就想寫筆記，內容卻像便條一樣雜亂無章的話，會難以閱讀，也會難以進行到下個步驟。

在寫筆記時，有時常會想回憶起全部的夢，卻只有一部分的記憶比較鮮明。這種時候不用勉強自己回想，請先將記得的部分確實寫下來。會忘掉的地方幾乎都是對我們而言沒必要的事物；就算真的無論如何都需要，之後也會換另一種形式夢見。因此，完全不用執著於自己想不起來夢到什麼。

3 感受、回味夢境

分析夢的第一步就是好好體會夢的內容，也就是試著體驗、感受夢境。因為如果直接分析夢筆記上的內容，很容易被龐雜的資訊牽著鼻子走，錯失夢真正想傳達的訊息。如果離做完夢的時間太久，夢與現實之間就會被拉出距離，讓我們漸漸忘記做夢時的感覺，也就越來越難體驗、感受夢境。夢是對「當下的你」所提出的建言，因此請儘可能在當天內體驗、感受夢境。如果能花時間細細體驗感受當然最好，但即使只有短短一段時間能進行這項作業也無妨。

首先，打開夢筆記，像閱讀小說般試著再次回味夢境。夢裡的故事像童話嗎？還是一場歷險記或奇聞呢？先回想起這場夢是屬於哪種類型的故事吧。電影和小說的主題都是在欣賞品味的過程中才漸漸浮現，夢的體驗與感受也一樣。當主題浮現後，請試著精簡夢的內容，將能省略的地方一個個省略、簡化，統整成簡短的文章。

對這個步驟還是感到棘手的人，就請試著將夢中印象最深刻的場景畫出來吧。不要去思考「這個夢是象徵什麼」這類困難的問題，而是畫下最令你無法忘懷的場面，不用在意畫得好不好。

上述步驟結束後，無論是文字也好、圖畫也罷，請運用關鍵字辭典解讀其中的事物。此時的重點是：以最奇怪、最難懂的地方為中心開始解讀。因為這些地方時常隱藏著你不想面對的真相，也就是可能施行不易，卻能讓你人生好轉的關鍵。

體驗、感受夢境，不只用文字統整，也畫出圖像；只要從兩方面進行分析，或許就能解讀出更明確的夢的訊息。

另外，我也推薦透過實際行動來體驗、感受夢境。例如，如果夢裡出現的大海令你印象深刻，就實際去海邊看看。你在海邊想到的事物，也能為解夢帶來很大的幫助。

4 將夢運用在生活中

夢療法最重要的是將夢的真諦運用在日常生活中，付諸行動。請將從體驗、感受夢境中獲得的建議落實在生活中吧。

難得從夢中獲得許多好建議，也讓大腦能夠理解，卻沒有應用在人生中的話，最後不會有任何結果。重要的是活用這些建議，進而讓自己成長。一旦你有所成長，夢的內容也會漸漸做出相應的改變。

如果除了做夢之外什麼也不做，沒有讓自己的人生轉動的話，夢也可能會不斷傳送相同的訊息，或是判斷「這個人現在無法接受夢」，讓你變得不太會做夢也說不定。這樣就像是忽略夢境難得的引導，讓自己龜縮在一旁。只要一小步就好，請先鼓起勇氣，試著行動吧。

有位體驗過夢療的女性非常介意一場「魟魚在天空中游泳」的夢，並將其記錄在夢筆記裡。其實，她當時非常討厭自己的工作，雖然很想馬上離職卻又沒有存款，也不去找下一份工作，每天持續過著進退不得的日子。

她心想這個夢可能是在向自己傳達什麼訊息，而試著解夢。她一邊瀏覽夢筆記，一邊體驗、感受夢的內容，最令她印象深刻的果然是原本應該在大海裡的魟魚跑到天空上這件事。她利用辭典解讀這個場景，發現這是顯示自己現在「沒有腳踏實地」、「沒有待在合適的地方」。

此外，這位女性發現自己會身心俱疲，是因為自己的無理取鬧。明明也不清楚自己想做什麼，抱怨現在的工作也無濟於事。一想到這，她便對即使互不合適卻仍願意雇用自己的公司產生了感激之情，她下定決心先釐清自己想做的事，開始儲蓄轉職基金。就這樣，她說重新檢視自己的思考模式後，周圍的景色看起來也煥然一新。這位女性一點一滴找回自己過去的朝氣蓬勃，人生也開始好轉。

夢療過程中，有時也會出現儘管大腦理解，身體卻始終無法展開行動的時候。這種時候，就回到夢療法最初的步驟，試著問夢：「我該怎麼做才能活用從夢獲得的訊息，展開行動呢？」夢一定會將所需要的訊息傳送給你。

到這裡為止我介紹了解讀夢訊息的方法，但其實夢還扮演了一個很重要的角色，就是夢本身就有療癒的效果。請你也將這件事放在心上，沉浸在夢的世界裡，好好品味感受夢吧。

接下來將介紹兩個夢療法的實際案例。第一個是四十多歲的女性，她將夢的內容記錄在手機裡，手繪了夢中恐龍登場的場景。另一個是前面夢筆記範例介紹的五十多歲男

性所做的夢。以下是兩人各自的夢境內容以及夢醒後的體驗感受、分析與事後分享。

○「恐龍在入口大鬧」

・夢筆記

陰天，假日。妹妹產後不久，我前往她所住的高級公寓照顧剛出生的外甥與身體狀況不太好的妹妹。儘管我認為自己已經很努力了，但在場的母親卻挖苦我說：「妳就是沒有小孩才會這麼不細心。」我心裡一面無奈地嘆氣，一邊準備告一段落收拾回家，結果公寓入口有隻恐龍正在大鬧，許多人四處逃竄。不知為何我並不驚訝，以不可思議的冷靜態度面對恐龍，平安踏上回家的路。

■體驗、感受夢境後的感覺

儘管我在幾個月前才剛經歷第二次的流產，卻經常會見到小外甥，周圍的人也會對我說：「你也生個孩子吧。」我覺得夢中「無奈嘆氣」的感覺，代表了那種痛苦的心情。雖然有隻恐龍在大鬧卻不為所動很不可思議。我當時也完全沒有什麼「想死」的念頭。

■查辭典後的想法

在這個夢裡，恐龍果然是代表母親吧。母親從小就不斷對我們說：「我就算放棄了重要的工作（口譯）專心養你們也不會後悔。對女人來說，有孩子是最重要的事，在人格方面也會有所成長，這點工作是完全比不上的。」這些話非常沉重，讓我覺得還在工作的自己很丟臉。由於結婚流產後，母親還是這樣說個不停，讓我整個人籠罩在「我是個人格無法成長的廢人」、「我很不孝」的心情裡。或許是因為內心充滿絕望（已經接近死亡了），才對恐龍不感到害怕吧。

不過，我也發現到自己好像能避開這樣的恐龍（母親）。醒來後，雖然想著如果我能幫助那些逃亡的人就好了……但現在的我似乎還沒有那樣的力量（這也是沒辦法的事）。

整體的夢彷彿烏雲密布，感覺內心並不晴朗。雖說因為我剛流產，這也是理所當然的事，但我決定先不要再受到母親的話語影響。具體來說，就是即使母親在電話裡說三道四也不要去在意（那只是過去的生物在發狂，不符合我「沒有孩子」這個現實」的思考）。雖然在夢裡我也是任由母親念我（這是我對現狀的認知，因為我一直以來都是這樣），但今後我想下定決心，將必要的意見傳達出去。或許現在的我能夠冷靜應對母親，不會再跟她吵架了。

・事後分享

幾週後有了和母親談話的機會。雖然需要勇氣，但我們成功以驚人的冷靜態度談了一番。我知道了母親當年不得不放棄工作，即使有心想重返職場卻無法如願的糾結。母親說結束養育孩子的任務雖然充實，但也感到空虛。或許，母親的那番話也有一部分是在對自己說「養小孩很累」吧。我也好好地傳達了自己的心情。

恐龍看起來又稍微有點不一樣了。

○「把兩個混混從車裡拖出來」

・夢筆記

有個三歲左右的男孩站在路中央。兩個混混一臉傻笑，一邊開車一邊東張西望，慢慢靠近。眼看就要壓到小孩了。我打開車門，把混混拖出來大罵：「你們在搞什麼啊！」

（請參考三十二頁的夢筆記）

・體驗、感受夢境後的感覺

我當畫家邁入第三年了。雖然剛開始市場反應很好，但後來畫漸漸賣不出去，我感到很沮喪，這便是那時做的夢。重點應該是混混吧，而且還有兩個。

・查辭典後的想法

畫賣不好就開始賭氣，混混就是這個幼稚的自己。賣不出去的話，就應該冷靜思考其中的原因，我卻只是在鬧脾氣。畫家的創意、自由的童心現在正瀕臨危機。我朝自己沒有才華等其他方向尋求原因，卻沒有檢討自己該反省的地方，只是一個勁地想著可以不用努力的方向（也就是一直找對自己有利的解釋）。

・事後分享

畫為什麼賣不好呢？事後我冷靜地看了被送回來的作品，發現其實是自己偷懶的緣故。過去因為賣得好而得意忘形，簡直就是個混混。

截至目前為止，我向各位介紹了夢療法的基本流程，現在再確認一次重點吧。

做夢↓記錄（記憶）夢的內容↓體驗、感受夢↓利用關鍵字辭典思考↓行動↓做夢……

藉由重複這項作業，你的靈魂將會像爬螺旋階梯般漸漸充實，確切感受這股充實非常重要。明白這些後，請在作業方式上費點小巧思，讓自己夢療的過程更容易進行。例如，有人會用手機取代枕邊的便條紙，用聲音留下紀錄；也有人會因為太忙碌而沒有時間馬上體驗、感受夢境，決定改在通勤時執行。還有雖然不會寫文章卻喜歡畫畫，用漫畫風格製作夢筆記的人。還請找出適合自己的方法。

☆與夢融洽相處的守則

基本上，和夢共處並沒有艱澀的規定。不過，既然難得下定決心要投入夢的課題，我想先傳達三件事情，希望大家務必遵守，以免繞了遠路。

不要頻繁更改向夢提出的問題

例如：

「今晚來問問和主管間的溝通問題，明晚再來問問如何讓男友向我求婚吧。」

像這樣這個也想問、那個也想問，太過貪心的話，夢會變得混亂的。

首先，請整理一下自己的心情，確認自己最想問的事情是什麼吧。如果是「我該怎麼做才能跟主管和平對話」的話，就向夢提出需求。在收到訊息為止，可能需要花上幾天的時間，請暫時先忍耐一下吧。

當一個問題大致上已經解決後，先向夢表達誠摯的謝意，再轉往下個問題。

夢的訊息是專屬「自己」的

會對夢產生興趣，多半是對某件事感到迷惘或是心中懷抱不安的時候吧？這種時候，很容易產生「只要向夢許願，夢就會幫自己實現」的期待。然而，夢向你顯現的訊息最終都是要給你「自己」的。

例如，夢會顯示的是「我該怎麼做才會得獎」，而不是「我無論如何都想得獎，請不要讓別人成功」；是「我該怎麼做才能建立良好的婆媳關係」，而不是「婆婆心眼很壞，能不能想點辦法」。

因此，要問「我」該怎麼做，夢才能確實傳達你所需要的訊息。

不問介入他人內心的問題

「因為和主管相處變順利了，接下來想讓男友下定決心結婚，請讓他向我求婚。」如果向夢提出這種請求的話會怎麼樣呢？夢所提出的建議是專屬於你自己的，只能告訴你你可以怎麼做。就算向夢詢問「請告訴我操控人心的好方法」，也沒有意義，還是放棄比較好。

就像你擁有「不受任何人侵犯的自由意志」一樣，男友以及其他所有人也都擁有自由意志。每個人都有權利選擇一條讓自己變得最幸福的道路，我們必須給予這件事最大的尊重。你的夢比任何人都希望你幸福，但不會為此幫你操控他人。

如果你希望和男友結婚，獲得幸福的話，不妨試著問問：「我希望和他結婚，該怎麼做才好呢？請告訴我我該採取的行動。」

其他事情也一樣。請不要向夢提出會介入他人內心的問題。一旦這麼做的話，不但會改變夢給你的訊息，以後還有可能夢見更難理解的內容。

☆關鍵字辭典

■人物■

這裡我將會就自己與家裡的人物、醫師和警察等職業以及人體各部位與疾病進行相關說明。

夢中登場的人物代表了你的側面，也就是說那個人是屬於你的一部分。

如果夢裡出現搞笑藝人的話，夢便是在傳達你有幽默感、有逗人發笑的才華。要不要試著運用你獨特的幽默感和周圍溝通呢？

登場人物和平常的自己關係越遠，代表你越沒有這份自覺。本書將會省略職業的一般介紹（例如護理師，不會寫「照護病人身心的醫療專門職業」），從夢療法的觀點描述該職業的性質。

現實生活中的疾病大都是疏於用適當的言語表達內心所累積下來的債，無法釋放的情緒會在身體特定部位加重負擔，以疾病這種形式表現出來。若不用有建設性的方式表現自我，便無法期待靈魂成長。那麼該怎麼做才能治療疾病的源頭——心病呢？追根究柢，該怎麼做才不會生病呢……能告訴我們這些的，就是疾病的夢。請藉由夢中的症狀學習實際上的應對之道。

如果孩子夢見自己生病，代表了他們「只有生病，爸爸媽媽才能注意到我的痛苦吧」的心情。請聆聽孩子的心情，充分同理的傾聽非常重要；至於是否要完成孩子的願望，只要彼此討論就好。重要的是讓孩子覺得就算跟父母親說真心話也會獲得認真的對待，不會被忽視。

【自己、家人】

☆自己

有時夢裡登場的自己會出現意想不到的姿態，明明是自己，卻又跟現在的自己不同，有時甚至連性別、年齡都不一樣，輕輕鬆鬆完成現在的自己所不會的事，說著自己不會的外文或不可思議的語言等等。總之，請試著相信自己各式各樣的可能性吧。話雖如此，一時間你可能也無法相信，但你身上確實擁有你夢到的那一面，只要你決定要實際運用的話，或許真能辦得到喔。

☆家人

為你的人生提供課題的人，其中有懂你的人、不懂你的人；有給予你平靜的同伴，也有身為敵人、帶給你的內心傷痛的一群人。

☆祖父母

從夢中祖父母的特徵來判斷訊息。如果特徵是溫柔的話，就是在要求你溫柔的品質；如果祖父母的特徵是以頭銜來評斷一個人的話，請檢討自己是否也有這種傾向。另外，也有可能是夢見祖父母的你想要繼承祖父母的工作或興趣，可以思考讓自己朝那方面精進的可能性。

如果夢中出現的是已經過世的祖父母，就試著坦率接受他們想傳達的內容吧。因為這是跨越次元的聯繫，亡者或許是費了很大的功夫才出現在夢裡的。請對亡者表達感謝，告訴他們不用為自己擔心。祖父母的靈魂登場大部分都是希望子孫平安無事。參考：「靈界聯繫」

☆叔叔、伯伯

代表你陽性的一面。你身上擁有包含他們現實中才華與個性的特質。是否要引導出這些特質，由你來決定。參考：「嬸嬸」

☆嬸嬸

代表你陰性的一面。你身上有她們的才能或特質。請重新問問自己，是否想將她們當作女性的生活典範，效仿她們呢？參考：「叔叔、伯伯」

☆父母

夢是在問你，你是希望婚姻生活像父母一樣，還是不要呢？母親顯示陰性面，父親則是陽性面，是你心靈成長的基礎。無論這些側面是正面還是負面都有其作用。此外，你身上確實帶有父母親擁有的特質，是否要效仿他們，決定權在你。

☆父親

夢中的父親是親生父親或養父的話，代表你身上有個和幼時心理創傷直接相關的問題，非常重要。對這件事產生自覺，承認自己的好惡後，選擇對象時便不會引起混亂。對女性而言，父親本來就會成為選擇男性的基準，由於父親是無關乎好惡、最接近自己的男性，就算並非刻意，也會成為女性挑選伴侶的標準。如果夢見父親的話，請試著思考這點。對男性而言，父親則會是自己想效仿的理想或是負面教材。參考：「父母」、「母親」

☆母親

夢中的母親如果是親生母親或養母的話，有時會與幼時的心理創傷直接相關，因此非常重要。如果你是女兒，請思考自己是想像母親一樣，還是不想呢？如果你是兒子，母親便是你選擇伴侶的基準。夢見母親的話，請思考這件事。參考：「父母」、「父親」

☆丈夫、妻子

如果你是女性（男性）的話，夢中的丈夫（妻子）代表你整體的陽性（陰性）面。丈夫（妻子）的特性是你成長所需的元素。丈夫（妻子）的成長也是你的成長，是人際關係中最值得你投注能量的對象。真正的伴侶就是你的鏡像。參考：「結婚、婚禮」、「離婚」

☆兄弟、姊妹

兄弟姊妹會與你發展成類似朋友、父母、小孩、或是情人等關係，擁有各式各樣的面向。請思考你是如何看待你夢到的那個對象，對他有什麼樣的想法？

你身上也存在著他們的特質。

☆兒子、女兒

代表你身上男（女）孩子的部分，也代表你身上擁有他（她）們所顯現出來的特性和可能性。如果夢中出現繭居族兒子，請試著將焦點放在自己在意面子、避免行為舉止引人注目的處世之道上吧。

☆嬰兒

嬰兒的夢在讓你知道自己的新才能。過去埋藏在你體內的才能正在萌芽，請用奉獻犧牲的精神照顧還搖搖晃晃站不穩的才能，將它培養到能獨當一面為止吧。如果你能具體鎖定是何種才能的話，不要吝惜尋求好老師、讀好書。此外，不妨試著幫這個才能寶寶取個名字吧。例如，如果是知識領域的話叫「阿學」，是幽默感的話就叫「小笑」這樣。

【職業】

☆醫生

顯示你的自癒能力正在運作，又或者正好相反，代表你不相信自己的治癒能力。簡單來說，對治癒能力的信任就是對自己的信任。你該知道，人生的一切都是自己的責任。

☆室內設計師

代表如果你希望的話，就能夠以迄今獲得的體驗為基礎，展開人生的新章。你不需要壯闊的決心，只需要明確的願景和享受變化的心理準備。

☆太空人

不要為自己的能力設限。你可以將崇高的理想直接設為人生目標。你是自我探索的戰士，請每天修習靈性，追求新的覺察吧。

☆占卜師

無法做決定。你不知道該拿自由意志如何是好，想將決定權交給某人。夢裡登場的占卜師大多很健談，說著預言般的話話。即使那些話抓住了你的心，也請在尊嚴與對自己負責中選擇取捨吧。塔羅牌裡的「占卜師」是勸戒大家不能自己放棄自由選擇的權利。參考：「占卜」、「超能力」

☆警衛

代表檢查設施和備用物品對居家安全的必要性。如果夢中出現保護高價寶石或藝術品的警衛，就代表了思考你是如何對待自己尊嚴和才能的機會。你是否為了讓自己成為外表美麗的裝飾品，花了一大筆錢呢？

☆外交官

代表擁有磨練外向特質的勇氣。夢中出現的外交官若為同性，想實現理想就請貫徹初衷。或者若你是女性，夢中的外交官是男性，那也代表了你心目中理想的男性形象。不過，請特別小心將夢中的外交官比擬為將來會出現的戀人這件事，這有可能讓你變得只關注華麗的生活，而忽視樸實的日常。正所謂物以類聚，對方有可能也因此只注意你的外在條件。

☆化學家

代表你正努力覺醒。你知道自己靈魂的目的，探究真理。或者，也代表因為頑固，始終採取自我防衛的態度，無法改變方向。

☆科學家

在理論上打算接受「人生就是學習」這件事。表示對知識和智慧的探求。此外，也代表了認為只有實證、合理的思考與理智才可靠的自己。

☆學生、徒弟

對人生的學習抱持謙虛的態度。找到了導師或道路。表示熱心汲取新知。或者，也代表了處於延宕期（moratorium）的人無法步入社會的狀態。參考：「學校」

☆鐵匠

持之以恆地鍛鍊自己，培養創新的態度。鍛鍊、耐力和體力。

☆家事管理員

夢在問你，你是否處於當別人家事管理員的狀態，或是正好相反，太過依賴他人了呢？不管是誰，「自己的事自己處理」是不變的鐵則。

☆護理師

代表治癒受傷身心的能力。過去，你一直找不到治療自己的方法；如今，你開始發現到自我療癒的能力了。你可以根據夢中護理師的特性和性格，追求其能力的特質。

☆救護車、急救人員

突然發生意外，想要求援的心情。或者代表雖然是過去發生的事，但終於開始想尋求幫助。如果想得到能幫助解決問題的力量和覺察的話，可以在自己身上發現。如果夢中是為了幫助他人而叫救護車的話，意指不要過度放大自己幫助他人的能力。確認你的能力範圍，辦不到的事就向他人求助吧。參考：「救援、救難員」

☆老師

代表幫助你人生課題進展的人、事、物即將出現。隨著成長，你也將會能夠以溫暖的態度接納所獲得的建言。此外，夢中的老師若呈現批判你的情形，是督促你反省自己的態度，也有可能代表你將過去別人對你做過的事原封不動地加諸在另一個人身上。選擇人生導師、開始與結束學習都是取決於你的決定。儘管每個人在一生中會出現幾位優秀的老師，但一輩子的導師除了內心的真我以外，別無他者。

☆軍人、軍隊、自衛隊員

夢中出現穿著制服的人，代表你重視制度和規律的那一面。在確立出屬於自己的一套標準前，那些有可能成為你判斷的依據。或者，也代表「人生就是爭奪」的信念。如果夢見的是受到管理的軍隊，可能是在暗示你成了體制的奴隸。人類雖然擁有自由意志，但最終都是處於掌管真理之神的麾下，不該盲從他人或是體制。參考：「警察、刑警」

☆警察、刑警

夢見警察的話，請慎重地確認你有沒有無微不至地關注自己每日的安全呢？你是否有遭到利用，或是被侵犯權益呢？刑警的夢代表你解決問題的能力。參考：「軍人、軍隊、自衛隊員」

☆藝術家

請為生活添加創造力吧。如果你本身是藝術家，這個夢是超意識理解你生活孤獨的痛苦，正在鼓勵你。就算你不是藝術家，也不妨試著在夢裡登場的藝術領域裡發揮創意吧。雖然那幾乎不太會是你的天職，但應該能為你現在的工作增添深度才是。參考：「藝術」

☆建築師、木工

你是人生這棟房子的主人、建築師、木工。人生的設計圖（靈魂的計劃圖）已經準備就緒，要進入新屋開工的階段了。打造心目中的家，意即過心目中人生的責任在你自己身上。

☆諧星、搞笑藝人

代表你知道這世上沒有什麼大不了的事、內心卓越的一面。幽默是身心最棒的良藥，也是人際關係的潤滑劑。如果夢裡出現的是特定的諧星或搞笑藝人，正是因為對方的風格或幽默感與你類似，建議你在實際生活中也嘗試看看。

☆法官、法院

嚴以待己讓你陷入了無路可退的狀態。只以善惡為判斷基準會讓自己充滿罪惡感，還請試著不要責怪自己、安慰自己，改變需要改變之處，向前邁進吧。

只要明白所有人都在學習的道路上，便能不評斷任何人，對自己和他人從容大方，同時加快學習的速度。法官或法院的夢也代表了公平和聰明的一面。

☆指揮家

概括掌握人生這首交響曲，致力讓人生擁有藝術性。代表統整全體的領導者、有見識的人。

☆商人、銷售員

代表願意用金錢所代表的能量和你交換你所需東西的人。只要拿到夢裡那個人身上的東西，你就能獲得嶄新的自己。這件事需要決心，夢中決心的程度就是金額。參考：「推銷員」

☆消防員、消防車、消防局

代表在被憤怒沖昏頭、釀成大禍前想辦法收斂的能力。無論憤怒的導火線為何，都需要抱持願意了解憤怒原因的態度。參考：「滅火器」

☆間諜

觀察、批判他人的生活方式，卻不面對自己的人生課題，躲躲藏藏。你或許覺得只要不主動行動就能安安穩穩過日子；然而這麼一來，靈魂就不會有任何進步，也會失去活著的意義。其實，不停躲避人生才是最危險的一件事。

☆運動選手、運動員

挑戰自我極限，努力得以開花結果，獲得社會上的評價。理想情人。相反地，有時也代表只有肉體美，缺乏知性與感性。容易將運動選手聯想到負面印象的人，實際上應該需要活動身體。活動身體所得到的幸福或許能提升你的理解力，獲得關於身心連繫的覺察。又或者，如果你有男女朋友，而對方與夢中登場的運動選手重疊的話，夢中的運動選手也代表了他們的特徵，這或許是認識情人新面貌的時機。

☆政治家

善於協調、交涉。清濁併吞的大度量。從政治家在選戰中只會主張自己優點的一面來說，也代表樂觀主義者和自戀大師。另外，也代表開空頭支票的人。

☆推銷員

請注意夢裡的推銷員是從何處進來屋裡的。若是從小門、後門進入，便是心懷不軌接近你，不要理會對方。若是從玄關、正門進入，就是你內心想要展開什麼新項目的代言人，現在正是籌策周詳計劃，起身付諸實行的時機。也是展現你智慧的時刻。參考：「商人、銷售員」

☆僧侶、牧師

若是夢見僧侶或牧師的話，請回頭檢視自己是否對某人立下的規定過於盲從，勉強犧牲自己呢？請再次思考自己的願望是什麼。我們該服侍的人只有自己。或者，這個夢也代表忠於自己的理念。看到和尚會聯想到喪禮和佛教的人請參考：「喪禮」。

☆魔術師

可以略過努力和忍耐實現願望。代表向奇幻的世界尋求幫助。此外，與塔羅牌中的「魔術師」相同，代表將會獲得引發人生奇蹟的才能和場所。從意想不到的地方拿出令人意外東西的魔術師，暗示著不要對自己設限，可以跨越框架、大展身手。

☆牙醫

代表需要改善說話的用字遣詞。你的話會讓自己和對方痛苦是因為恐懼，難得舒服暢快的表達也會不小心嚥下去。只要對恐懼有所自覺，便可能改善這個情況。

☆演員（男演員、女演員）

如果從「人類的本質是永恆的靈魂」這種靈性層次來看，你也是一名正在扮演「今生的你」的演員。夢見演員，可能就是想起這道真相之際。或者，夢中演員的姿態代表你想讓別人看見的模樣或是別人眼中的你。也或者，代表了你現在這個時間點適合的角色類型。靈魂就像優秀的演員精於各種感情表現，有辦法成為任何人一樣，能夠投入任何一種類型的角色。請在人生的舞臺上隨心所欲、淋漓盡致地演出吧。

☆機師

你是否想將人生的操縱桿交給誰呢？控制飛機的機師代表了阿尼姆斯（女性身上無意識的陽性形象）。如果你是女性，或許想讓機師這樣的理想情人控制你，但全面託付他人是很危險的。如果做夢的人是男性，自己在夢中成為機師控制飛機的話，就是想做件讓周遭嚇一跳的大事，成為一時火熱的話題中心。由於飛機終究會變得無法操控，請馬上從大事上降落吧。這是將周圍的期待放到一旁，一個人靜下來傾聽自己心聲的時刻。

☆小丑

注意到扮演小丑的自己，或是代表需要對過於認真的自己一笑置之。或許這是在暗示你要不要試著變身為小丑，逗周圍的人開心。笑容可以解開膠著的心理狀態，促進事物的發展。

☆律師

你與人締結關係是否只是為了追求利益呢？你是否有高談艱深理論，藉此駁倒對手的欲望呢？

☆音樂家

要不要試著別讓創造力以發洩性欲作結，找出你獨有的表現方式，以完成這種表現方式為目標而努力呢？夢裡的音樂家唱的是什麼樣的歌呢？音樂家是否有採取恰當的行動，或許能成為你表現方式的線索。

【職業（團體）】

☆交響樂團

動員所有能力。關心與和諧。全身上下每一個細胞。或是以讓內心每個面向發揮功能為目標，促使人生協調。參考：「音樂」、「樂器」

☆教團

乖乖順從某人的信念，討厭費心追求自我的神聖性。歸根究柢，人類本來就是超越體制的存在。

☆寶塚歌劇團

代表少女在長成獨當一面女性前的預演。就像七個小矮人的存在之於白雪公主，以寶塚歌劇團這樣不會有性問題的存在為立足點，培養面對真實男性的力量。身心不一致的虛擬戀愛不會伴隨責任，是一時的迷惘，也是一種享受幻想的排憂解悶。

【身分角色】

☆情夫、情婦

代表三強相爭。逃避責任是腳踏超過兩條船戀愛關係的癥結所在。想停止爭執的話，請擔起責任面對自己的負面，兩者擇一。

☆偶像

夢中偶像的特徵代表你的優點。請試著冷靜分析自己的個性傾向吧。雖然可能需要花些時間才能理解，但只要表現出能活用自己優點的行為舉止，大家都會變開心，你也會有所成長。

☆愛奴人

重視大自然。尊敬大自然的生活方式。「愛奴」即愛奴語中的「人類」，是與「神威」（代表自然）擁有相對概念的一個詞。學習愛奴人的生活方式，或嘗試接觸他們的生活也是方法之一。參考：「印第安人」（註：愛奴人為生活於北海道的日本原住民。）

☆活祭品

你深信自己是活人獻祭的供品。如果你這樣相信，周遭也會把你打造成犧牲者。參考：「殉教徒」

☆印第安人

根據夢中印第安人的印象不同，訊息的內容也會有所改變，但大部分都是代表以大自然為師、讚頌自由的態度。參考：「愛奴人」

☆外星人

開發未知可能性的機會。另外，也代表會受到支持這個機會的人的幫助，你的夢想可能會以超越常識的速度實現。希望你注意的是，踏入未知的領域時，要仔細觀察自己的內心，冷靜評估那個事件是否符合你的感性與感覺。冷靜會喚醒靈性，對方是否為可信的對象由你的靈性來判斷。

☆英雄

此刻你理想的異性或是同性形象，你的內心希望能符合那個英雄的形象來成長。或者，也代表舊式的征服欲。若是這樣的話，便需要重新描繪理想的形象。此外，也暗示你將會得到符合你功勞的讚賞。參考：「名人」

☆國王、皇帝、天皇

代表你是「你這個王國」的主宰，你有權利和義務按自己的理想打造自己的國度。夢見塔羅牌裡的皇帝象徵採納他人建議，擁有貫徹自我意志力量的人。參考：「女王、女帝、皇后」

☆王子

如果你是女性，王子的夢代表了你所憧憬的戀人形象。如果夢中的你不是和王子門當戶對的公主，而是身分不同的平民，請反省自己的人生是否走在只想依靠他人、坐享其成的路上呢？夢中的王子若是個權威十足的人，也需要特別注意：你的戀愛關係可能也會被要求要有權威。參考：「公主」

☆公主

代表男性憧憬的戀人形象。你必須確認自己是否被她的美貌和地位蒙蔽。如果你是女性，則代表你嚮往著盛氣凌人又可以不負責任的立場。參考：「王子」

☆大人

可以從學習到的經驗裡一覽人生。度量宏大，能夠冷靜分析事態，不只為了自己，也能為他人圖謀利益。根據夢裡不同的故事情節，也有可能代表雖然身體是大人，內心還是孩子的不成熟。

☆外國人

未知的自己即將出現。如果覺得夢裡的外國人像自己的前世的話，代表夢在告訴你當時的課題將再度展開。藉由夢認識前世後，漸漸就不會再評斷自己、懲罰自己。能夠感受靈魂之旅的壯闊以及學習課題的恩典正是夢的奧妙所在。參考：「國外」、「陌生人」

☆觀眾

你來到了人生的大舞臺，請試著恣意發揮吧。當你的感受與行為合一之際，以往覺得雜亂的過去看起來應該就會是前後呼應的。若夢裡的觀眾一臉無聊的話，是因為你自己並沒有樂在其中。請打從心底享受人生的變化，與觀眾一起雀躍期待未來，以愛自己與接納自己為核心，盡情釋放能量。

☆騎士

騎士的夢代表把焦點都放在選擇伴侶這件事上，或是督促你發揮你的騎士特質。如果是前者，你正在追求的人生伴侶是能夠把你當女王一樣侍奉的崇拜者。若是後者，你將會朝被賦予的角色邁進。先不論結果，「執行」似乎才是你的挑戰。參考：「武士」

☆犧牲者

拋棄自尊心，引發他人的同情與可憐。任何一個人本都不可能成為犧牲者，人生的選擇權在自己身上。

☆客人

正襟危坐的態度。無法與人變親密的一面。如果是認識的人變成客人出現在夢裡，可能是在告訴你他對你的真正情感。此外，也有可能是天使或導師假扮成客人來訪。

☆修行者、山中修道者

將自我探索擺在第一位。重視精神與靈性層面，有過於輕視物質世界的傾向，容易排擠他人、目中無人。自我否定和帶有自我厭惡的自我探索會讓你過度放大鍛鍊這件事，或許現在正是你重新審視世俗價值的時候。參考：「僧侶、牧師」

☆藝人

能夠花招百出，吸引人的才能。獨特的視角。高度知性、為了引人注目的古怪行徑。或者，代表你的行動標準是遵從自己的欲望和決策，而非周遭的價值觀。你或許會覺得「我不是藝人，既沒有那種勇氣也做不來那些不知羞恥的事。」然而，想突破自己的外殼需要有衝擊性的行為，甚至到讓人覺得不知羞恥的程度。行動之後，你應該就會覺得：「什麼嘛，原來是這樣啊。」你的創造力正準備破繭而出。不論夢裡出現的是你喜歡的還是討厭的藝人，你身上都有與對方相同性質的才能。參考：「諧星、搞笑藝人」

☆原住民

不受理論和知識侷限，能夠以直覺為優先的勇氣。先進國家都有著瞧不起原住民的歷史，認為「自己是文明人，原住民都未開化」。不過，如今你應該知道大家對他們與自然共存的態度都抱著敬畏的心情吧？過去，你一直瞧不起、貶低自己的資質，現在是將注意力放回那些資質身上的時候了。

☆男朋友、女朋友

行使自由意志，選擇並實行的證據。你心中異性的一面（如果你是女性的話，就是陽性面）。實際展現你優點的人。如果夢裡的情人是你完全不認識的陌生人，那就仿效那個人所展現的美好一面，自己付諸行動，為將來的戀愛做準備。如果夢中的情人是你現實生活中的男女朋友，就請再確認當初選擇對方的動機。參考：「分手的對象、前女友、前男友」

☆皇室

代表走在時代尖端的理想家庭形象。是要重視社會地位，還是重視可當成目標的男女姿態，取決於夢中的故事情節和你的生活方式。此外，這也是我們前方曾存在無數人的證明。另外，皇室的夢也代表生命與文化的連鎖。

☆強盜

你心中有個名為擔心、嫉妒、罪惡感、抗拒新事物的盜賊正在搶奪你寶貴的資質。或者，這個夢也代表了你處於無法說「不」的狀態，因為事態膠著而疲憊。

☆後輩

你的問題投射會投射在夢裡後輩的身上。這個夢是要告訴你，你的問題是你的，對方的問題是對方的。你是否覺得「我當時明明不能這樣」或是「明明那些事情是不被允許的，後輩卻開開心心，一臉理所當然地去做」呢？還是心想「如果沒有那個人的話，事情就能平安順利了」，對該名後輩的一切感到火大？請整理自己真正的想法吧。參考：「前輩」

☆教練

催促你投入夢療法。引導人生的教練除了夢別無他人，你的夢是你的專屬名教練。夢會告訴你最棒、最有效果的鍛鍊方法，幫助你超越「極限」。即使你放棄人生，夢也不會放棄你。

☆孤兒

你感覺受傷、孤獨、沒有容身之處，也得不到周圍的理解。不過，不用覺得被拋棄而難過，你的判斷力和行動力就是你的夥伴。無須背負他人的期待和同理，相對地就能擁有純粹的自由。事情要往好的一面看還是壞的一面看，取決於你。

☆小孩

如果你是大人的話，夢中的孩子在問：「為什麼你會過著缺乏創造力的人生？」許多人小時候遭受限制，感受不到自己充分被愛，無法任意自由自在、天真無邪地行動。或是小時候因為隨便的行為令父母傷心。這些心情讓你走向自我懲罰，不斷剝奪你人生中的自由。現在的你應該具備了成熟大人的常識，能夠一邊調整自己與他人間的關係，一邊讓自己的創造力開花結果。請不要猶豫，展開行動。夢裡的孩子如果不懂事、沒有分寸的話，代表你也有這種傾向。若是欺負人的小孩，或許是你無法面對位於內心深層的恐懼，正處於膽怯害怕的狀態。

☆詐欺師

欲望成了你的絆腳石。

☆殉教徒

熱衷於照顧某人，以此為藉口而不去面對自己的人生課題。代表希望自己善良。雖然你出自一片好心而一直關照某人，但沒有人需要為自己以外的人的人生負責，即使是父母也一樣。插手他人的人生課題會令人生變得更複雜，浪費你的能量。因為不夠愛自己，才會在意他人做不好。參考：「活祭品」

☆朝聖者

決定真摯探索自己的內心。用自己的步調開始自我探索。或者是自我陶醉於探索真理。

☆乘客

依賴同類。順應社會潮流。你是否讓自己變成「如果大家一起闖紅燈就不可怕了」這樣呢？你可能需要變回自己的勇氣。參考：整體大眾交通工具

☆女王、女帝、皇后

雖然靈魂沒有男女之分，但活著時的肉體有性別，內心也有性別特徵。如果你是女性，夢中的女王就是在建議你將身為女性的特質發揮到極限，成為富有創造力的存在，或者，是要你反省自己的行為舉止是否像個對周遭任意妄為的女王。如果你是男性，試著將

想像中的女王優點納入自己身上吧。參考：「國王、皇帝、天皇」

☆女性

陰性面。創造的直覺。容易親近。包容性、適應力、纖細的感性。夢在問你，是否有發揮創造力運用這些女性特質呢？參考：「男性」、「太極」

☆神仙、出世者、隱士

夢見這個夢的你，現在正是與外部價值觀抗衡，專心凝視自己心緒的時刻。若能屏退所有誘惑，應該就會有奇蹟降臨在你身上。斬斷與他人的連結意即停止吸收外部能量，雖然這意味著精神上的死亡或是冬天，但也是你如神仙般邁向下一個重生時不可或缺的階段。

☆前輩

如果夢裡的前輩是你想成為的人，請再確認一次自己的理想。若只是頂著前輩的臉孔，個性蠻橫的角色，請重新審視自己的人際關係吧，你有可能引起了對方的嫉妒。靈魂沒有上下貴賤之分，因此人與人之間雖然能維持平等的關係，但如果是上下關係，遲早會出現破綻。參考：「後輩」

☆男性

陽性面。合理性與理性。攻擊性、獨斷、自以為是。領導能力。夢在問你，是否有發揮創造力運用這些男性特質呢？參考：「女性」、「太極」

☆敵人

代表自己身上未被察覺的討厭部分。儘管是自己的人生，你卻無法冷靜掌握自己走到這一步的詳情，傻傻地評斷自己，受盡罪惡感折磨，把自己當成敵人。首先，請停止戰鬥，了解敵情吧。也就是不要批判自己真實的聲音，接納它。當你寬容地接納自己討厭的一面，便會馬上理解那不是你的敵人。只要能夠給予理解，敵人也會變成朋友，為你的人生提供有力的幫助。

☆恐怖份子

你的頑固和狹隘正引來麻煩，影響周遭。又或者，是你大量囤積的性能量即將爆發。無論是何者，請回想起自己最早控制住自然欲望的場景，將注意力放到其中，回到初心吧。由於你現在的能量運轉率很高，若能正面運用這股能量，保證會得到豐碩的成果。

☆朋友、熟人

了解在靈性層面中「物以類聚」也是事實的時刻。明白這點後，不只能改善朋友關係，也能改善與自己的關係。朋友是你的分身，與你擁有類似的缺點、相似的能力；如果無法共同成長，便會分道揚鑣。不過，當你看到朋友的缺點而焦躁不已時，只是因為你沒有注意到自己的缺點，你或許需要再更親近自己一點。雖然不多見，但有時朋友會擁有與你完全相反的特質，這種情況下理解朋友也相當重要。若能做到這點，你的成長應該會變得格外迅速。朋友大多是你的導師或是負面教材。

☆奴隸

將自我管理交給他人。你是否埋頭在習以為常的生活裡，不去挑戰新事物，每天過著無動於衷的日子呢？請對自己的人生負起責任吧。

☆小偷

你是否無法洞悉別人的惡意呢？又或者，因為自己的壞習慣而讓能量外洩。想以姑息的態度、半吊子的解決方法找出妥協點是沒有用的，你只能以毅然決然的態度來處理。參考：「警察、刑警」、「竊盜」

☆重聽患者、聽覺障礙者

面對真相時因為不想負責而塞住耳朵。聽見真相、知道現實的狀況後，你將不得不做出改變。然而，你受傷的心不願意聽任何事。在沒有滿足內心需求的狀況下，你不會願意聆聽真相，也不會想改變。首先，請先承認自己受傷的事實，給予自己療癒的時間。或者，這樣的夢也代表為了讓人生走在安全的道路上，必須更加活用聽覺以外的四感。參考：「耳朵」

☆賣春、妓女、援助交際

你是否正從事賣春或類似賣春的行為，還是為了金錢出賣自己身上重要的部分呢？你正在誤用自己的能量。身心本是不能分割的一體，賣春就是想假裝兩者能分開以獲得金錢。你或許覺得就算討厭對方，但只要能換取金錢就好。然而，一旦有了性行為或是類似的行為後，就算肉體分開，在靈性的世界裡還是會繼續跟對方交流。在討厭的對象影響下，你也會開始厭惡自己。

☆陪審員

要求你遠離私心，持平論事。關鍵是帶著客觀的同理心。請小心維持平衡，不要過度嚴苛了。

☆賭徒

以發大財為目標。想以微小的努力獲取巨大的成功。貪圖僥倖的心理。你沉溺於沒有勝算的賭局裡，想從中脫身，就要在這裡好好反省。由於你應該事前就知道其中風險，因此也已經了解即使從計劃中抽手、中止計劃本身，也多少會有些苦痛吧？當你能背負這些苦痛時，或許會得到意料之外的成功也不一定。

☆駭客

代表只有知識和創意，無情的殘忍。你或許一天到晚投入在沒有生產性的競爭裡，被害意識強烈，甚至有想報復誰的衝動。請將一切攤在陽光底下，拿出覺悟，坦承自己的心情來解決問題吧。你應該能覺察到，你的心情會超越自己的意志，為你自身和世界帶來影響。參考：「電腦」

☆新郎、新娘

鼓勵你比現在更嫻熟，以覺醒為目標而努力。夢透過和你不同性別的新娘或新郎的姿態，向你顯示要努力的部分。請將新娘或新郎的優點納為己有吧。如果是已婚者夢見和現在的伴侶舉行婚禮的話，就是暗示你要在今後的生活上更加重視精神和靈性層面。參考：「結婚、婚禮」

☆犯人

對自己的背叛。代表你無視內心深處的神意，任由一時的激情或是極端的理性做出行動。無論夢裡是哪種犯人，都是你畏懼人生、缺乏自信的表徵。請相信自己的可能性，培養耐力吧。

☆人質

代表你自己身上討厭或是尚未察覺到的一面，因為還不知道用處，所以就放任在一旁。夢中的人質大都是一群無力的人，只會哀怨卻不採取任何行動，浪費能量。請仔細看看人質的特質吧，乍看之下或許會覺得他們沒有任何可取之處，但他們本來是你的夥伴。

☆評論家、解說員、主播

過於自我貶低或是自我批判。首先，請用寬容的心接納自己；一旦理解毫無偽飾的自己，就能拓寬視野，改變對他人的認知。

☆武士

請先參考：「騎士」。如果找不到相符的意義，這個夢代表你正為封建的價值觀、不自由的上下關係所苦。反之，也可能表示你對日本戰國、江戶時代那種階級社會的盼望。自由時時伴隨著責任，縱向社會雖有能讓人迴避責任的地方，但另一方面瞬間的判斷就攸關性命。你可以試著接觸有武士登場的作品，思考何謂真正的勇氣。

☆雙胞胎

你的影子在夢裡現身，那就是夢中的雙胞胎。請接受那個影子的一面也是自己的一部分。你現在或許沒有意願，但現在不接受這件事就無法前進。討厭的事和想逃避的事正是你該走的路。

☆流浪漢、乞丐、遊民

無法理解自己存在的意義，放棄磨練才華。請不要將現狀歸咎於大環境，試著感謝現在你所獲得的各種恩惠，再努力一次看看。女性夢到流浪漢代表畏懼男性優勢的社會，失去鬥志。才能和機會的分布不均與性別無關。

☆不良少年、小混混

代表幼稚的能量處理方式。處於無法獨當一面，爆發不滿、能量失控的狀態。

☆俘虜

沒有表達自我的勇氣，儘管忿忿不平卻將自己讓渡給他人。你不需要覺得無奈，陷入自憐自艾。即使是這種時候，你的手中依然握有尊嚴。請用創造力描繪人生，拿出勇氣起身行動吧。

☆陌生人

若夢中的陌生人是異性，對方將成為以統合心靈為目標，對你施展鍊金術的對象，也有可能會是你將來遇見的情人，成為你一生的伴侶。現在起，請勤於磨練自己成為適合那個人的伴侶吧。只要努力讓自己能適合對方，夢中的那個人也有可能出現在現實生活中。即使夢中的陌生人是已婚者，也可以假想自己是對方伴侶的樣子，從自己身上找出那個伴侶的優點和才能，加以磨練。或許，這個陌生人登場的目的就是讓你知道，任何努力一定會有回報。

如果夢裡的陌生人是你無法喜歡的人，對方擔任的角色就是要悄悄顯示你自己所不想承認的缺點。所有活在這個地球上的人全都擁有需要磨練的短處，所以別失望，積極地改善它吧。

陌生人會在人生各個重要的時機出現在夢裡。這些人告訴我們，我們是多次元的存在，強化我們夢的學習。若試著以出現在你夢中的陌生人為主來整理夢筆記，應該就能追溯自己靈魂的軌跡。

☆盲人

這是請你明確定出靈性理想的建議。你可能看不見自己想怎麼活。又或者，是否雖然有理想，卻不想為了理想挫敗難受呢？請記住，當你採取行動時，上天一定會在你跌倒前支撐你。參考：「眼睛」

☆模特兒、樣板

如果夢中出現的是容貌身材備受眷顧的時裝模特兒的話，就是在督促你注意健康。請從夢中的故事情節判斷，夢是在建議你運動和營養均衡的飲食，還是對你勉強身體的減肥方式提出忠告。如果是樣板模型這類的東西，則顯示你的理想成形，或是明確想像目標、實現理想的過程。

☆流氓、黑社會

你是否將自己的信念強加在他人身上呢？這種做法對你而言是能量的流失，也會造成周遭的困擾。

☆名人

代表你視為目標的理想形象。或許你沒有自覺，但你在那位名人身上感受到某種魅力，也想讓自己那麼做。那位名人在這層意義上是你的導師，也是你的活力泉源。或是你可能注意到自己身上也有像名人一樣的優點，代表過去一直陷入自卑情緒的你終於認同自己了。參考：「英雄」

☆預言家

不相信自己內心的聲音，向外尋求智慧。請留心注意夢中現身的聖人和預言家吧，這些夢大部分都是一種對沒自信的強烈諷刺。夢中如果只有聲音，就是來自真我的訊息。請珍惜「自己的道路自己決定」的態度，鍛鍊自己選擇的能力吧。

☆醉漢

你正處於不清醒的狀態，需要一些時間冷靜。若夢中喝醉的人是你的男女朋友，對方或許不是你能賭上人生的對象。

☆領袖

代表把握狀況、意志明確，能夠付諸行動。此外，也象徵決策力、行動力、為周圍著想的包容心。領導能力依靠發揮來磨練，所有人一開始都不是完美的，不要害怕失敗，先挑戰再說。

☆菜鳥

你現在具備勇氣賭上自己的可能性，也擁有力氣和膽識實現希望。實現暫時的希望。之後就是持久戰了，請別大意，踏實努力。

☆老婦人

若夢中出現老婦人，請仔細聆聽她的想法吧。就算沒有馬上行動，稍微隔一段時間也仍算是夢的思索。從懷孕的可能性中解脫的老婦人也代表了創造力洋溢的存在，能夠超越孕育後代的創造力，將心靈核心湧現的思緒實現在這個世界上。若夢中的老婦人是老賢者或阿尼瑪（男性心中的陰性形象）的話請參考：「陌生人」

☆老人

若夢中的老人洋溢生命力與智慧，不疾不徐，判斷周遭的動向，是個知道休息時機的賢者，或許就是女性的理想情人。因為做這種夢時對方大多是未知的對象，請參考：「陌生人」

☆分手的對象、前女友、前男友

過去的情人、離婚的對象、不再同居的人等等，夢告訴你，與分手對象體驗過的事物是你的學習課題。在能夠心存感激、遠眺這一切前，分手的對象將出現在夢裡。在夢裡看見對方後，你或許會有一瞬間後悔分開是否錯誤的決定，但這裡正是關鍵。這種夢類似讓你接受補考，好從兩人當時的問題中畢業，如果把它當成復合的可能就是看走眼了，請考慮優秀地畢業吧。畢業那天，會有適合的人際關係在等待嶄新的你。參考：「男女朋友」、「結婚、婚禮」、「外遇」

【身體】

☆阿基里斯腱

過度自信會讓你的敵人發現攻克你的方法。希臘神話裡的戰士阿基里斯，只因為右腳腳踝的肌腱遭到弓箭射擊便落敗了。

☆下巴

告訴你需要更加展現自己。沒有人能完美地表現自己，因此請不要對自己的表現失落，一步步努力下去吧。夢中若無法打開下巴，代表壓抑情感；太過有力的下巴象徵不負責任的言行。請根據下巴的形狀和活動推測問題點吧。

☆腳掌、腳尖

人生的支柱、處理現實的能力、支付能力。如果夢見不符合時間、場所、情況的赤腳，代表你的工作既不能成為生活食糧，也無法成為精神食糧。如果夢見在洗腳，是指需要努力脫離現狀或是推薦你按摩治療。有時夢中會顯示腳上的穴道來告訴你內臟的治療點。

☆腿

從人腿到腳踝之間的腿代表前進的動力與活力。夢中雙腳的平衡可以看出左右腦功能是否均衡，左腳右腳有節奏地移動的話，左腦的理性與右腦的感性便有平衡運作。參考：「膝蓋」

☆味覺

代表現在感受到的人生滋味。想「懂得人生中的酸甜苦辣」就得嚐盡喜怒哀樂的滋味。若覺得出現苦味，或許是無法讓人生學習的無用經驗。如果夢裡沒有味覺的話，你可能覺得人生無趣，正在逃避能夠成為內心養分的體驗。

☆汗水

從夢境的前後脈絡可以知道那是能夠對努力的結果抱持期待的舒服汗水，還是不必要的恐懼所產生的冷汗。如果是冷汗，就將重點放在該反省的地方，向宇宙的真理道歉說「對不起。」調整心情。若是讓你滿身大汗醒來的夢，代表你正受到恐懼折磨，在身體出現什麼症狀以前，建議你可以找心理諮商師或是治療師談談。

☆頭

關於人類的頭，請參考「下巴」、「頭髮」、「髮飾」、「嘴巴」、「脖子」、「禿頭、光頭」、「痣」、「眉毛」、「耳朵」、「眼睛」等辭條，探索自我表現是否恰當。如果夢中出現的人擁有兩顆以上的頭，代表結論分成兩種，無法動彈。當出現擁有三顆頭的王者基多拉肆虐時，原因是性欲、食欲、睡眠欲其中之一出現問題，平衡瓦解。王者基多拉很溫和的話，代表人性本能取得平衡，非常穩定。

希臘神話中的奇美拉是隻同時擁有獅子、蛇與公羊頭的奇獸。多頭奇珍異獸所代表的意思都與王者基多拉的破壞面相同。日本神話的「退治八岐大蛇」也一樣，須佐之男讓八岐大蛇盡情喝酒的戰略，就是代表滿足性欲、食欲、睡眠欲，將這些欲望從破壞轉換為創造。

☆胃

胃代表感性的運作狀況。遇到新體驗或是難以承受的難題時，緊張會令感性變得遲鈍，讓你漸漸無法努力以自己的方式接納問題的本質。如同絕食是一種應對身體的聰明之道，暫時不要處理問題也是方法之一。此外，像用流質和容易消化的食物等待身體康復般，一點一滴地處理簡單的問題，等待體力與精神恢復也是一計。參考：整體疾病

☆刺青

自我印象停留、僵化在勇猛和壯烈上。自我認識是藉由體驗自由發展的感受，固定不動便無法期待成長。

☆陰毛

最靈性的自我表現是以性的方式進行。夢傳達的訊息是，請將代表自己性層面的肉體當成神聖的事物，珍惜對待。

☆手臂

代表精神力、體力和自我表現能力。夢中的雙手如果在支撐什麼東西的話，主題就是那方面的支援。若是抱著嬰兒的話，就請開始培養自己嶄新的一面吧。參考：「手」

☆性高潮

當現實中性方面的溝通太不充分時，夢會讓你和不認識的對象在夢中體驗性高潮，以求肉體與靈性的平衡。肉體是神靈居住的神殿，性高潮是連結身心與靈魂的神聖體驗。因為這樣的夢而帶來的治療並非特別的現象。對過度禁欲的人而言，夢或許是在催促你尋找對象。

☆肚子

肚子指的是腸胃，代表了又被稱為煩惱脈輪的第三脈輪腎上腺的運作狀況。不加考慮接受他人言行的話，會夢見消化不良，手放在肚子上的夢。大肚子表示你可能正在逃避食欲，小肚子則或許是欠缺處理問題的動力。參考：「胃」、「腸」

☆臉

正面處理事情。無論那張臉是自己還是陌生人的臉，現在都是能夠面對問題的好時機。在夢裡，有時你會覺得暗處裡有人，隱隱約約看到類似臉的東西，那有時是你的導師帶著眷顧與你同在。參考：「表情」、「鏡子」

☆表情

代表將面對自己不知道的真心話和情感。如果夢裡的表情一副事不關己的樣子，你可能需要了解自己的本性。參考：「臉」、「鏡子」

☆腳踝

夢裡的腳踝會造成問題，是有誰踩到你的腳還是你踩到了誰的腳，又或是鞋跟不對勁呢？如果是某人踩到你的腳，你現在進行的事情可能會受到阻礙，請重新調整姿勢，走自己的路吧。如果是你踩到別人的腳，你正被對方拖著走。無論那個人有魅力與否，請在拉開距離的這層意義上釐清自己的思路。若是鞋跟斷掉或是壞掉的話，日常行為要有分寸，或許可以下定決心，試著轉換全新的生活方式，鬆弛有度。有時，這樣的夢也是在暗示身體冰冷，請注意自己的身體狀況。參考：「阿基里斯腱」、「鞋子」

☆結痂

痛苦已經隨著心裡的變化和時間痊癒，只剩下殘影。這是慰勞一路走來的自己的時刻。現在還不要觸碰傷痛的核心。參考：「傷口」

☆肩膀

代表不用背負的責任和義務。夢的基本訊息是無論任何時候，人都能自己調配自己所需的事物，不用擔負他人的責任。然而，如果你夢見自己背著背包、肩膀受傷，或是攬著父母、情人或伴侶的肩膀，就是你容易背負超過限制的責任。反之，如果夢裡坐在別人的肩膀上或是有人攬著你的肩膀，就代表依賴心，想要站在他人的功勞上偷懶。參考：「背」

☆頭髮

夢中的頭髮象徵上層能量中心的大腦下垂體和松果體的能力。頭髮越長代表靈魂能量越強。整理頭髮的夢顯示你必須重新檢視掌握問題的方法，努力讓靈性能量散發美麗的光輝。若是夢見頭髮消失、變成光頭之類的夢，顯示你降低了自己的靈性，沒有引導出能量。只要提升靈性，使用那股力量，你將成為自己的神。在日文中頭髮與神同音異字，便是暗示行為與本質的關聯。

☆身體

身體是你的真我所居住的神殿，也是我們停留在地球時的交通工具、「地球服」。或者說，身體是自我在這個世界上表現的形式。只要身體還持續提供符合你靈魂的課題，意即只要還活著，照顧身體就是你的責任。參考：身體各部位

☆肝臟

心懷憤怒、忿忿不平。將自己合理化後偏向批判周遭。參考：整體疾病

☆嘴巴

嘴巴的夢可以了解你面對人生以及表達自己的方式是否洽當。我們利用喉嚨與口中的牙齒吃東西、說話。夢裡吃東西的行為和面對人生、體驗人生有相同的意義，而話語就是如字面上意思的自我表現。無論何者都可以從夢中嘴巴和周邊的狀態判斷其完成度。如果夢見塗著大紅口紅的女人，請留心華麗的詞藻和假話吧。參考：「牙齒」、「喉嚨」

☆脖子

代表喉輪的能量狀態。脖子連結頭部與身體，具有讓心靈和理智合為一體、彼此往來順暢的功能。由於情緒和理性取得平衡便能過著豐富的人生，因此夢裡粗壯的脖子代表朝氣蓬勃生活的能力。然而，脖子如果比頭和身體都細，我們對兩者的往來不得不慎重以對。夢裡脖子無法轉動是脖子的這項功能生鏽了，也就是代表你對掌握狀況毫不在意，心靈與理智無法交流。夢裡脖子探向某處的話，就是強奪他人的責任，代表你誤解了親切的意義。現在起，你需要勇氣，對一直以來基於好心而說「YES」的事說「NO」。參考：「喉嚨」

☆月經

為了讓你的創造力成形，現在是淨化與休養的時刻。理解自身創造力和宇宙間關聯的手段。準備轉向神的創造力航路。又或者，代表身為女性疼愛身體的能力、接納自我。也有可能是暗示事物開始前的準備醞釀。

☆更年期

對衰老的恐懼、不再被需要的不安。或是人生循環即將更上一層樓。這樣的夢有時也代表發揮超越次元生產性的可能。

☆肛門

代表正在迎接心靈淨化的最終階段。現在該做的，就是不要執著於已經結束的事，捨去擔心與糾葛，甚至是體驗。根據夢裡肛門的狀態，也有可能是在傳達該結束的事情無法結束，悶悶不樂，受到壓力侵犯的現狀。

☆聲音

有時夢裡會出現不見其人、只聞其聲的狀況，這些大部分都是你的高我和導師的教誨，請誠摯地傾聽吧。然而，當聲音的內容是在定你的罪、剝奪你的自由意志時就另當別論，你有可能正在過度懲罰自己。如果那是你無法理解的語言，有可能是來自過去與未來或是其他星球的通知。即使現在無法判別那些話的意思，也請暫時和聽見聲音後心中浮現的情緒同在吧。若能湧現活下去的勇氣，那就是訊息。

另一方面，如果夢中想用言語表達自己的心情卻發不出聲音的話，代表現實中的你因為沒有傳達該傳達的事物而引發了問題。「心靈相通」是幻想，請將自己真正的想法化為言語，以合適的形式傳達出去。如果所處的環境難以用言語溝通，就試著改變它吧。另外，也建議你接受諮商。根據狀況，聲音的夢也有可能是實際上會發現呼吸系統方面的疾病。若是這樣的話，請在治療身體的同時，也好好關懷內心吧。參考：「占卜師」、「喉嚨」

☆呼吸

生命能量的強度。如果夢裡出現呼吸障礙，代表你似乎因為各種顧慮快要被壓垮了。人生被比喻為「只在一個呼吸間」的短暫，請放下不必要的擔心，用盡全力地活下去吧。

☆腰

日本人用「肝腎」形容非常要緊的事（肝臟和腎臟都在腰部），又說重要的事要把腰放下來，安定以後再思考。請試著將注意力聚焦在金錢和物品上，採取實際的思考方式吧。參考：「腰痛」

☆死亡

過去到目前為止的生活態度將不再有幫助。人生無論是細胞層級還是情感、思考層級，都在反覆死亡與重生。在全部重新開始前，必須放下過去的存在方式。接受死亡後，過去的經驗將成為糧食，你將開啟高層次的覺醒，成為嶄新的你，這就是成長的過程。參考：「殺人、被殺」

☆子宮

能夠實現創造力、無所不能的感覺。將自己交付給神的創造力的安心感。無條件的愛。如果是想像自己懷孕的夢，代表依靠妄想的滿足。

☆舌頭

將想法化為語言的能力、適當表現自我的必要。有了舌頭明白酸甜苦辣、品味人生的能力後，就能運用富含韻味的表現方式。細細品味那些朝自己而來的言語和行為；也將能夠接受那些乍看之下帶有攻擊性和惡意的東西並非針對你個人，而是朝向所有人。

☆屍體、死人、死者

已經沒有必要的思維或頻率不再吻合的人。過去，你或許一直配合著某人的價值觀而活，漸漸不再傾聽身體「討厭依照別人的意志行動」的訊息。雖然前進了一步，卻面臨不知道接下來該怎麼做的局面。由於你一直以來都沒有詢問自己的內心，便無法靠自己引導出自己的願望。請先暫時保持這個狀態吧。屍體是腐爛與再生，也就是需要咀嚼過去的體驗變成養分的這個過程。請一面夢見全新的自己，一面對現在無法動彈的自己發出「ＯＫ」的訊號吧。參考：「殭屍」

☆生產

能夠萌生嶄新可能的時刻。不只是女性，男性也會夢見生產的夢。即使夢裡的生產代表了現實中小孩的誕生，那同時也會是你身上新的可能性開花結果的預兆。就像新生兒需要奉獻犧牲的照顧一樣，請你也好好呵護你的新才能吧。你或許會有一瞬間後悔自己背負了很不得了的東西，但那種心情馬上就會轉變成覺得「還好有孕育它」、「有開始新事物真是太好了」。因為你將會發現自己是真心愛著那個事物。參考：「嬰兒」、「孕婦、懷孕」

☆消化器官

夢中消化器官出現問題，代表你無法選擇取捨他人不經大腦的言行。由於你太害怕與他人對立，只是將對方的言行囫圇吞棗接受，拒絕理解，這些體驗並無法變成人生的養分。參考：「胃」、「腸」、整體疾病

☆女性性器、外陰部、陰道

創造力、接納。對生產的積極。接納女性特質。月經出血代表豐饒，受傷則代表性能量外洩。夢裡看到性器官是因為對自己的性感到驕傲與喜悅，接納性，並了解性是神聖的。日本以性器官為外形的「道祖神」也是在告訴我們性是神聖的一件事。參考：「陰莖、陽具、睪丸」、「性器官」、「男性」、「女性」

☆屁股

代表豐饒，大屁股也有安產的意味在。此外，屁股也是收穫增加的暗示。如果是「屁股很重」懶洋洋、「夾著尾巴逃走」、「衣角一翻」態度丕然大變等夢，即為你面對問題的態度。例如「最尾端」的夢就是你平常都是跟在別人的屁股後行動。關於屁股的夢也代表著行動遲緩，請提醒自己要率先行動。

☆心臟

代表高我，也可以說就是「愛」。遭到箭或鉤矛刺入的心臟代表你已經準備好面對你逃避至今的悲傷，或是過度介入他人的人生，被吸取能量。有時也會夢見剖開的心臟，此時請務必像夢中的心臟一樣，試著直接將你的愛表現出來。如此一來，對方也能獲得幫助。無法分辨心臟是遭刺穿還是被剖開來的差異時，請從夢中的故事情節與現實生活中你所愛對象的狀況來判斷。參考：「心臟病」

☆性器官

生命力、創造力、陰性面或陽性面。再次生產的可能。身分認同。人類在接受自己是性的存在後，性功能才有可能開始運作。性器官的夢也代表了對這個世界的幻想起點，性器官出血代表不安與憧憬。一對女性性器官與男性性器官代表豐饒。參考：「陰莖、陽具、睪丸」、「女性性器、外陰部、陰道」、「男性」、「女性」

☆背

代表不想讓人看到的另一面自我。拱起來的背象徵軟弱的生活方式。背上背負的行李代表沒有意義的好勝心與自尊心。如果夢裡有誰背對你的話，可以明白對方正在疏離、厭惡自己，悄悄分開或許是比較聰明的做法。若夢見背歪斜的話，或許可以實際去找專門治療脊椎的醫師。參考：「背負」、「背脊」

☆背脊

代表活在世上的態度。能量順暢通行需要正直與柔軟的背脊。直挺挺的背脊代表責任心很強或是要求你如此。參考：「背」

☆大便

若是夢見衣服或廁所因糞便而不乾淨的夢，代表意外想起過去已解決的事，為不甘心和憤怒痛苦不已。或許從做夢的那天起，你便覺得落入了內心的陷阱裡。請先暫時沉浸在那份不甘心與憤怒中吧。現在是能夠體會這種情感，不被感情左右、解放感情的時刻。你應該能朝覺醒邁進一大步。參考：「排便」

☆血、出血

代表活力、精力、體力，無法有效活用這些能量的時候，夢會以出血的形式發出警告。例如，由於你沒有適當地表達意志而為周遭帶來麻煩、自己也陷入自卑的情緒時，會夢見右手傷口出血或是右手裂開的夢。夢會藉由殘忍的場面加強警告程度。招致能量消耗的，大抵是恐懼與混亂的生活。參考：「月經」與身體各部位

☆乳房

豐饒的象徵、希望增添靈性的性願望。硬要說的話，屁股代表的是物質上的豐富，接近心臟的乳房則代表母性的豐饒。對男性而言，乳房意味著被母親這種角色擁抱所得到的情感滿足，另外，也連結著性欲的滿足。對女性而言，乳房有孕育創造力的任務與性滿足兩種含義，意味著接納自己是女性這件事。根據夢中的故事情節，乳房也代表母親或妻子過度的影響力。有時男性也會夢見自己胸部有和女性相同的形狀與功能，這是請你培育男性心中的陰性面並展現出來的建議。參考：「屁股」

☆墮胎

故意拿掉能夠預期成長的可能性。請仔細注意你是否捨棄了新的生活方式，或計劃中的某種要素。

☆腸

長年累積的情感、經年累月的怨恨，或是因為這些原因經歷的體驗將成為心靈的養分。請試著仔細觀察夢中腸子的每個細節。藉由認識、學習自己的腸子，將會加深你對人生的理解。參考：「胃」與整體消化器官

☆指甲

代表與他人安全交換能量時的最終檢查哨。指甲剝落的話，就會啟動自我防護機制對吧。如果夢裡指甲長長的話，代表你對對方展現了自己也沒有察覺到的攻擊性。咬指甲則是因為某人沒有關心、注意自己而鬧彆扭。若夢中出現野獸的爪子，代表你現在或許想將理智放到一旁，聽憑本能行動。由於指尖具有力量，請以感性保護它，以智慧發揮這股力量。參考：「手指」

☆手

從心臟兩側延伸出去的手代表與周圍的能量交換。我們以右手遞出愛，以左手接收愛。能量交換越活躍，越能增加人生的豐富性。右手受傷顯示了一個勁地給予他人能量，沒有補給的狀態；左手受傷意味著你抱怨孤獨的封閉性。手斷裂之類的驚人畫面，是告訴你雙手的功能面臨迫切的問題。

另一方面，手也是讓你知道你是如何對待自己尊嚴的象徵。為了守護自己的尊嚴，你能夠清楚為自己辯護，表達自己的意見嗎？這就是右手的功能。左手擔任的角色是拒絕他人多餘的關心。洗手代表停止過去的能量交換方式，替換成新方法。參考：「手臂」、「指甲」、「手指」

☆同性性愛（男同志、女同志）

將性對象的長處納為己有，付諸行動，並非淫亂的意思。你或許對於向性對象學習這件事感到抗拒，但由於那個人是你的另一面，因此不可能學不來。有時這種夢只是單純暗示你的性傾向，若是這種情況，

代表你了解自己的本質，應該能把心情放輕鬆。參考：「性愛」

☆內臟

夢中內臟從皮膚表層冒出來或是破裂的話，是通知你現在是揭露過去一直壓抑的感情、接受它的好時機。從前一直討厭表現出來、隱藏起來的感情都由內臟概括承受。不過，內臟再也無法承擔了，壓抑感情並不是創造力的表現。

淨化感情的第一步，首先是承認那份感情的存在。從夢中內臟的位置和功能可以找出你累積的情感種類。若是下腹部，可能是誤用創造能量或是厭惡性能量。肚臍附近可以看出你受他人言行擺弄的辛苦。胸部破裂是對沒有人愛自己的不滿與不安。夢追求的是覺察，並不是夢裡顯示的畫面馬上就會成真。意識之光將會除去身心的負荷。只要正向面對迄今一直假裝視而不見的情感，你的能量通道應該就會好轉。

☆淚水

釋放情感是一種溫柔的心靈按摩，也是體驗這世上存在愛的統一感。代表身心透過感情淨化取得平衡，獲得健康。夢中的眼淚是覺察的眼淚，象徵擺脫無動於衷的狀況。參考：「哭泣」

☆孕婦、懷孕

代表即將展開新人生。你將會積極發揮自己的優點，人生進取向前。夢中的孕婦迎接生產時，現實中的你也將會踏出新的一步。或許會有適合你的戀人出現，也有可能是工作上的升遷。雖然責任比以前還重，卻開始期待人生。特別是像孕婦得注意健康一樣，也請你關心自己的身體狀況吧。帶著接納全新自己的明亮心情，小心別讓新嘗試流產了。參考：「嬰兒」

☆大腦、頭腦

理智、感情、意志相互平衡，超越三次元界限生活的可能性。沉睡中的豐富能力。象徵集結宇宙智慧的電腦，想多元運用這臺電腦，除了冥想別無他法。夢中頭腦出現問題的話，代表腦袋僵化、頑固的傾向，你或許太過認真而失去了生活的柔軟度。參考：整體疾病

☆喉嚨

表現自我的能力。遭對方壓制，無法說出必要的話時，會夢見口香糖或食物卡住喉嚨，抓著喉嚨或是脖子遭到掐住的夢。參考：「脖子」

☆牙齒

面臨問題時的咀嚼能力。牙齒以咬碎東西表現自行解決日常生活中的事件或意外，意味著幫助你將體驗化為心靈的養分。夢裡，當問題超出自己的能力範圍時牙齒就會缺落；把問題想得太簡單則會蛀牙。新長出來的牙齒是新的咀嚼能力，代表過去不曾有的思維或應對之道，催促你投入新發展。參考：「咀嚼」、「口香糖」

☆禿頭、光頭

夢裡，頭髮越長代表越有思考能力，富有靈性。因此，光頭便是對你有欠思慮、缺乏靈性、受性欲掌控的指謫，請試著靜下心反省吧。若夢中出現的是像達摩法師這樣的高僧，代表將會運用取得平衡的智慧得到好成果，但大部分光頭的神職者代表的都是向外追求真理、沒有屬於自己的規範、過度依賴嚴格的戒律等狀況。參考：「頭髮」

☆鼻子

如果你周遭有煩人的人，夢裡就會出現奇形怪狀的鼻子，請回頭檢視無法表達主張的自己吧。反之，也有可能是自己過度干涉他人。無論是何者，你都在逃避自己的課題。有時候，過度高挺的鼻子是在督促你反省無意義的驕傲。參考：「鼻炎」

☆鬍子

代表權威或智慧，又或者是強調男尊女卑、性別差異。有時候，夢是在催促你像林肯留鬍子一樣提升自己的形象。

☆膝蓋

膝蓋支持著雙腳的活動，膝蓋的夢代表支援、幫助你人生前進的事物。夢裡膝蓋僵硬的話，有可能是你的信念太過頑固又或是自尊心太高使得人生無法推進。夢告訴你必須拋下不必要的迷思，放軟你的生活方式。如果膝蓋無法彎曲，或許是因為逞強不願彎身的緣故。參考：「腳掌、腳尖」、「腿」

☆手肘

手肘代表與他人交換能量時的支撐。夢中的手肘如果很柔軟，代表右手能與他人分享活力，左手能接受他人的好意。或者，手肘也代表決定是否要與他人交換能量。夢裡不管是你用手肘撞誰，或是被誰撞，都象徵你內心對他人的欽羨，你與對方之間似乎沒有健康的能量交流。

☆肚臍

事物的中心、與內在自我的聯繫、太陽神經叢。

☆臍帶

象徵肉體與精神、靈性的聯繫，沒有從神靈護持中分割的證據。或是代表物質和心靈層面無法脫離保護狀態。

☆陰莖、陽具、睪丸

代表種子、播種。無論是孩子的誕生還是藝術表現，都是由第二脈輪的性腺運作、播種開始的。力量、帶來繁榮的陽性面。了解人類是性的存在，也代表性方面的覺醒。參考：「性器官」、「男性」、「女性」

☆痣

痣的訊息是，請從自己體內將痣所在之處所顯示的優點引導出來，又或者是你希望別人看見自己的優點。不論何者，請先從認同自己的優點開始。參考：

「疣」

☆骨頭

事物的骨幹。骨氣、骨折。成就一件事所必須的骨架。粗骨頭是建議你提升精神力。若夢見骨折，請反省你的無力感和放棄的念頭，將其化作強烈的意志，而不是想像挫折的情景。若夢見撿到某人的骨頭，將繼承骨頭主人的努力與遺志。如果夢到動物的骨頭，顯示你沒有活用體內的本能，本能正在死去。請取回「活下去」的氣概與骨氣吧。

☆眉毛

代表隱藏的感情。即使眼睛和嘴巴可以演戲，卻無法強迫眉毛作假。夢見剃眉代表你不希望讓人知道你的真心；夢見沒有眉毛的臉，告訴你隱藏心意是白費功夫。為了不作無謂掙扎而浪費時間，請敞開心胸吧，對自己也對他人誠實。夢見修眉或是畫眉的夢，代表磨練表達感情的方式。

☆耳朵

耳朵的夢代表傾聽的重要。聽聞的能力、理解他人意見和動向的能力。決定行為最後一步雖然需要同時用眼睛去看、肌膚去感受，也需要鼻子感知氣味、舌頭確認味道，但更重要的是側耳傾聽，分辨真心與否與時間的流動（時勢與時機）。關鍵時刻，這些才最能提供幫助。參考：「重聽患者、聽覺障礙者」

☆脈搏

生命的節奏。成長。喜悅之歌。儘管當受到「想被愛」的心情驅動，為了獲得愛而拚命時會引起脈搏紊亂，但脈搏的夢代表不夠愛自己，忘記生命的恩典。首先，請先認同自己，從身邊的事物找出喜悅，歡唱喜悅之歌吧。

☆眼睛

洞悉事物本來面貌、看穿事物背後的能力。夢裡的眼睛如果是單眼，有時代表了神聖意識，屬於神祕夢的範疇。以雙眼視物的夢，暗示你要以立體的角度看待狀況。用一隻眼睛看東西代表一元與自我本位的看法。眼睛的目光暗示著若能全面發揮眼睛的能力，可能連周圍的紛爭都能平息。參考：「盲人」

☆手指

五隻手指的夢顯示你所圍繞的人際關係以及該人際關係向你提示的課題。大拇指代表父母，食指代表自己，中指代表指導者，無名指代表情人或伴侶，小指代表小孩或弱小。大拇指提示的課題是透過父母的生活方式思考自己的生活方式；食指是客觀審視自己、了解自己真正的願望；中指是在指導者面前保持尊嚴的方法；無名指是通過對伴侶的心意獲得無償的愛的方法；小指是藉由對弱小的體貼學習處理自己弱點的方法。

大拇指受傷的話，代表不知道生存方法而不安；食指有問題應該是從自我產生了憤怒和恐懼；中指是對於對方擺出上位者的姿態而感到不悅；無名指可能是對伴侶產生失望或難過的心情；小指則是無法承認自己的弱點，對必須扮演虛偽的自己的環境感到焦慮。

若夢中的食指指出應該前行的方向的話，傳達的訊息就是：「活著，就是走在自己而非其他任何人決定的道路上。」參考：「指甲」

☆流產

計劃泡湯。由於你還沒做好心理準備，無法具體實現想法與創意。你必須休養生息，取回強韌的內心才能再度挑戰企劃。當你能夠相信心願總有一天會成形後，請重新擬定計劃吧。

【疾病等】

☆過敏

這個夢代表你過度壓抑感情。感受情感是一件很健全的事，或許你可以請求心理諮商師或治療師幫助你理解這件事。夢裡的場景或許會告訴你引起過敏的原因。

☆疣

過度在意自己的缺點和弱點。世上無完人，你應該關心的是寬恕這樣的自己，以積極的態度尋求改善。參考：「痣」

☆陽痿

代表恐懼失敗，有時也顯示對女性心懷怨恨。敏感會讓事情更加嚴重，你只是過度陷入迷思，事情並不嚴重。

☆搔癢

焦躁不安的程度不斷升高中。若能對自己的焦躁不安有所自覺，事態便會平息。

☆癌症

情感不停受到壓抑，需要發洩。你過去似乎一直在躲避憤怒、不安、失望與悲傷。現在起，請投身去釋放這些你一直逃避的情感吧。夢見癌症或許會害怕是否身邊有人會罹癌，但實際上並不會發病。夢是在警告你：「再這樣下去有可能會演變成那種狀況，但現在還來得及。」不要擔心未來，將這個夢視為一個好機會，靜靜面對過去被你塞起來、視為無物的情感吧。

☆關節炎

過於嚴格的自我批判。「以完美為目標是最棒的」這種想法只會加強對自己和他人的批判。請試著放輕鬆，享受人生吧。參考：「風濕病、類風濕性關節炎」

☆畸形

這是夢的通知，請你磨練夢中畸形部位的功能，為成長帶來幫助。例如耳朵畸形的話，是建議你試著聆聽他人的話語和深意；腳部畸形是警告你是否討厭循規蹈矩的進步；背脊彎曲告訴你要立身正直地生

活。參考：身體各部位

☆傷口

無論是哪裡的傷口，都是代表沒有善用那個部位的功能。假設是右手受傷，可能就是浪費了幫助他人的機會；心臟受傷則是沒有接受事情的真相。無論是夢裡還是現實生活，你或許會覺得受傷都是某人的錯，但沒有任何人能傷害你，你是因為對對方抱有幻想才會受傷。如果能打從心底認為一切都是自己的責任，傷口將會消失得無影無蹤。參考：「結痂」、「血、出血」、身體各部位

☆厭食症

代表拒絕靈性的學習。你似乎討厭人生中興起的困難，沒有理解到磨練靈魂的必要。面對眼前的課題，你強詞奪理，只把焦點放在不去處理也沒關係的事情上。總歸一句，就是逃避。如果你繼續抗拒挑戰的話，只會讓心靈的肌肉不斷萎縮。為了做出一點點也好的行動，請找諮商師談談吧。

☆受創

不論受創的是哪個部位，都是因為你沒有運用該使用的能量，夢對你發出警告：「既然如此，就暫時讓那股能量不能用吧。」查詢受創的部位，了解該部位肉體、心理以及靈魂層面的意義吧。在受創前，夢應該給過幾點建議了，查詢你的夢筆記，看看是否忽略了什麼。

不去用能運用的功能或能量，起因大都是因為封閉了自己的感情。例如過去某人如你所料沒有回應自己，你無法接受，從那之後便頑固地封閉自己的內心，下定決心除了對自己舒服的溝通外，其他溝通都要視而不見。夢裡受創是因為懷抱某種堅持，決定不發揮創造力。請放下僵化的思維，再次乘上生命之流，拋下堅持，盡情發揮你的創造力吧。參考：「腫包」、身體各部位

☆拉肚子

對環境的依賴和反應過度。這個狀況代表覺得事態無法控制，想要逃跑的心態。請保持「不焦躁、不追求、不抵抗」的態度，不要讓自己過度敏感。

☆甲狀腺、甲狀腺機能亢進

覺得願望不會實現。儘管能滿足他人卻經常覺得自己沒有滿足過。雖然不是立刻，但你的願望會成真的。請別再鑽牛角尖，努力讓自己堅強可靠、富有創造力吧。

☆痔瘡

不擅長將想法化為言語，對無法如願溝通的自己感到憤怒。你是否夾在自己的真心與他人的要求之間，感到痛苦呢？參考：整體疾病

☆痙攣、麻痺

代表畏懼眼前的問題，身體僵硬。麻痺的程度越輕，你不願承認自己恐懼的心情就越強烈。恐懼會令情緒與感受變遲鈍，奪走一個人的活力。你需要陪伴自己的時間，接納恐懼的自己。參考：「麻痺」

☆腫瘤

代表頑固、堅持己見的傾向。信念與信條是每次覺察都會改變的東西，請接納變化吧。參考：整體疾病

☆心臟病

怨嘆自己不配被愛，厭惡自己。對活著感到恐懼。

參考：「心臟」、整體疾病

☆精神障礙、思覺失調症

無法在期望與現實中找到妥協，放棄從人生中學習。又或者，雖然意識到自己是特別的卻無法實現那樣的自我，筋疲力盡後決定封閉自己的心。放棄努力。無法認為人生是自己的責任。

☆氣喘

雖然想獲得無條件的愛，卻因為倫理觀在感受到

愛後呼吸困難。又或者代表想獨佔父母的心情、因為想念童年而心痛。你可以不用封閉自己的情感，自由傾吐出來。不如說，你必須傾吐出來。情感無所謂好壞，請不要害怕，將它釋放出來吧。

☆腫包

過於不小心，請冷靜。

☆結石、膽囊炎

容易因為沒有自信而忍不住口出諷刺。習慣攀住既有觀念不放。

☆窒息

第五脈輪的喉嚨封閉。你不擅長用言語向周圍的人表達心情，覺得自己必須將真實的心情嚥下。雖然夢裡會窒息有食物、口香糖、煙霧等各式各樣的原因，但無論是哪種，都指出了你一想要用言語表達心情就容易情緒化與混亂。造成你情緒化的原因是什麼呢？是想說服對方而焦躁，還是因為覺得反正無法順利表達而感到無力呢？你必須探索原因，找回你的冷靜。具體的改善方式就從平常注意深呼吸開始吧，你的內心將會平靜下來。參考：「脖子」、「喉嚨」

☆中耳炎

不想聽周圍意見（抱怨）的心情。你似乎隱隱約約感覺到周圍的人們不是打從心底為你著想才提出忠告。參考：整體疾病

☆口吃

你是否曾因為說出真心話而遭到嫌棄，因而偽裝起自己的真心呢？是否覺得自己沒有保護自己自尊心的力量而放棄呢？或是無法掌握問題核心，理解力渙散？自然、不逞強的人即使少言，也會自由表現自己的意志。請察覺自己想要改變的心情吧。

☆青春痘

或許你沒有自覺，但內心擁有不太好的念頭。儘管啟動了不能表現那份欲求的智慧，卻找不到消除壞

念頭的方法。夢見青春痘時夢裡大都是看著鏡中的自己或是近距離看著某人的臉，代表你有了解現狀的能力。請試著積極正視心中的欲望，然後將那份過多的能量昇華為歌唱或舞蹈，應該會很不錯。定出方向的能量會帶你回到應行的道路上。

☆失智症

你的內心正在吶喊想要實現過去無法實現的願望。代表希望別人無條件愛自己的心情。參考：「徘徊」

☆鼻炎

你正因消極的態度而不斷萎縮。你是否覺得周遭的人過度干涉你的生活呢？其他人對你的事並沒有那麼關心，請重視自己的要求。參考：「鼻子」、整體疾病

☆性冷感

性冷感代表你似乎有很強烈的自卑感，難以接納自己的身體，也或者是對粗線條的伴侶無言的憤怒。感受不到生命的熱情。無法認同性是件神聖的事。性是最棒的溝通方式，身心合一，交換生命的感動。請儘可能豐富你身心的感性，從五感中感受到的喜悅裡讀取神的做為吧。

☆肥胖

豐盛、成果豐碩。代表深受眷顧，又或者代表了用隱形斗篷隱藏真心，向周遭突顯自己孤獨的手段。寂寞一旦累積，似乎就需要名為脂肪的大衣吧。

☆扁桃腺

容易說過多多餘的話。請記得「三思而後行」。參考：整體疾病

☆便秘

對變化、成長的恐懼，或是堅信周遭的某個人應該先改變而不是自己。對過去過於執著。壓抑感情。若能放下現在這種倚賴常識和面子的生活方式，就能有創造力地生活吧。

☆疱疹

或許你沒有發現，但你正處於擔憂的狀態，因為恐懼和緊張變得神經質。請順其自然吧。

☆麻痺

從夢中麻痺的地方可以解讀你心中佔據的負面情感。假設是心臟麻痺的話，代表拒絕人生的喜悅；顏面麻痺代表無法信任他人，一直隱藏自己的真心。再這樣下去，這些功能會真的停止。首先，是該了解自己真正期望的時候了。參考：「麻醉」、「痙攣、麻痺」

☆暈眩

注意力渙散，或是事物倉促成行。由於你現在能量不足，行動前請先決定應辦事項的優先順序吧。你有辨識機會的能力，請靜待良機。

☆針眼

代表忽略注意小地方。參考：「眼睛」、整體疾病

☆腰痛

代表擔心沒有足夠的金錢。其實，金錢並非人生不可或缺的事物，在理解這件事以前，腰痛可能會反覆發生。如果你現在沒有工作的話，就開始工作，乾脆賺錢，成為家庭經濟支柱也是方法之一。參考：「腰」

☆風濕病、類風濕性關節炎

感覺一直被迫負責與犧牲的心情。對自己的批判與對權威的憤怒累積在關節上，關節發出了哀嚎。生活不需要逞強，首先請放鬆，傾聽自己內心的聲音吧。參考：「關節炎」、整體疾病

■物品■

這裡所說的「物品」指的是無機物。由於沒有生命，因此如果你沒有為它們注入生命，也就是沒有使用它們的話，這些物品便沒有用處。無論夢裡夢見的「物品」是什麼，首先都要看清楚它們是否有用在合適的地方。並以此為基礎，查閱物品各自的意思。

交通工具是了解自己的能量如何對社會提供幫助的線索。船代表使用感情能量的方式，電車和公車等大眾交通工具則代表工作和經濟面。如果你正在開自己的車子，便是行動時理解「自己的人生是自己的責任」，沒有問題。駕駛的態度和駕駛狀況也告訴你自制力的程度。藉由動物幫助移動的交通工具請參照該動物辭條。能夠負責、自制的最佳態度是用自己的雙腳走路。越是配備尖端功能的大型交通工具，越不是自己的意志，反映出你以社會意向為優先的樣貌。

衣服是你讓別人看到的姿態、你想呈現的外貌。試著思考那樣裝扮的人如何掌握事態（你想解決的問題），其行動會是你目前面臨問題的原因或是解決的提示。衣服的顏色則是要配合脈輪思考其中的訊息。如果你是女性，夢中穿著紫裙的話，可能是要你雕琢性感或是對身為女性的自己感到糾葛吧。

【陸上交通工具】

☆汽車

自行車代表追求兩件事物的平衡，而沒有駕照便不能駕駛的汽車則是添加了社會性的意義。請仔細觀察夢中的車是否自己的，車子的種類、性能、顏色、形狀是否符合自己的技術？若能輕鬆駕駛，你的社會生活似乎就沒有什麼問題。此外，車況代表你的健康狀態，是否有仔細保養也是重點。夢中車子故障的話，可能是你的車子實際上故障或是督促你照顧身體兩種意思。夢見車禍的車子也一樣，可以從車禍的預示和給身體的忠告兩方面來探討。為了避開車禍的可能，請務必做好萬無一失的準備。這些努力將成為你切身感受創造力的機會，應該也能讓你再次確認自己擁有開創未來的力量。參考：「開車」、「輪胎」

☆機車

機車比自行車更需要兩種事物間的平衡，必須檢討自己是否行事莽撞或是剛愎自用。也有可能是問你是否必要一意孤行？建議你放鬆休息。參考：「自行車」

☆自行車

建議你在生活上追求兩種要素的均衡，大部分是身心的平衡，但有時也會是收入和支出、社會生活與私生活等方面。一旦學會取得兩者的平衡後，人生將會自律地前行。

☆三輪車

夢主正依賴引導自己生活的事物。無論是工作還是家庭，你是否將責任強壓在自己以外的誰身上了呢？三輪車是小孩子的玩具。

☆公車

或許你是在對自己說：「不用那麼適應社會也沒關係。」因為與電車相比，公車的自由度更高。參考：「電車」

☆計程車

凡事追求簡便和門面。代表想將繁瑣的步驟和真心話放到一旁，用漂亮的形式交出成果。這招不是每次都適用。

☆電車

代表你和工作與社會的關係、適應社會的能力。雖然為了經濟獨立與精神自律需要這份適應力，但有沒有配合目的搭乘電車是很重要的事。

☆地下鐵

當詢問自己對性與工作的概念是如何與一般社會連結時，大都會夢到在地下鐵的車站或是地下道裡迷路，不知道自己身在何處的夢。這樣的夢暗示，為了在現代社會中尋找自己的容身之處，請擁有一個與從事社會活動時不同的自己。請試著冥想，體察自己的心情吧。此外，由於夢見地下的人身體的弱點位於下腹部，應該可以做為健康管理的參考。參考「地下、地下室」

☆警車

自制力沒有運轉，需要緊急救援。請尋求心靈導師的幫助吧。參考：「警察、刑警」

☆堆土機

能用在建設也能用在破壞的能量。大部分指的是為了重新開始，將過去一掃而空。

☆手扶梯

不管是手扶梯還是電梯，代表的都是你是如何朝向目的地。電梯只關心目的地，手扶梯則是有餘裕享受周遭。不過無論何者，顯示的都是現代社會以利益為優先的生活方式。你在工作、人際關係、休息的方式或是購物上，是否都太過在意世俗評價和地位了呢？有時候手扶梯的夢也代表了「適合往上，不適合下降」。參考：「電梯」

☆電梯

電梯裡你按的樓層是幾樓呢？如果是二樓的話，請追求兩件事物之間的平衡吧；三樓目標解決紛爭；四樓的目標是健康管理；五樓是改變現狀的行動；六樓是要你馬上去做些能執行的事，培養審美觀與了解人類的溫暖。七樓是現在正在進行的事物將暫時抵達一個週期；八樓的話，你和一同經營性生活的人可能有磨合上的問題或是經濟活動有狀況。九樓代表事物將會自然而然地結束；十樓是你的挑戰將會晉級。如果夢見與日常生活大相徑庭的場面，代表你有無法做決定，依賴周遭狀況的傾向，或是顧著忙碌而疏於關注自己。電梯上升和下降的意義與「手扶梯」一樣，不過，電梯下降顯示對問題有更強烈的束縛感，必須去檢視位於情感深處的東西。

☆鞦韆

代表自由自在，興致高昂、靈感與創意全力運作，或只是搖擺不定，無法決定哪一邊的態度。你似乎在兩種選擇之間徬徨猶豫。

☆方向盤

代表掌控人生。人生要駛向何方由你決定，不能鬆開方向盤也不能交給他人。就像方向盤壞掉無法轉動時必須停下車檢查一樣，如果人際關係或工作功能不健全的話，就暫時停止活動，進行冥想，辨別是否意志和行為哪裡有疏漏。檢查的關鍵是「自己想做什麼」。參考：「汽車」、「開車」、「輪胎」

☆車輪

遇見新的業輪。某種事物的開始、新選擇、眼前無限的可能。遇見嶄新的自己。或是人生空轉、反覆既有模式。如果沒有得到新觀點，可能連一步也無法前進。參考：「水車」

☆輪胎

從輪胎的耗損狀況與氣壓可以評估你的意願與行動力。輪胎漏氣象徵不顧身心的疲勞勉強前行。請確認是生活中的什麼原因造成你身心失衡。

☆駕照

夢裡雖然開著車卻沒有駕照或沒帶在身上，還是被偷走不知去向，代表你並沒有掌握自己的人生，想依賴某人或是躲在誰的背後不負責任。這樣的夢是在揶揄你。即使在夢裡，駕照也要隨時帶在身上不能交給任何人。自己的人生應該由自己掌控方向盤。參考：「汽車」

【水上交通工具】

☆船

你在人生旅途上前行的樣子。如果乘坐的是豪華郵輪，你可能夢想著宛如鐵達尼號般的浪漫和奢華。如果正在下船，大概是厭倦了一成不變的生活吧。無論哪條路，都不能在自己的航海上半途而廢，請在消解壓力的方法上花些心思吧。沉船是害怕失去現在的生活基礎。儘管靈魂的航行不能半途而廢，卻能買艘新的船，也就是能夠無限地重新展開生活。參考：「遊艇」、「帆船」

☆遊艇

從情感面看到的自我管理狀態。夢中如果能順利掌舵的話，你的情感方面應該就沒問題。若處於漂流狀態，情感就不在控管中。沉船代表遭到現實的巨浪吞沒，無法有效控制情感的狀態。請探索其中的原因，取回自己鮮明的感情，重新展開人生旅程吧。參考：「船」、「帆船」、「船槳」

☆帆船

轉換心情的重要性。操縱迎風橫渡大海的帆船象徵情感控制。請以孩童般的玩心為基礎，全力運作大人的知識管理自我吧。請不要受眼前的浪潮所惑，直指目的地前行。參考：「船」、「遊艇」

☆救生艇

儘管受情緒的浪潮擺布，也總算是能浮起來的狀態。你並不想主動積極地構思解決對策。由於情感也有週期，請等待激情風平浪靜吧，你將能冷靜地理解自己的立場，找到從中脫身的方法。

☆船槳

現在的你一面悠哉地控制自己的情感，一面享受它的流動。夢中如果不是一人而是兩人以上在划船的話，整合思緒便是一件重要的事。參考：「船舵」、「船」、「遊艇」

☆船舵

指示應行方向的嚮導。建議、忠告。說情。參考：「船槳」、「船」、「遊艇」

☆羅盤、指南針

確認現在所在地，決定今後的路線。羅盤的指針永遠指向北方，是請你以超意識顯示的方向為目標。

【空中交通工具】

☆飛機

過度期待、時代的要求。你快被自己所昭示的成功形式壓垮了。你受到學歷、社會地位、結婚條件等物質價值觀折磨，與這份期待大小相應的飛機粉墨登場。如果追求自由、想突破自我的願望與邁向成功的條件互相拉扯的話，你甚至會在夢裡操控巨無霸客機。沒有飛行執照的你緊張興奮地坐在駕駛座上，過度看重普世價值、無視靈魂願望所帶來的苦楚或許會令你承受不住，將周圍的人都捲入後在空中解體也不一定。飛機與心靈成長、靈性進步無關。自由的心與靈性會以身無長物、僅憑自身力量飛翔的小鳥來表現。夢境裡的細節應該會向你顯示你該採取的行動吧。參考：「機場」、「飛翔」、「飛行船」

☆飛行船

你厭倦工作與家庭生活，想從閒暇興趣中找出意義。你身上興趣佔的比例很大，只是一個勁地膨脹你的期待。請趁現在回到本來的生活方式，降低興趣的比重，將興趣當成人生的小小喜悅吧。參考：「機場」、「飛翔」、「飛機」

☆滑翔機

一時的自由。由於氣流已經改變，請順勢而飛吧。你唯一能做的就是握好操縱桿，其餘只要享受固定的時間就好。參考：「飛機」

☆直升機

期待與現狀之間的距離有些勉強，把達成目的評估得太簡單。你過於期待急速上升，無法採取慢慢踏穩腳步的處理方式。我們活在時間的框架中，透過把時間變成夥伴來達成目的。時間會孕育耐力和感性，幫助靈魂成長。參考：「飛機」

☆降落傘

將危機當成冒險來享受，或是脫離危機的機會。這個夢不是逼你下定決心脫離苦境，而是要求你接受變化的態度。

☆火箭

理想或目標太高，為自己帶來壓力。你想做一番驚天動地的大事，受到這股誘惑的驅使。你相信就算在空中解體邁向終結也是一種存在的證明。即使體力與精神狀態都很好，也必須重新檢視自己的理想與目標。參考：「飛機」

☆幽浮

即將拓展理解範圍，請享受人生今後會出現的變化吧。有時我們會在夢裡看到不明飛行物體或是經歷被帶到太空船內的體驗。夢境是不同次元的體驗，看到幽浮也是超越次元的溝通。重要的是，無論何種驚奇的體驗都是由自己親身經歷，你必須堅強，不能將自己讓渡給異次元的存在。不管體驗什麼，只要好好品嚐屬於你的情緒，內心自然而然會成長。

【衣物】

☆衣服

代表你想讓他人看到的角色，或是你在他人眼中的樣貌。如果衣服乾淨，優雅得宜的話，你就是在自由與責任的平衡間用自己的風格生活。參考：「顏色」、「大衣、斗蓬」、「裙子」、「休閒西裝褲」

☆大衣、斗蓬

接受必要保護、照顧和幫助的可能，或是隱藏實情與真心，不想讓別人知道自己是怎樣的人。如果是夢見別人穿著大衣，可能是你對那個人的理解有些問題。請冷靜觀察，你的冷靜應該能幫助到彼此。

☆裙子

（主要是女性的）性風格、性愛觀、表現性魅力的方式。性感是帶著自尊的，從裙子的狀態與顏色可以明白你的性生活與自尊心之間的關係。參考：「休閒西裝褲」、「顏色」

☆休閒西裝褲

代表你的性愛觀。無論男生女生都會穿的休閒西裝褲是整合男性行動力與女性柔軟的型態。夢中故事情節和西裝褲的狀態，決定了褲子看起來是理想的形狀或是不適合自己。參考：「裙子」、「顏色」

☆和服

你美學意識的一面。傳統與遺產、溫故知新。也代表你價值觀中的陳舊與死板。重視形式的態度容易連結自暴自棄、自我貶低或是相反的自我放大與目中無人，為靈性帶來威脅。唯有抱持與這些相反的態度，站在高處用一樣的距離眺望事物時才能得到自信。若夢中穿著遙遠過往的服裝，或許是你的前世也不一定。

☆制服

代表你想讓別人看到的姿態，一種否定自己獨特性，依賴社會與他人的態度或是強烈重視規律的傾向。無論如何，關鍵是不要失去你的柔軟度。

☆婚紗、新娘服

對婚姻的憧憬。無論是婚紗還是傳統新娘造型，想實現婚姻，就需要有將人生藍圖化為現實的覺悟與準備。婚紗所在之處與花紋、設計會告訴你該準備什麼。參考：「結婚、婚禮」

☆喪服

面臨必須將仰賴至今的價值觀埋葬的狀況。尤其是溝通方式，試著改換成積極的方式應該很不錯。

☆睡衣

你在臥房裡的角色類型。是給予內在小孩自由還是性感尤物呢？或是代表你可能需要舒適的睡眠與休養。參考：「床、棉被」

☆馬甲、束腰

施加限制。第二脈輪（肚臍正下方）和第三脈輪（胸窩）受到壓迫或是妨礙者的存在。在壓抑「性與創造力」、「感性與感情」的年代，馬甲曾經蔚為風潮。

☆內衣

代表保護與溫暖。如果穿著內衣的場合沒有不妥，就能在身邊的事物或人的背後安全生活。或是可以藉由夢中的故事情節看到情人或伴侶對性的看法吧。

☆口袋

安全的隱蔽場所。不想讓他人知道的內心支柱、自認為的專屬優勢。如果夢見的是哆啦A夢的口袋，請反省自己是否變成一個依賴鬼了吧。

【首飾、鞋子等】

☆首飾

夢告訴你，請你磨練戴著首飾的那部位脈輪（身體的七個能量中心）運作。不過，由於夢境意義也與首飾的形狀和寶石相關，也請查閱這方面的辭條。參考：「腳鍊」、「耳環」、「手鍊、手環」、「胸針」、「頭冠」、「項鍊、頸環」、「帶子」、「戒指」

☆王冠

確立自我。能夠做出最終決斷的能力、完成與勝利的象徵、達成目標的獎勵，也代表覺醒的預兆。比起將夢裡的王冠解讀為現世的地位與權威，更應該將其理解為「自己是自己的國王」的訊息。例如，夢見擁著王冠成為一國一城之主，意味著只要秉持符合這個地位的態度就能讓事態好轉。若能有這份氣度，成為一國一城之主也不是夢。桂冠是打敗過去自我的勝利記號；荊棘冠是對將人生視為苦痛，覺得自己是犧牲者的你所拋出的疑問。參考：「頭冠」

☆頭冠

陰性面的確立或是對身為女性感到驕傲與喜悅。女性想讓自己成長首先必須能接納自己的身體，理解其特性。屬於你的大舞臺或許即將出現，請實現你覺得身為女性理想的那個姿態。參考：「王冠」

☆頭盔

盔甲的頭盔代表你覺得人生是場戰鬥，安全帽類的頭盔代表追求人身安全的必要。

☆帽子

代表你只是在角色扮演，沒有展現你自己的樣子。

☆髮飾

你想突顯自己的興趣或是自我風格。髮飾有時也代表少女或復古的興趣，或是像花魁的髮簪般象徵階級與虛榮心。你有沒有展現出屬於你自己風格的智慧與生活方式呢？

☆假髮

模仿他人的想法。你現在是否必須模仿誰呢？請從夢的前後脈絡判斷你有沒有活出自己的樣子。

☆面具、假面

若夢中的背景舞臺是化裝舞會的話，代表的是你的人格面具（你對外扮演的角色），若是土著儀式則代表你內心的改變。能劇面具是日本人的內心原型，將複雜的內心簡化後表現出來，若夢中出現能劇面具的話，請思考其中哪一種是你期望的生活方式。

☆耳環

請讓自己變得擅於傾聽吧。合適的判斷需要蒐集公允的情報。請聆聽他人的意見，以免被偏頗的意見影響。

☆項鍊、頸環

兼具第四脈輪與第五脈輪的意義（表現力與傳達能力），建議你用洗鍊優雅的言語展現你的溫柔。以你所認為的最高品性，將自己的心情放入言語中傳達是件非常重要的事。

☆胸針

別在胸前的胸針意味著心輪，代表你的溫柔良善。從胸針看起來的狀態可以了解你的外在表現是否與自己相符。

☆手套

不想努力和流汗工作。害怕與人接觸受到傷害。身體無法細微地感受到喜歡、討厭這種理所當然的感情。也或者，代表目中無人、保護、準備完全。

☆手鍊、手環

使用手臂服務的機會降臨。你的內在美與才能將會藉由服務得到磨練。說到使用手臂的服務，很多人會想到育兒相關的內容吧。雖然有時也有真的得照顧嬰兒的情形，但除此之外還有很多服務的機會。不要吝惜付出勞力，你內在的寶石將會越來越閃亮。

☆戒指

對自己「只要活著就會磨練靈魂」的約定，左手無名指戴的婚戒代表婚姻的承諾，要成為互相提升自我的伴侶。結婚戒指是承認對方是反映出自己內在異性的鏡子。參考：「寶藏、尋寶」、「寶石」

☆手錶

代表管理這個世界的規則——時間的能力。請檢視你分配在工作、家庭、夥伴與自己身上的能量是否有所偏頗。參考：「時鐘」

☆扇子、團扇

製造變化或是隱藏真心，也代表著誘惑。搧風工具會創造出持有者期望的變化。如果沒有期望就不會發生變化。說是變化，其實也只是稍微自我滿足的程度就是了。以扇遮臉代表沒有自信或是誘惑他人。無論何者，隱藏真心是源自於缺乏自尊心，如果在夢中是獻媚狀態的話就更是如此。此外，展開的摺扇也代表事物漸漸繁榮的徵兆。

☆手提包、包包

對女性而言，包包是自我表述、自我證明也是人生計劃。想活用自己，請先從接納身為女性的自己開始吧。如果包包裡有放錢包的話，與身為女性的生活方式及身分認同有很深的關連。夢見遺失包包，代表以女性身分而活的自我認知，無法如預期般有效使用能量。包包的遺失場所和發現方法應該能告訴你生存之道。

☆帶子

腰帶代表對太陽神經叢（胸窩附近的自律神經叢）的壓迫。從夢中脈絡判斷你是需要緊張感還是處於難以對抗過度壓抑的狀態。若夢見的是輸送帶，則是詢問你機械化地處理事物是否正確？安全帶是常識上的安全顧慮。

☆腳鍊

代表對性的關心，建議你表現出性感美。

☆鞋子

代表在人生上安全行走所需的工作、社會適應能力、人脈等無形的財產。如果夢中穿的是合腳的鞋子，你便是位於適合自己的職業與立場；如果穿了太大的鞋子，請想想是否高估了自己的實力吧。太小的鞋子代表小看自己以及有害怕變化的彼得潘症候群傾向。如同灰姑娘的姊姊們想穿小巧的玻璃鞋一樣，你期望輕鬆享福。左右腳穿不同隻鞋子是看不見自己的天職，儘管做了各種嘗試卻能量渙散，沒有出現預期中的效果。夢見等待穿不同類型的鞋子，就像日本俗諺「穿兩雙草鞋」形容身兼二職一樣，顯示你有辦法利用多元的才能維生，或是暗示你計劃轉換心情。鞋跟壞掉的鞋子是對人生的警訊，指出你對社會心懷不滿而放棄設定目標，不主動行動。

☆襪子

維持生活。對身心的體貼。襪子破洞代表食衣住行將受到威脅，但不到活不下去的程度。聖誕襪代表向宇宙的恩典伸出雙手。

【礦物、寶石、資源】

☆石頭

日文裡石頭的發音與「意志」、「醫師」相同，能從這兩者聯想的畫面便是石頭所傳達的訊息。是否該貫徹堅定的意志、改善頑固？需不需要照護身心？依夢中的故事情節而定。

☆金屬

與生俱來的特質、鍛鍊後更加強大的事物。忍耐力很高或頑固，有時也代表無動於衷。

☆鉛

悲觀的看法、內心沉重。顧慮周遭、配合他人的生活方式最後無論對自己還是對他人而言都只是一種毒。悠哉地做你自己，別人也會跟著模仿吧？任何人都可以不用去當誰的犧牲品。

☆鐵

堅定的決心、毅然決然的意志或是頑固不懂變通。血液中的鐵質代表人生需要毅然決然的意志。

☆寶石

代表你沒發現的珍貴才能。你有義務察覺它們，磨練後展露出來。這些能力擁有無價的價值，是宇宙贈予你的恩惠。鑽石代表一心一意，紅寶石是不會厭倦的熱情，祖母綠是不執著的溫柔，珍珠代表承受痛苦的勇氣——寶石夢催促你從自己體內引導出這些才能。如果夢中的寶石黯淡無光或者是贗品的話，請反省自己是否在假裝好人吧。參考：「寶藏、尋寶」

☆紫水晶

代表無極限的治癒，實際上將紫水晶配戴在身上應該也會有所幫助吧。請讓第七脈輪的紫色成為你的同伴，接受腦下垂體的恩惠吧。參考：「寶石」

☆紅寶石

創造能量能夠為熱情冷靜定位，紅中帶藍的紅寶石色便是對這股能量的讚頌。請你也振奮能量，採取具創造力的行動吧。

【各式各樣的東西】

☆熨斗

代表應該簡單看待問題，不要想得太複雜，把事情變單純點就好。又或者是應該遵守有常識的適度規定。

☆空罐

隨意對待自己，不關心自己。首先請客觀看待態度隨便的自己。自己都不重視自己了，別人當然不可能關心你。

☆廣告氣球

接下來應該會發生開心的事情吧。請坦率地開心、享受並感激這件事。唯有注意，千萬不要表現出驕傲自滿的樣子。參考：「氣球」

☆雨遮

回顧自己的時刻。反省是只屬於自己的工作，不要將他人捲進來。請在周遭因爭執或事件意外引起的狂風暴雨中靜心忍耐吧。不可以反擊，夜晚很快會過去，風雨也會止息。

☆網子

遭人情道義的柵欄所困。又或是如字面上的意思，張網以取得想要的東西。

☆傀儡、木偶

代表正在控制他人或遭他人控制。無論何者都是因為害怕自己做決定、負責任吧。沒有做自己。參考：「人造人」

☆相本

代表你該回頭確認人生。相簿中出現的時間、地點與人物應該會給予你前進的提示吧。

☆天線

代表你的接收能力，天線的狀態說明感受度的好壞。為了提升你的能量等級，避免接收無用的資訊，請冥想吧。此外，你隨時都在傳送自己的心情，所有次元都會收到，禱告能避免無意義的傳送，祈禱自己能成為理想中的樣子。

☆人造人

沒有靈魂的存在。你似乎將自己的心賣給了既有的體制，想找回自己，必須感受你現在的情感、細細品味。經歷這個過程後再行動應該一點也不遲。參考：「傀儡、木偶」、「機器人」

☆E-mail

儘管人際間的應對交談很順暢，情感卻可能很淡薄。以資訊為優先、不帶體貼的應對交流會面臨感動越來越淡薄的危機。看過電子郵件裡的文字後，一邊搭配對方的整體思考，一邊為這封郵件賦予意義吧。這個夢或許是建議你交流對談要再更真誠一些。參考：「信」、「文字」

☆錨

人生的航程暫時休息。在這之前，你持續了一段情感上很艱困的旅程吧？放下船錨，慰勞自己也為今後養精蓄銳。日文的「錨」與「憤怒」同音，或許也是在告訴你必須放下憤怒。為了將船錨深深放入海底，獨自細細感受憤怒（錨）的情緒，將其沉入深處，如此一來便能漸漸風平浪靜。

☆椅子

考慮該稍微休息一下還是站穩腳步挑戰的時刻。

椅子的形狀會告訴你該如何選擇。椅子有時也代表你想讓他人見到的自己。參考：「家具」

☆線

日文裡，線的發音與「意圖」相同，線與意圖相通，經線是你出生前的意圖，緯線是你現在的意圖。想過何種人生由你的心決定。如果不喜歡過去，也可以修改。此外，由於線是布與布之間的連結，因此你也可以藉由拓展意圖來拓寬人生。參考：「編織」、「壁毯」、「縫紉」

☆燈飾

短暫的快樂。請從現狀判斷夢傳達的是「請享受」還是「歡騰過度」。由於燈飾是晚上的物品，因此也代表了找出白天品味過的事物，意即過去人生中的歡樂與美好（＝恩典），感受、尋思的時刻。

☆印鑑

雙方同意。自我理解偏差的可能。請負起管理自我的責任吧。

☆裝潢擺設

你所期望的生活之道，或是將你想讓他人見到的自己化為肉眼可見的形式。在夢裡，為了驗證靈魂真正的目標是否和你的願望方向一致，部分的裝潢擺設看起來可能會很奇怪。參考：「家具」

☆畫

如果夢見的畫在你心裡留下美好的感覺的話，請親自將它重現出來，裝飾在自己身邊吧。將這幅畫當做你專用的曼陀羅畫或生命之印（譯註：life seal，艾德格．凱西為個人解讀記錄所有靈魂歷程的「阿卡西紀錄」時，看到紀錄的封面繪有代表該靈魂特質的圖案，稱之為生命之印），每次看到它應該都能豐富你的心靈。放輕鬆，大膽畫出來，你應該能獲得許多覺察。參考：「繪本」

☆空調

代表必須待在人工或是被保護的環境裡一定期間。無論何種環境，都不是長時間待在裡面。延宕期（讓人類得以發展的準備期）若是太長，就會為之後的破壞所苦。

☆X光

洞悉事物本質的方法。所謂洞察，就是認識從內在本質釋放的美，雖然自己也可以辦到，但現在請先借助專家的力量探索自己的內在吧。即使有問題，只要探索是在掌控下進行的話，就能得到可以接受的結果。

☆繪本

由於思考變得太複雜而將其簡化。學習本就是件簡單的事。如果是特定的故事，故事精髓就是夢的訊息。例如，《小飛俠》代表彼得潘症候群，《國王的新衣》督促你拿出傾聽忠告的勇氣。夢中的繪本有時也會成為你的生命之印（譯註：參考「畫」辭條解釋），試著挑選重要的內容，做本專屬於自己的繪本吧。參考：「畫」

☆引擎

貫徹到底的意志、體力與精力。引擎有問題的話要檢視自己的內在：決心堅不堅定？是否有體力和持之以恆的毅力？若知道是什麼工具的引擎，請參照該辭條。

☆煙囪

適當表現幹勁的必要。火會昇華的煙囪若能適當發揮功能的話，你將會順利淨化身心，並連結靈性的自我擴大。聖誕老人的煙囪代表天真無邪的神意，工廠煙囪是公害的象徵，煙囪冒黑煙有可能是你過度適應工作，或是處在本來就不適合你的領域。參考：「房屋」

☆禮物

這是來自超意識的鼓勵，希望你能順利完成現在的課題。夢中送禮的人提示出解決課題的線索。如果是情人，請自在地表現出你的溫柔與本性，若是主管，則請發揮你的工作才能。如果你是送禮的人，意味著你認同對方的特質，而你身上也有那份特質。即使在夢裡，也不可以收下心裡無法接受的禮物，不能放棄重要的自由意志。

☆汙水處理槽

一直執著於已經解決的問題，周遭的人也對這樣的你感到厭煩。原諒自己和別人，沖走糾結吧。無論狀況如何，你的學習正邁向終點。

☆斧頭

你有用具創造力的方式使用精力、體力和意志力嗎？夢中揮舞斧頭、拿著斧頭追著誰或是遭誰追趕的話，由於並非具創造力的使用方式，事態將會變得更嚴重。又或者，斧頭的夢有時候也是在催促你以強烈的意志割捨過去。

☆玩具

用與夢中遊戲時相同的心情處理問題、試著將難題當成玩具。不然就是無法整理破爛般的往事，被困在過去之中。請乾脆瀟灑地拋下那些往事吧。你只是害怕變化，其實不變化要更加痛苦。由於玩具的夢也代表了沒有允分得到愛的悲傷，請停下腳步，花心思陪伴自己的童心吧。

☆溫度計

溫度計傳達你現在情感或生命能量的狀態。情感過度高昂便會橫衝直撞，過於低落則有氣無力。生命能量高時會因為擁有熱情、洞察力與專注力而提升效率，生命能量低時既無熱情也無洞察力，最重要的是，也缺乏專注力。若夢中出現的是體溫計，要確認自己的實際體溫有沒有太低。想懷孕的話，不可以讓五臟六腑與下半身著涼，尤其急需溫暖內臟的健康管理。

☆窗簾

窗簾若是拉起來的話，代表你不喜歡讓別人窺視自己的內心，太過小心謹慎。若你是從窗簾後頭看著外面，便是有封閉傾向的你想對外開放的預兆。這或許是你內在小孩的需求，請實現他的願望吧。夢中若是打開窗簾，代表前進的徵兆。

☆地毯

經濟上的餘裕。由於鋪在地板上的地毯保護身體免受腳下的冰冷，確保了恩格爾係數，因此能讓你享受奢侈。前提是地毯必須乾淨整潔，沒有破損。身體器官中分隔腸胃的橫隔膜被認為擔任了地毯的角色。若夢中的地毯有髒汙，便是在告訴你身體因為不當的飲食或短促的呼吸有不順的地方。

☆骷髏、骷髏頭

沒有血液流通的存在。沒有情感流動。做這類型夢的你，似乎受他人價值觀所左右，遭某人控制了靈魂，情感沒有反應。請珍愛自己、改變環境，喚回自己的情感吧。不過，夢中的骷髏代表的是心靈的死亡並沒有肉體死亡的意思。殭屍是將信念與信條交給他人，骷髏則意味著情感沒有運轉。若是骷髏頭，還要再將焦點擺在銳利的知識上。參考：「殭屍」

☆手電筒

靈感、立即有用的直覺、內在的光。參考：「火」、「光」、「電燈泡、電燈、光」、「蠟燭、提燈」

☆路燈

你正處於一點也不能大意的時刻，請好好回顧目前為止的道路吧。將今後可能會發生的危險放進視野中，事先思考應對之策。現在的話，你也可以削弱準備襲擊你的人的心情。

☆稻草人

田裡的稻草人是請你帶著幽默感預防受害的忠告。此外，也代表因為不重視自己而無法達到自己真正的姿態或期望。自卑會產生無用的恐懼，象徵無法自己做決定。尤其是《綠野仙蹤》裡的稻草人，代表陷入自己沒有思考能力的迷思裡。參考：「機器人」

☆鏡子

透過鏡子觀看自己的現狀。模糊的鏡子代表思慮不清，原因是否出自嫉妒心呢？參考：「臉」

☆鑰匙

洞悉本質的能力、解決對策。夢中如果握著鑰匙的話，顧名思義，就是手中握有解決方案。

☆爪子

代表因為絕不放開得手的獵物或狀況，由執著而生的嫉妒。只要放手，就會有更好的事物來臨。

☆家具

自我表現。夢中的家具有沒有成為裝潢擺設的一環，統一風格呢？藉由家具有沒有發揮功能、整頓整齊，可以判斷你的自我表現是否恰當。

☆傘

用淚水沖走憤怒和悲傷的時刻。由於你對感情淨化的理解十分深厚傘才會現身。請一個人盡情哭泣，舒暢心情吧。

☆武士刀

自尊心的根據。有羞恥心。你或許對自己沒有自信，但差不多是停止向外追求價值，找出自身價值的時候了。封建時代已經結束，真心話與場面話之間的區別逐漸消失，現在是能夠享受自由，前往自己追求的地方並履行責任的時刻。

☆樂器

樂器的夢建議你享受感性與情感。樂器是體會感情的工具，夢中的樂器應該能幫助你鍛鍊感性吧。請聽聽表演，接觸樂器，取回你本來的靈性力量。樂器也象徵著異性的身體，弦樂器代表女性的身體，笛子或打擊樂器主要代表男性的性器官。我們在對異性性覺醒的同時一面讓靈性成長，接著進一步透過性的溝通交流演奏對宇宙的讚歌。過程中，兩人必須花時間修煉，這點與練習樂器是一樣的，相信自己的創造力，一切將變得可能。在眾人面前演奏樂器的夢是要你磨練溝通能力的訊息。即使演奏得不好也不要關在自己的殼裡，向前挑戰吧。察覺到自己做法有缺失是最棒的恩惠。參考：「鋼琴」

☆金錢

能量、引發變化的決心。撿到錢代表想仰賴他人，期待天降好運；掉錢代表你現在的決心難以順應潮流。參考：「薪水」、「銅板、零錢」、「買東西」、「價錢」

☆套子

保護、受到保護，或是代表隱藏自己和他人。如果是隱藏的話，套子某處會有破綻或裂縫。

☆花瓶

接納現在，你將會閃閃發光。或許你對擔任某人的助手感到心情複雜，但有花瓶才有花。請實際在花瓶裡插花，享受逐漸沉靜的心吧。

☆灶

祖先傳下來的生活智慧。或許，隱藏在你身上的才能就是祖先所傳下來的也不一定。試著往實用的方向思考如何呢？

☆紙

如果是白紙，代表現在是運作你自由意志的時刻。請實際在眼前放一張紙，寫下你的心願吧。日文中的「紙」與「神」同音，在白紙的人生上運作意志，你就能顯現神的真理。夢中的紙如果寫了什麼，大多是寫給你自己的情書。人生無限地尊重你的自由意志。

☆剃刀

思考以及伴隨的行動十分銳利。冒著破滅的危險。清楚區隔謊言與真實界線的能力。如果夢中使用剃刀的人是你，便是在督促你淨化態度。參考：「刀子」

☆相機、數位相機

希望你客觀看待自己與自己的體驗。請想想，所有時間與地點都存在著學問，品味自己的情感，冷靜地面對人生吧。參考：「照片」

☆貨物

懷有不必要的價值觀。貨物越大，代表你越是抱著沒有必要的主義、主張、生活信條過日子。在夢的世界裡，輕鬆沒有負擔是鐵則。

☆殼

外殼。虛無。閉門不出、害怕外界，被自己製造出來的恐懼抓住。請溫柔地接納自己的存在，填充能量，從有興趣的地方開始和外界連結吧。世上沒有破壞不了的殼，這是突破自我的好機會。

☆玻璃

如果是窗戶玻璃破掉的話，請注意奪走你能量的事物，不要大意，環顧四周吧。碎玻璃代表夢想破裂、計劃失敗，必須檢討那是否本來就容易毀壞的計劃或願望。玻璃之城或玻璃鞋這種童話般的東西象徵無法對現實生活提供幫助、易壞的事物。若你是從強化玻璃窗戶往外望的話，就是太過追求安全，不太有行動力。夢中咬玻璃碎片有可能是你表現言語的方式太尖銳，正折磨著自己。

☆月曆

估算事物的時機。具體將計劃放入行程表中。從立春到立冬，事物從著手準備邁向完成。冬天是自省與擬定明年春天之後計劃的時節。月曆的月份要從春夏秋冬，四季的主題為基準來思考。此外，新月到滿月與新年到盛夏；滿月到新月與夏末到冬初的變化代表的內容一樣。新月至上弦月的夢訊息性會逐漸增強。參考：「月亮」、「春」、「夏」、「秋」、「冬」

☆瓦片、屋瓦

由於屋子整體代表身體，屋頂就是頭髮。其中，瓦片代表講究形式的傳統髮髻或是繁複的宴會髮型。你可能正在誇耀自己的權威和技術。或者，屋瓦的夢也代表了藉由將注意力轉向傳統與文化以圖心靈的淨化與安定。鬼瓦象徵清楚昭示願望和目標。

☆仿冒品

對他人和自己偽裝自我。不相信自己的創造力，堅信自己不會抵達真正的自我，一味模仿他人。在背後支持靈性的是感性與直覺，透過讓靈性成為自己的夥伴，了解自己的願望，你將能夠知道自己本來的模樣。

☆乾電池

藉由冥想能夠獲得的創意、幹勁與爆發力或是輕鬆的心情轉換。

☆招牌、霓虹燈

喚起注意力。請從招牌的文字和圖案擴大聯想，體察夢境的訊息吧。霓虹燈和招牌一樣有提醒注意特定事物的意義，或是請你注意任性放縱的生活。如果你是禁欲過度的話，應該需要排憂解悶吧？

☆機器

如果夢見機械式的動作或自己是機器的一部分，代表情感、感性與靈性的運轉並不順暢。向外尋求正確解答的心情就跟沒有感情的機器一樣。熱切的心意和穩定的情緒將會告訴你屬於你的正確解答。越是沒有活用情感，感性與靈性就越龐大、複雜的機器是自我的表徵。

☆車票

交通工具的車票是催促你從事新體驗。只要踏出一步，景色就會變化得令人頭昏眼花，讓人緊張不已。你討厭這種感覺而停留在此刻，執著於現狀。夢中如果手裡拿著車票的話，無論如何，請先採取行動吧。現在不出發，你就必須等待身心再次達到這個狀態為止才行。交通工具的夢也是你生活在社會規則裡的暗示。

☆薪水

與人生學習到的東西相應的報酬。自我評價。積極生活的預備金。無法將一切視為只是因果報應。如果夢裡的薪水有顯示金額的話，由於那並不是你的最終評價，無論多寡，請都心存感激地收下吧。參考：「金錢」

☆樹墩

放棄夢想的樣子。請再次檢視自己是否放棄了什麼或是拔掉了某種萌芽的才能吧。若能再次確認夢想的意義，便能計劃解決問題。樹根生長在大地裡面。

☆斷頭臺

批判性過重，採取不近人情的態度。過度追求合理性。深呼吸，取回人性的話，應該就能想到帶有人情味的方法。

☆釘子

如果你在夢裡向誰「刺釘子」，再三叮嚀的話，代表謹慎用心。若是將周遭的意見都當成是向自己說的內容，銘記在心的話，現在的計劃應該會實現吧。「釘釘子」是剝奪自己或對方的自由。釘子的夢可以確認自己的目標所在，如果夢見「朝米糠釘釘子」的話，就是覺得生活沒有意義，感受不到人生的回應。

☆鎖鍊

你的生活方式可能受到習慣、常識或是信念限制。如果是虐待狂與被虐狂用的鎖鍊，代表受困於性狹義的概念裡。缺了一節鎖鏈代表分離或是解放。根據文化背景可參考：「繩子」、「細繩」

☆櫛梳、梳子

如果夢見梳頭髮的櫛梳，代表運用靈性智慧整理思考。請別計較利益得失，而是驅動靈性整頓心靈吧。不慌不忙、仔仔細細地檢視內在將會撥正應該導正的地方。現在的你無法拋頭露面，就像梳頭整理頭髮一樣，請循序漸進地整頓內在再準備上陣吧。準備完畢就能堂堂正正站在眾人面前。夢中梳子和櫛梳的意義相同。如果是髮飾的櫛簪，代表你可能將重心放在名聲和榮譽上，你是否向外追求人生的價值呢？

☆藥、藥劑、藥物

代表以科學的方式應對身心平衡，也或者是對你過於偏向自然的態度提出小小的諫言。另外，藥物的夢有時也代表想用簡易的方式追求身心安定、不想面對現實的逃避、急於追求開悟，討厭循序漸進的步驟。

☆信用卡

欠債。由於你小看自己，覺得現在無法支付代價，跳過了豐富的人生。

☆手機

你對他人的表現和連結方式，或是你正在向某人尋求關於自我風格的建議。開放與祕密主義之間的落差很劇烈的話，將會增加危險。參考：「電話（手機）、郵件」，若夢見的是用手機替代錢包的場合請參考：「錢包」、「手提包、包包」

☆毛線

愛說話、熱中於喜歡的事物。毛線的顏色也有意義。參考：「編織」、「線」、「顏色」

☆警報器

夢中的警報器、火災警報器正告訴你脫離道路的危險。尤其是警報器也是通知你在計劃、財產管理、人際關係或身心照護上有粗心大意的地方。火災警報器是能量維護有問題，請儘快改善你的生活習慣。

☆遊戲

宛如遊戲般享受人生的方法。請檢視看看自己是否享受這個世界。夢中享受遊戲的對象代表現在的人際關係。參考：「舞臺」

☆橡皮擦

代表消除過去的必要。不要一直對過去耿耿於懷。若是困在無可奈何的過去裡，你恐怕會放棄自己原本的願望。請稍微鼓起勇氣吧，這個動作就像用橡皮擦擦掉東西一樣簡單。不管過去發生什麼事，靈魂的願望都會實現。

☆化妝品

提升自我形象，建立自信。反之，也代表只在表面上濃妝艷抹，看不見內在的光。夢中化濃妝代表沒有察覺自己本來的美，降低自己的格調。

☆煙

夢裡，濃煙和潔淨的煙天差地別。濃煙的起火點代表因為不受控的激情逐漸無法看清內心。潔淨的煙代表從無意識裡莫名的囚禁中解放，漸漸看見人生的方向。內心的汙濁化為煙霧消失到另一個次元後，你的眼前將會出現明朗的世界。對離開這個世界的靈魂焚香，煙將會去除我們的邪氣，把我們的愛傳達到彼方。

☆劍

雙面刃代表真相。必須收割播下的種子，告訴我們種什麼因得什麼果。透過收割播下的種子，看見真相，產生創造力。或者，也代表破壞、報復、補償。

參考：「刀子」

☆原子彈

儘管擁有能在創造層面上大躍進的能量，卻似乎誤用了。由於你長久以來都沒有表現出真正的自我，因此無法有效使用那股能量。日積月累的憤怒能量將周圍捲入，走向自我毀滅的道路。雖然你想得到驚人的成果或是期望的結局，而急著做出自私的結論，但如果不想自我毀滅，應該以悠哉確實的成長為目標——鍛鍊身體、以天然食物為食，下功夫將自己的心情化為語言。請鑽研努力，用具創造力的方式引導你的能量。參考：「炸彈」

☆顯微鏡、放大鏡

代表探究原因要求精密，或是因為過於執著而成為人生的枷鎖。由於顯微鏡代表精密的視野，放大鏡代表頑固的信念，請培養平衡使用這兩項工具的中立視角吧。

☆銅板、零錢

代表日常的小決心。如果夢中用零錢買寶石這類高價物品的話，代表你把事情評估得太簡單，必須從頭開始。另外想請你注意的是，夢中零錢滾啊滾地掉落在路邊、河岸邊，或是散落在腳邊的時候。你一方面因為自己的慢吞吞而焦慮，一方面卻又害怕變化，鐵了心不改變。這樣的夢反映你因為缺乏冷靜，能量外洩，不停重複錯誤小選擇的現狀。請尋找能夠信任的人傾訴你的內心吧。另外，也建議你可以去尋求諮商師的幫助。無論何者，夢見銅板代表能量不足。希望引發變化前，請你先放輕鬆觀察情況吧。參考：「金錢」

☆暖桌

代表溫暖、保護、懷念。將夢中的故事情節與你對暖桌相關的回憶重疊，應該很容易判斷夢所表達的訊息吧？暖桌可以治癒內在小孩，也代表你可以和現在的自己和解。有時，暖桌代表的是只有下半身邪念的喜歡，即使你自以為瞞過眾人耳目，但周圍的人都有察覺。參考：「暖爐」

☆古董

代表至今為止的生活方式與思維老舊，再也派不上用場。想要成長，只能嘗試新挑戰，但你害怕不熟悉的事物，處於原地踏步的狀態。你或許需要透過評價自己一路至今的歷程以取得內心的平衡吧。古董也代表溫故知新的必要。

☆垃圾

無法幫助你前進的那一面。無用的價值觀、創意和計劃。參考：「糞尿」

☆電腦

追求提升自己這臺電腦功能的必要。請拓寬意識範圍、行使自由意志來增加你的心靈電力，提升你這臺電腦的功能吧。

☆骰子

如凱撒說「骰子已擲下」一樣，命運的齒輪已經轉動，現在只能前進。或是你堅信人生是場賭局，無法盡如人意，處於隨隨便便、走一步算一步的狀態。請沉吟夢中的故事情節，思考一下自己的責任吧。

☆錢包

夢中的錢包是盛裝你認同與能量的容器。夢裡錢包遭竊、被搶或是不見的話，是告訴你有人竊取了你的生存精力，將變得拿不到想要的事物。為了能夠在任何時候依照自身的意志使用自己的活力，請先關注自己能量的安全吧。是誰竊取了你的精力也是個很重要的問題。參考：「金錢」、「買東西」、「手提包、包包」

☆木材

追求溫暖、回歸自然。注意自己自然一面的必要。無償體驗穩定溫暖的關係與溫柔的肌膚接觸是非常重要的事。無論是圓木柱還是木板，地球產出的東西帶有安穩的能量。

☆酒盞、杯子、紅酒杯、酒盅

不帶罪惡感，嚴肅接受現實的必要。現在不該行動，而是從過往的路程找出感謝與豐富的時刻。如果是平常的「喝酒是逃避的結果」，你應該會有所察覺吧？參考：「酒、酒精、啤酒」、「紅酒」

☆農作物

收割種下的種子、因果法則。豐收是由愛自己與對這個世界形成的感謝之心所致。欠收代表因為對自己的力量認識不足，沒有適當照顧。

☆鏽

怠慢令你的內心產生鏽蝕，浮出表面。儘管擁有應該發揚光大的才華和能力卻沒有使用。今後為了發揮你的才能，請不要再表現出一副犧牲者的模樣，需要一段時間努力磨練才能。

☆盤子、餐具、碗

人生課題會成為心靈的養分，這些東西代表人生課題的容器。你可以從容器裡裝了什麼知道自己接下來要迎戰的課題。髒汙破損的餐具是面對問題前的態度有所不周。如果在夢中清洗或是整理餐具的話，代表問題正越過顛峰期，接下來只剩如何消化這段體驗，將其變成養分。餐具裡裝著菜你看起來卻猶豫要不要吃的話，請探索內心躊躇的理由。若你將裝著菜的盤子遞給某人的話，你就正在提供問題給對方。對方要不要處理依其意志而定。

☆CD

簡單的安慰、消除憂愁的特效藥。參考：「音樂」

☆床單

安全的場所。性愛的溝通交流。新床單意味自我探索的新局面。床單用過或是髒汙，鋪好後上面有雜物或生物的話，反映你受他人生活方式、價值觀和本能層級的衝動煽動的現狀。參考：「床、棉被」

☆時刻表

代表社會規律。夢中搭乘按時刻表而來的電車是因為你有很優秀的社會適應能力。時刻表會配合公司而改變。同樣的，社會規律與價值觀也都會毫無預警地改變。這個世界是依時間制約而成立的幻想世界。請明白時刻表是根據幻想所創造的暫時約定，便利地活用它吧。

☆磁鐵

正面與負面相互影響、作用的事物。請仔細研究其中的構造，看看那是本能地吸引還是反動吧。

☆水龍頭

能有意識切換情感的能力。水龍頭漏水是因為情緒不穩，正在浪費能量。請別疏忽怠慢也不要壓抑，珍惜地體會自己的情感吧。只要徹底感受，無論何種情感都能被淨化，成為你提升靈性的後援。

☆照片

從照片內容可以知道你現在的狀況、需要的事物與思考方式。如果是回憶的照片，當時的體驗將能夠幫助你解決現在的問題。現在的你會面對與當時相似的問題，是一種為了靈魂升級類似補考的關係。參考：「相機、數位相機」

☆獎項、獎金、獎品

代表投入課題展現了成果。在進入下個階段前，請先好好認同這件事，讚美自己吧。現在先這麼做以後，將會成為投入下個課題時的活力。根據夢中的故事情節，獎品的夢有時也代表自我評價過剩和名利心。

☆鎖

內心上鎖。樣板化的自己。關在自己的殼裡。你有種錯覺，覺得若是隨心所欲行動或是敞開心房，可能會發生恐怖的事情。

☆滅火器

你現在心懷小小的怒火。趁現在將意識之光照在那股怒意上，尋找內心憤怒的原因吧。如此一來，這份怒火便不會擴大導致你的靈性下降。參考：「消防員、消防車、消防局」

☆肖像、畫像、人物照

無論是誰的肖像都代表你的自我心像，這或許是你的人格面具（自己對外的一面）。請回頭檢視你的舉止表現和你想展現、想讓別人看見的模樣，思考哪個才是真正的自己吧。假設夢中出現的是拿破崙的畫像，可能是高估了自己真正的實力。參考：「雕像（立像）」

☆餐桌

夢中飲用餐桌上提供的食物代表投入眼前的課題，培養心靈。與你同桌的人是和你一起處理問題的同志。夢中的故事情節會告訴你該如何面對那個人，如何處理問題。桌上擺的東西顯示出正在等待你處理的課題。參考：「桌子」

☆地雷

自己落入自己的陰謀裡，玩火自焚。因為太過憤怒，腦袋裡不停出現想貶低自己和他人的念頭。如果感覺你的尊嚴似乎受到威脅，請離開那個地方吧。參考：「炸彈」、「原子彈」

☆燈號

代表與人的相處之道。你是否因不同人對待你的方式大相徑庭而感到困惑呢？這種時候請仔細看看周遭，參考擅長與他人相處的人是如何應對的吧。如果有看到燈號的顏色，就該依照燈號指示行動，嚴禁大意。

☆人工衛星

忠於受到社會認可的目的和信條。若那些與自己的願望和目標相違，你的能量終將枯竭；若是一致，你的作為可能會獲得很高的社會評價。無論如何，都必須定期內部檢查。

☆報紙、新聞

代表喚起注意的必要。政治新聞處理的是靈性，經濟新聞是能量平衡，社會新聞是情感狀態和壓力。你必須知道自己身上發生了什麼事。

☆巢穴

對婚姻和家庭的憧憬。追求血緣的連繫或是容身之處。如果是守在窩裡不出門的話，代表新的創造力在成形前的黑暗與沉靜期。

☆水車

將情感變成能量的功能。雖然理智只能產生暫時的能量，喜悅的心情卻能從你身上引導出源源不絕的能量。參考：「車輪」

☆彗星

激烈得能引起社會變革的創造力。儘管就算達成自我變革也很難期待獲得周遭的贊同，但你自己卻能深深認同。

☆行李箱

不整理問題，將問題擱置一旁。你深信自己沒有解決能力，陷入自卑的情緒裡。能看到問題就是因為宇宙承認你有解決的能力。請做好單槍匹馬面對問題的覺悟吧。參考：「行李、背包、旅行包」

☆行事曆

將自己放入模型樣板裡。工作中毒。前進需要的是把握自己現狀，任何時候都能應對意外事態的從容。只是跟著計劃表走，代表對自己的決定沒有自信，內心沒有餘裕。或者，行事曆也代表生活規律的必要，從容一樣是這種情況的關鍵。

☆沙子

代表冥想的必要。沙子是體驗時間悠長、一路看著狀況變化的證人。冥想後，便能在瞬時裡感受到這段悠久的時間。參考：「沙漠」

☆湯匙

將會成為內心養分或解藥的東西一點一滴賦予自己的必要。另外，也代表不愁吃不愁穿，不用擔心。

☆聚光燈

代表即將獲得認可，聚光燈將打在你身上。毋須害怕，也不用擔心結果，去做你該做的事吧。你的實力將會為許多人所知，成為人類的瑰寶。

☆炭

體內有可以輕鬆使用的能量，或是代表需要分一些時間和心力溝通。生火多少都需要時間，無論是茶室裡火爐的炭、地爐裡的炭、營火的炭還是烤肉的炭，可能都是在告訴你需要花費工夫的訊息。

☆墨

夢中的墨是創造力的白我表現，或是頑固的做法。

☆申請書

如果你是收下申請書的一方，就是請你運用身上的能力服務。若你是遞交申請書的一方，則代表有機會引導出對方的能力。我們可以說是在誕生的那一刻就收到了一份申請書。

☆稅金

對自己與同伴的責任。代表不能獨自生存，互助精神與服務的必要。

☆肥皂

必須仔細思量你的思考方式和行為，將不需要的東西洗得乾乾淨淨。

☆軌道

儘管你想在鋪好的軌道上奔馳，但終究得開拓屬於自己的道路。

☆雕像（立像）

忘記放入靈魂，徒具形式的存在。若不知道自己獨有的願望，就無法活得朝氣蓬勃。請對自己無法改變生活方式的頑固、重視外表的問題有所覺察。參考：「肖像、畫像、人物照」

☆雙筒望遠鏡

從遠處觀望的必要。請思考看看，用過去或是未來的自己來檢視現狀的話會怎麼樣呢？我們需要不被情感吞沒，冷靜、保持距離地觀看自己。參考：「望遠鏡」

☆吸塵器

代表你想一口氣解決問題。根據夢中的故事情節判斷這是內心的焦慮，還是相反地能將問題一掃而空。參考：「打掃」

☆太鼓、鼓

生命的鼓動、激發生存動力。或者，代表溝通時相互應和與配合的必要。

☆火藥

夢發出警告，請你謹慎處理自己所收斂的憤怒。首先，請承認你一直以來忽略的憤怒，在將憤怒感覺成悲傷的情緒前持續感受，將其轉化為安全的情感以免毀掉一切。火藥的夢也暗示陷阱，代表需要謹慎尋找迂迴的路線。若夢中劇情是在大地深處展開或是彼此認識的人之間發生爭戰，不確定是哪個時代、哪個地點的事，場景卻很真實的話，就是向你顯示屬於你人生的重大主題。你一有機會便會想起這個夢，因為了解這個夢而能感到安心，請對這樣的自己有所覺察。無論那是多殘忍的夢或是多幸福的夢，你都能從中學到愛。參考：「地雷」、「炸彈」

☆火把、篝火

雖然你現在迷失方向卻仍有希望。照著地下寶藏的火把暗示昆達里尼（存在於人體內的根源生命能量）的覺醒。冥想是讓你手中隨時有火把、能夠自己點亮火把的方法。參考：「火」、「手電筒」

☆轉盤、頻道、按鈕

適當聽取不同意的見與看法、感受超越這個世界的次元以及接受場域波動的能力。只要擁有正確把握自己所在和立場的敏感度，也就是整頓能量中心（脈輪）的力量，就能得到所有需要的必備情報。夢中撥動轉盤聽見聲音時，便是來自真我的重要訊息。參考：「電視」、「廣播」、「電話（手機）、郵件」

☆營火

昇華成功與完成的喜悅，也代表將課題的成就歸還上天。落葉是你過去完成的事物證明，不過，這些功績並無法乘載下一個課題。先以意識之火將成就感燃燒到天上，再進入下一個階段。以營火取暖的夢顯示你今後會有人際關係的課題，或是更深入理解自己與大自然之間的關係。參考：「火」

☆風箏

變回小孩子，夢幻地玩耍。撫慰內在小孩的行為。品嚐一時自由興奮的味道。又或者，代表對自由的誤解。

☆盾牌

保護自己的擋箭牌、藉口、託詞，或是閃躲攻擊。由於你避開正面對決，課題會繼續存在。

☆櫃子

將自己說出口的創意擱置一旁，忘記你已經決定要處理、面對事情。請自己負起責任吧。

☆香菸

奶嘴、習慣的奴隸。即使對你有價值卻會造成他人困擾的事物，有時代表隱藏的罪惡感。此外，也是壓力的避難所。一時的放鬆，無法成為根本的解決之道。溝通的煙霧彈。也代表身體、情感和靈性的束縛。

☆壁毯

代表人生。所謂活著，就像是在織一幅壁毯——身為人的生命長度極限由經線決定，我們則在經線上織入名為經驗的緯線，以一生的時間創作一幅故事。不過，由於織壁毯是從背面作業，紡織時無法看見整體成果，重要的是懷抱目標，持之以恆織下去。人生終結後，我們才會初見自己的壁毯吧。不過，由於死亡與夢是同一種狀態，我們有時能在夢中窺見創作中的壁毯一隅。當夢中的緯線很奇怪、無法順利打結或是顏色令你不滿意時，大多是活得不像自己的時候。確認人生的意圖目標後紡織作業就能向前進。參考：「編織」、「線」

☆子彈

言語暴力。請再次重新思考說話的目的是什麼吧。

☆櫥櫃

被趕到內心深處的回憶。認為有也不吃虧的價值觀、保留下來的創意，有時候也代表雖然考到卻沒有活用的證照。現在是整理內心的時刻，請打掃房間，將堆著沒用的東西處理掉吧。

☆暖爐

歸處。回歸自然。對一家人團聚、和樂融融的憧憬，也代表了解內在火焰的必要。身心都在追求溫暖。為了溫暖、放鬆身心，請實際走到暖爐前看看吧。

參考：「暖桌」

☆地圖

人生藍圖。現在的所在地與應行的方向，也代表指南。夢正在回應你「想知道未來」的這個願望。不過，大部分場合裡，夢中的地圖只寫著現在的所在地，沒有明確的終點。這個訊息是在說，人生的地圖是根據你的意志所創造。

☆打針

即時見效卻僅限於該場合的事物。無論正向還是負向都會馬上運作的能量。使用時若不抱持覺悟，便會有上癮的危險。夢中，如果是有執照的人在注射的話，可以同意並加以利用，若是沒有執照的人，則帶有洗腦的含義。

☆手杖

需要能仰賴的事物。如果是牧羊人手杖，就是需要再次找出迷失的自己。醫神亞希彼斯的蛇杖也代表身心一體、能量以蛇杖的形狀在體內循環。人生旅途上可以做為手杖仰賴的，唯有這股能量的活性。參考：「蛇」

☆桌子

代表等待你處理面對的問題。夢中桌上的工作計劃或重要信件、看一半的書、料理、玩具等等，每一樣都代表你沒有採取行動，延宕中的人生主題。是時候察覺拖拖拉拉的自己了，你周遭或許會有人因為你的不負責任而反抗。現在還來得及，請快點採取對策吧。由於都是紙上談兵，並沒有活出人生。參考：「椅子」、「餐桌」

☆積木

代表反覆使用相同的途徑。請試著檢討至今嘗試過的做法吧。或許你還不想追求成長與變化，但非得改變不可的時刻已經來臨。

☆釣竿

向內在尋求答案。於觀察自己情感流動的同時，將在無意識中找到有價值的解決線索。參考：「魚」、「釣魚」

☆信

對自己的關心、愛的訊息。請了解，這個世界關心你，永遠溫柔地關注著你。請從信上的內容、文字、數字或記號等汲取信中的主旨吧。夢裡閱讀文字時會有明亮柔和的光照在上面，你的理解應該也會變得和信上的文字一樣清楚鮮明。參考：「文字」、「E-mail」

☆範本

由於在執行前讓你看了樣本，課題應該很容易跨越吧？又或者，代表一時的信念和信條。這是你找到屬於自己的生活態度前暫時的目標。

☆電視遊戲

不真實的體驗、空虛的挑戰，甚至當不了親身體驗的練習。暫時的解悶。需要更改。

☆電視

打發無聊。麻痺情感的東西，也代表將心靈交給社會和時代潮流。你是否覺得人生很無趣呢？請檢討自己對應事情的姿態吧。參考：「看電影、影片」、「舞臺」

☆電

自覺到自己是電能量流動的生命體。心靈電波或心電感應。代表無論是靈性、精神還是肉體都需要補充燃料。參考：「能量」

☆電燈泡、電燈、光

如果夢中燈是亮著的話，代表身心安定、頭腦清晰，能夠掌握狀況，也有有用的點子。燈沒有亮時則代表相反的意義，請冥想改善內心的電流吧。參考：「開關」、「蠟燭、提燈」

☆帳篷

對暫時的、沒有基礎的自我進行確認的必要性。

☆電話（手機）、郵件

夢裡打電話代表你需要改變思路，獲得必要的幫助和建議。為了達成這個需求，你必須調節心靈能量的等級，維持一定波長。夢裡電話不能順利撥出去的話，是情緒不穩導致無法調節心靈能量。如果有用電話對談，就是能量等級已經順利被調節，即使沒有在夢中得到建議，也會在現實生活中收到。若是跟打來的電話談話，就是宇宙的智慧帶來了特別的訊息，要謹慎嚴肅、全心全力地接收。參考：「手機」

☆門

代表了解自己、拓展生活的時刻已經到來。當你意想不到的才能要開花結果時，有時會夢見站在門前的夢。如果門沒有上鎖，請打開門到另一頭去吧。若是門關起來的話，則請看看自己內心的恐懼，應該是你對新機會感到恐懼才會如此。代表自我發現的門通常不會上鎖，即使夢裡的門關著，只要你有意願，在現實中踏出一步也不會有問題。比起在夢裡過橋、游河前往新世界，對你而言更容易熟悉的現實世界應該會敞開大門。

☆工具

為了實現願望和目的而使用的各種物品，也代表屏退恐懼的東西。準備出發，達成你的目標所需的物品已經備好，請放心使用。

☆交通標誌

預測前方可能會出現類似夢中標誌的困難。狹路標誌代表周圍的目光將會變得嚴苛，不能大意。請不要迷失目標，避開不必要的衝突吧。如果夢中的標誌是注意落石的話，可能會有預料外的事件降臨。儘管你的視野有可能變狹窄，但不要把速度放得太慢，要快速穿過。請對在夢中提前得知困難的幸運心存感激，做好別讓事態擴大的心理準備。參考：「道路」

☆毒

剝奪創造力的負面思考。恐懼、批判和嫉妒是應該要克服的最強毒素。缺乏對自己的愛可能會生出憎惡他人的這種毒。

☆時鐘

估量事物時機的必要。如果你是女性，擔任母親、妻子、職業婦女三種角色的話，夢中或許會出現有將時間分成三份功能的時鐘。這種時候，你需要整理時間。有時鐘面上的數字有其意義，但只要採取符合時間的行為就不會有問題。參考：「數字」、「手錶」、時間的辭條

☆乾燥花

對過去的執著。褪色的價值觀、痛苦的回憶。無法放下早已無法復活的人際關係，是因為你透過想起那段關係而獲得好處。釐清是什麼變成好處後，你就能放下那段關係，回憶將成為你的所學，在你心中持續發光。

☆鳥籠

為了安全而自己設下的限制反而成了牢籠。你本來是自由的，卻無法放下被保護的安心感，畏懼要為自己負責的行為。籠子沒有上鎖，請相信自己，用自己的意志改變環境吧。

☆刀子

冷靜看待事態，當機立斷。發揮創造力所必須的事物。若是缺乏冷靜，刀子也會變成與破壞有關的工具。夢見被刀子追或砍的話，代表恐懼正引起你的能量流失。雖然不多見，但有時候夢裡中刀的地方會出現瘀血。參考：「血、出血」

☆鍋子

代表歸納問題的能力。鍋子的夢是在問你能否充分討論解決方案，走向提出結論的最終階段。鍋子和鍋裡的狀態顯示你至今的討論方法。是半生不熟還是煮太久焦掉了呢？透過這些立定今後的方針。請試著製作符合你消化能力（學習能力）的料理（人生課題的處理方案），並加以享用（積極面對）吧。參考：「料理」

☆繩子

夢見捕繩代表過去的做法正阻礙你前進，催促你回頭重新開始。注連繩則是建議你將自己的根據地神聖地區分開來以保靈性清明。參考：「鎖鍊」、「細繩」（註：注連繩為神道信仰中用於潔淨的咒具。）

☆行李、背包、旅行包

你的計劃、自我證明、覺得人生必要的事物。又或是背負重擔活著，甚至擔起別人的責任，忍耐沒有必要的痛苦。如果是詼諧的夢，可能是你正扛著一塊紙糊的假岩石。請放下重擔，輕鬆地迎向人生吧。過大的行李通常都是沒必要的東西。參考：「手提包、包包」

☆日記、日誌

成長紀錄。有意識掌握人生的努力。未來藍圖或是隱藏的事。如果是夢日記就是靈魂的紀錄，工作相關日誌則是靈魂的資產負債表。夢告訴你，想追求獲利的話，必須確認靈魂每天的狀況，檢討深思。

☆布娃娃

渴望溫暖的肌膚接觸。追求無條件的愛。因為把活人看得太大而害怕，無法溝通交流。溝通本來就是對等的。無論如何，你需要原諒自己、愛自己。

☆布

讓你的願望和角色更清楚成形的東西。布料的種類代表你的才能領域。如果夢見面對布展開工作的話，就是發揮創造力的機會。若是埋在布料堆裡，代表你只是不斷膨脹幻想，討厭務實的基本工。請同時從創意與素材兩方面仔細思量吧。參考：「線」、「縫紉」

☆跨欄

你的價值觀成為阻礙你前行的障礙。柔軟與明快是打破僵局的關鍵。

☆灰

燃燒殆盡，沒有動力。微不足道、沒有價值的東西。或是象徵內心改變，打開新境界，成為鳳凰。

☆水管（水槽）

水管大都是因為夢到家裡的水槽故障而登場，是在告訴你情感無法淨化、行動沒有改善。或者，也有可能是腎功能疲勞，這種情況請飲用乾淨的水以求身心淨化。

☆秤

你正放在天秤兩端評估的事，或是煩惱該選擇自我還是真我的價值觀。這是你仔細深思選擇標準的時候。

☆炸彈

日積月累的怨恨眼看著就要爆發，因為自制力沒有發揮效用而面臨危機時刻。由於你過去只是一個勁地扼殺情感，並沒有感受與學習。由於情感是生命能量的基礎，應該當成每天的學習後讓它流逝而不是累積。如果夢中看到情感爆發的場面，儘管可能需要花些時間善後，但因為你理解其中的因果，現在所體驗的這些事物將會拯救你。參考：「火藥」、「爆炸」、

「原子彈」

☆盒子

在夢中想拿盒子或是待在箱子裡面的話，盒子的大小就是你自己所創造的現實大小。若能理解這點，就可以面對你的現實。如果是潘朵拉的盒子、音樂盒、珠寶盒或是收納盒、紙箱等明確的盒子時，這些盒子正傳達你的課題。

☆剪刀

代表為了成長，將一部分已經耗盡的心靈切割下來。如果你無法和熟悉的心靈運作道別的話，剪刀將無法靈活運用或是生鏽。有時，剪刀也暗示著某人的死亡。這種情況代表以意志的剪刀剪斷連結心靈與身體的「銀帶（silver cord）」。參考：「截肢」

☆筷子

夢中拿著筷子在每道菜上猶疑不決，或是含著筷子等違背用筷禮儀的話，代表缺乏處理問題的動力。此外，也有可能還不是處理問題的時機或問題太過龐大。由於你沒必要處理自己提不起勁的問題，請盡早決定態度吧。

☆柱子

對物質和心靈兩方面負責的獨立心，以及將其具體表現出來的才能。柱子上用來比身高的刻痕代表自立（自律）心的程度，告訴你領導自己的能力要靠自己取得。參考：「地板」

☆護照

通往非日常世界的通行證，飛向自由世界的門票，或是對過勞的警告。另外，也代表約定好的出人頭地。無論如何，一切都交由你的自由意志決定。

☆拼圖

將人生視為難題。下意識地想把不明瞭的地方填起來。又或者正好相反，代表把人生看做一場簡單的遊戲，隨隨便便應付。如果覺得人生難以理解的話，請冥想，聆聽自己內心的聲音吧。

☆電腦

提醒你別讓沒有靈魂的東西奪走你的靈魂。做最終決定的人永遠都是你。你平常和電腦的關係如何呢？電腦對你而言可能是煩人的工作、最前端的資訊、能幹的秘書、調劑生活的興趣、讓你感覺地球是一個整體的東西、理財技術……無論是何者，如果你沒有以自律的心情使用的話，這個迷人的工具可能會將你變成它的奴隸。參考：「駭客」

☆旗子

你的意志、自信、勝利、進而是集體意識的驕傲與榮耀。請細細感受，旗子的圖案是否有提高你的意識。夢在問你，你會珍惜旗子是因為義務和習慣，還是根據自己的自由意志呢？

☆電池

你與體內的神聖成為一體，正在積蓄平常可以使用的能量。冥想的必要。冥想能為靈魂的電池充電，引導你進入隨時可以使用所需能量的狀態。

☆花束

合理的評價、成長的證明、對才能的讚賞、善良的報償。儘管各自的含義皆不相同，但都是在建議你充分感受對自己的讚美。如果夢中收到枯萎或是受損的花束，可能是你一直沉浸在成就感中。即使成功，過去就是過去，再從頭開始重新出發吧。參考：「花」

☆牙刷

夢告訴你要努力磨練你的話語。每天磨練話語，與他人坦率的交談才能精簡有力。請選擇正面的話語，避開負面的詞彙吧。小心不要談別人的八卦或是在背後說人壞話。

☆針

代表創作的工具或是不能大意的東西、令人焦慮的事物。請確認看看。

☆OK繃

代表你正在隱藏內心的傷。傷口擺著只會化膿，耽誤治療。請用眼淚洗去心傷，直視傷口吧。治療要趁早。

☆鋼琴

創造與和諧。夢中若是聽到不舒服的聲音，代表要改善剛愎自用的人際關係。可能是你自以為是的言行製造出不協調的聲音。請傾聽內在的聲音吧。參考：「樂器」

☆抽屜

代表一下子展現本質，一下子又隱藏起來。若是採取這種應付一時的態度，會永遠沒有一致性，無法培養獨特的自己。

☆手槍

陽性的性能量。代表陽剛的問題解決方式，告訴你即使解除眼前的難題，也只是治標不治本。手槍若指著自己代表對性的恐懼。遭手槍擊中意即能量正從該處的脈輪外流。擊中腳是對性經驗的恐懼，擊中手則是無法理解表達愛情的性結合。參考：「陰莖、陽具、睪丸」

☆筆記工具、鉛筆、原子筆

決定意志、傳達意思的能力，或是實踐這些能力的時機。有事情想傳達給自己而非其他人。由於夢中幾乎不會盡情地使用筆記工具，因此醒來後，請馬上用身邊的筆記工具寫封信給自己吧。請試著動筆時什麼都不要思考，寫下來的內容就是夢的訊息。參考：「文字」、「信」

☆棺材

結束一個體驗，或是代表你的某一面已經封閉。無論何者，主題都是脫離現在這個所在地。

☆避孕器、避孕藥

事先斷絕問題根源的聰明防禦之策，或是你的自我壓制了靈魂的願望。是肯定還是否定自己的創造力，只有你的直覺可以決定。也請參考其他夢，選擇肯定自己創造力的道路吧。

☆細繩

代表在經濟或是精神上與某人相連。因為繫在一起，繫繩子的人和被綁在一起的人都在控制對方。參考：「鎖鍊」、「繩子」

☆肥料

請積極地讓體驗留於過往吧。對現在的你而言。不管是從過去的失敗還是成功中獲得的課題都已結束，是該放手的時候，你能夠藉由冥想來確認這件事。冥想將會為心靈施肥。

☆瓶子

蓋起來的瓶子代表你正封閉情感。你應該可以從過去的體驗中了解打開瓶蓋的方法，趁現在打開應該比較好吧？如果是漂到岸邊的瓶中信，則是你的超意識送來問題解決方法的通知。

☆氣球

你的內在小孩正在追求穩定與慈愛，請疼疼這個孩子吧。你或許有想要氣球，大人卻不買給你的實際經驗，如果是這樣的話，請為自己的內在小孩買顆氣球吧。或是你現在正像孩子一樣興奮不已。你應該需要陪伴那樣的自己，傾聽自己說話。無論如何，請真心對待內在小孩，無視內在小孩是最差勁的解決辦法。參考：「廣告氣球」

☆武器

性能量的誤用、言語暴力。或者，代表治癒心傷的可能。請想像從武器發射出來的光線燒斷生病的部位，治療心靈的傷口吧。參考：「劍」、「手槍」

☆蓋子

如果蓋子沒有關在固定位置上，就無法發揮蓋子的功能。確認你的目的，再搭配夢中的故事情節判斷蓋子的使用情況。參考：「鍋子」、「瓶子」

☆糞尿

衣服沾到糞便的夢，代表過去的經驗雖已成為內心的養分，但你仍拘泥往事，無法前行，請先審視自己的態度吧。有時也會夢到渾身糞尿的自己，到這個地步的話，代表你的學習正邁向覺醒。參考：「垃圾」

☆圍牆

確立安全性，或是過去為了以防萬一所做的事，反而會成為你的障礙。要想改變局面，就應再次思考過度謹慎小心與將自己隱藏在面具下的生活方式。攻略障礙的方法與難易度可以從夢中圍牆的形狀與建材來評估。假設如果是像監獄一樣堅固的圍牆，不是顯示自責念頭過於強烈就是剛好相反，表示自省不足。參考：「牆壁」、「圍籬」

☆望遠鏡

從遠處看自己。意即與自己喜怒哀樂的情感太有距離，難以把握靈性的存在。參考：「雙筒望遠鏡」

☆掃帚

若夢見的是魔法掃帚，代表你正在逃避面對問題，需要重新行動。整理平常不太打掃的家裡應該也不錯。掃帚也可能是天使會造訪家裡的通知。請先將一切打理得乾乾淨淨，以備隨時能迎接天使吧。

☆放射線

遍布宇宙的加持之光。放射性物質也可以說是擁有能量與意志的生命體，生命體是不可侵犯的存在。核反應爐爆炸而產生的放射性汙染，是人類介入這個不可侵犯的存在後所積欠的債，那是與加持之光完全相反、無法照射的能量。面對充滿放射性汙染的世界，透過冥想提高內在之光以及與大自然和諧相處的生活態度，能讓放射能的運作化為神聖的能量。請將這個夢當做是外在汙染轉向內在的通知吧。

☆球

陰陽、身心與靈魂、意識與無意識等二元論的結合所帶來的完整。如果你是在夢中玩球的話，代表玩心的必要。此外，與球之間的互動顯示溝通的本質。你對誰投球，對方就會將球投回來給你。收在手中的球是你的「play ball（開始）」訊號，從那裡行動就對了。

☆書

代表靈魂的紀錄、超越時空的紀錄、知曉你過去未來的事物，也是請你將這輩子獻到神面前的訊息。接下來將會出現重大發展。在夢中看書的話，應該可以從書中的內容收到實際的訊息。

☆麥克風

你必須將自己的心情傳達給許多人知道。需要傳達的內容可從夢中出現的是講臺麥克風還是卡OK麥克風得知。請簡潔有力地傳達自己的內心吧。若是有人把麥克風拿給你或是放在你面前，代表大家想知道你的內心世界，有時也是神為了拯救你所遞出的禮物。

☆枕頭

通往超意識的橋樑。請打破受一般常識束縛的外殼，向內在深處的智慧邁出步伐吧。如果是並排的夫妻枕頭，就是催促你用智慧解決兩人之間的問題。

☆火柴、打火機

能夠輕鬆點燃淨化之火的東西，代表有快速袪除邪惡的方法。

☆窗戶

夢中的你如果從窗戶向外看，代表你對外界的連結，意即人與人之間的連結很神經質，懶得處理。儘管你內心深處還是討厭一個人，心臟開始運轉，想與人產生連結；但在做好心理準備前，請先認同現在的自己，放輕鬆等待吧。即使不勉強自己飛奔出去，也可能有誰會來訪。

☆木乃伊

代表感受成了圈套，阻礙重生。以重生為目標的死亡，是要將一切交給未知的事物後才能進行。若不放開現在的感受便無法迎向死亡。如果你在夢中吃著木乃伊身體的某個部分，那就是在催促你放開該部位所代表的感受。例如，鼻子就是要放掉驕傲。

☆結

緊張感、壓力、認為無法斬斷的人際關係。你有沒有想到什麼了呢？

☆眼鏡

用自己的眼睛觀察，重新好好判斷的必要。重新探討問題的必要。對狀況的理解有所偏頗或是曖昧不清。若在夢中戴了別人的眼鏡或是不適合、壞掉的眼鏡看東西，是催促你用更符合自己的見解重新看待事物。

☆曬衣架

傳達真摯度日度與內心成長息息相關，必須檢討自己日常的態度與行為。若夢見的是晾乾沒收的衣服，代表雖然有自省，行為卻似乎有些問題。大概是缺乏決心的緣故吧。

☆棉花

溫柔、肌膚的溫暖。回歸自然。請回頭看看，是你的內心充滿溫柔，還是覺得自己也是大自然的一部分呢？

☆紋樣、家徽、徽章

代表行為基礎的價值觀與你相同的夥伴。不過，如果家徽和徽章是透過「樹大好遮蔭」的大樹來表現，對你的獨特性並無益處。

☆箭

向自己許願的能力。決定目標的集中力。創造未來的是你願望的力量以及將願望想像成形的能力。力量越強大，夢想越快實現。參考：「弓」、「射手」

☆茶壺

溫柔對待自己與他人、放鬆心情用的工具。你現在需要的不是追求創新的體驗而是休息與從容。

☆郵局配送、宅配

代表好消息。這則重要的訊息一定是真我帶來的吧。

☆弓

貫徹初衷。目標、目的、理想的樣子。此外，也代表朝目標跳躍的柔軟度。參考：「射手」、「箭」

☆收音機

為了從高我接收情報，請變成一臺高性能的收發器，配合心靈的波長吧。請從夢中的前後脈絡尋找變成收發器的方法。如果是夢見和不認識的夥伴一起聽收音機，請試著去參加探索自我的工作坊吧。若是一個人在浴室裡聽收音機，溫泉和SPA按摩可以提高你的感性。

☆標籤

分類、區隔。注意力轉向個體之間的差異。反之，若將目光放到同樣、同類的東西上的話，便有可能引導出自己的優點，邁向和諧與合一。

☆燈

向內心探索平靜、思考與智慧。想在人生的黑暗中點亮光明，必須帶著愛自己的溫暖心情冥想，找出內在的火種，為自己點燈。參考：「火」、「光」、「電燈泡、電燈、光」、「蠟燭、提燈」、「手電筒」

☆芭比娃娃

希望跟大家相同。代表想與換裝娃娃一樣，與社會提供的價值觀同調。然而，你的內心卻期望你能承認自己的獨特。夢中的故事情節應該也會告訴你自己特別的地方是什麼。

☆輪盤

夢請你將機會握在手中。勝負馬上就會揭曉了吧。

你必須小心謹慎、觀察入微，才能讓遊戲走向有利的結局。

☆冰箱

代表你正在冷凍自己的內心。無論是感受、熱情還是興趣，你是否都沒有讓它們運作，進入自我防禦的狀態裡了呢？儘管你誤以為封閉自己才安全，但只要你能感受到對自己的珍惜，就能從中活化能量，取回溫暖，走向變化的世界。從夢中放進冰箱或是拿出來的食物種類可以推測你冷凍了什麼。

☆爐

做菜用的瓦斯爐代表你面對問題的集中力，如果沒有開火，可能是力量不足或是因為精力渙散，處於無法決定事情先後順序的狀態。若是微波爐或電磁爐的話，你面對問題的態度可能只是一種慣例。請找出屬於你熱情的所在吧。

☆鏡頭

聚焦問題、仔細觀察的能力。也代表需要冷靜鑒別的時刻，只是遠遠地大略瞧一眼是不行的。

☆蠟燭、提燈

內心深處不變的燈光。昆達里尼（存在於人體內的根源生命能量）。所有的靈魂都是光，增強覺察的光亮就能增強洞悉事物核心的能力，看見你前方的路。參考：「火」、「光」、「電燈泡、電燈、光」

☆機器人

你以他人教的事物為一切根據。不能應對意外，也無法縱情盡興。掩蓋心情，機械式地生活。現在的你是你自己所選擇的結果。參考：「傀儡、木偶」、「人造人」、「稻草人」

☆賄賂

為了一己私欲而籌謀畫策。儘管計謀根據對象可能會有效果，但最終會導向自我毀滅。此外，也代表了造業、向靈魂賒債。你總有一天必須在某個地方向靈魂償還。

☆陷阱

貶抑自己的行為、自我設限。把現狀歸咎於環境與周遭的人。如果想從這種虛幻的陷阱裡脫身，就要集中精力，掌握真正的自己。

■場所■

夢中出現場所時，請先試著感受一下那裡帶給你什麼樣的感覺。身邊的場所代表你接納日常生活，打算從日常生活中學習的態度；遙遠或陌生的地方傳達的是未知的自己身上應該開拓的部分，或是難以接納日常生活，想讓內心遠走高飛的現狀。

如果是豐富大自然裡的山川或大海這樣的場所，或許需要親身去那裡一趟。也許站在那裡後，就能理解夢中的訊息。另外，也有可能是要你娛樂自己、培養玩心的建議。

【建築物、人工設施】

☆拱門、拱廊

不論是通過拱廊天花板底下，還是穿過玫瑰纏繞的庭園拱門，都是在邀請你從事其所代表的嶄新經驗。出乎預料的樂趣與喜悅正在等著你吧。

☆房屋

房屋的形狀代表全身。房屋的維修管理是屋主的責任，管理特別會形成問題的是水槽與用火。潔淨的水是否處於可以源源不絕使用的狀態是問題所在。若是夢見繞著牆壁和地下的水管有裂痕漏水的話，是通知你必須攝取清潔腎臟和肝臟的水。參考：各房屋相關辭條

☆遺跡

被置之不理的才能，告訴你有才能遭到埋沒的通知。察覺那份才能，持續鑽研的話，應該能獲得令身心都滿足的結果吧。每個人身上都有能夠超越次元取得的才智。

☆後門

從後門進來的人是別有居心的人。如果想發展貿易關係的話，不能對出現在後門的人掉以輕心。由於這是預知夢的訊息，你背有誠懇應對的責任。你自己應該也有隱藏起來的真心。

☆車站

為了讓你的人生朝預定方向前進的必要檢查站，確立你前途和目的的所在。夢中的車站如果是轉運站，就是能改變目標的暫停處，代表釐清目標的休息站。終點站顧名思義就是最終抵達的地方。如果搭乘的電車沒有繼續前行的軌道或車站，代表未來在社會活動上看不到希望，請考慮轉職吧。由於這是有事前預告的轉職，人生應該能朝靈魂期望的方向前進。

☆壁櫥

收納寢具的壁櫥代表與夢的連結，或是受到關於性的潛意識所影響的態度。夢中的壁櫥如果亂七八糟，放著充滿回憶的衣服和玩具的話，代表你和心理創傷的關係中有什麼成了導火線，令內心的疼痛復甦。這種情況大都是憂思過度，請為了身心飲用乾淨的水吧。此外，「閣樓」是第六脈輪的管轄，「壁櫥」根據放的物品屬於第三脈輪的管轄。

☆地洞陷阱

代表自己挖的坑。如果夢中掉進地洞陷阱裡的話，請做好這是自掘墳墓的覺悟吧。你無處可躲，請掌握狀況專心逃脫吧。如果你在地洞陷阱前一步之處停下來，代表是因為之前的路程有問題。請掉頭，計劃更改方向吧。參考：「掉落、被推落」

☆樓梯

夢中家裡的樓梯代表生活狀態是否有統整發展。如果是連接一樓與二樓的樓梯，請思考白天與夜晚的生活、身體與心靈的連結是否順利。如果是玄關走道的階梯，則請思考私生活與社會生活的轉移是否順暢。若是大樓和公共建築的階梯的話，訊息包含在階梯數裡。參考：「向上」、「數字」、「向下、下降」、「上升、登」、「房屋」

☆圍籬

在他人和社會之間設下界線。代表不想被人踏入的安心和安全領域。夢可能是在詢問你是否需要和他人之間的圍牆。尤其是圍籬或是竹籬等低矮的圍牆，是防禦姿態較為和緩的表現。參考：「圍牆」、「牆壁」

☆學校

你不只是地球學校的學生，也是宇宙學校的學生。你夜晚在夢中世界上課，早上醒來後回到地球學校接受實地測試、寫功課。也就是說，你在夢中世界接受親切的老師手把手的指導，在地球則依據教導實踐所學。

學校會在你的夢中登場，是因為你不能接受這個世界是學習的地方，討厭面對問題或是喪失自信，夢是在提醒你不需要把事情看得那麼嚴肅。如果夢中登場的是你過去念過的學校，代表當時的態度可以幫助你解決問題；或是你正處於相同課題重新出現，有如重考一次試一樣的狀態。你現在已經比念那所學校時有所成長，請輕鬆接受挑戰吧。

☆牆壁

建議你在自己和他人之間畫下適當的界線。若夢見因為洗手間沒有牆壁而不能如廁，代表你沒有為隱私畫界線，將他人捲入而無法打掃心靈。從牆洞窺視另一端的夢代表你隱藏自己，探究對方。無論是對他人防備心過低還是過強，都無法培養維持個性與發展靈性的能力。

☆咖啡店

輕鬆的接待。裝腔作勢的應對、不顯露本性的交流。雖然這些都是很安全的交流，卻無法發展成有意義的人際關係。咖啡店的夢有時也是在傳達暫時喘口氣的必要。

☆廚房

在處理問題前，夢會透過廚房的狀態詢問你面對問題的態度是否恰當。夢中的廚房是否乾淨？料理工具是否整齊？流理臺會不會太高？請藉由觀察這些地方試著思考自己處理問題的方式是否有效率，理解問題時是否過於自以為是。

☆教堂

夢中的教堂代表神聖靈魂寄宿的肉體。請用教堂的外形解讀你的脈輪（身體的七個能量中心）分別處於什麼狀態。參考：「神社佛閣」

☆銀行

代表你豐富優秀、隨時可以提領出來的才能與理解力。即使你沒有存入的印象，但若沒有適度提領，這份內在資源將變成無用又多餘的東西。資源的規模會透過使用越形擴大。銀行本身即是超越地球次元的資源寶庫，冥想是前往夢中銀行窗口的方法。參考：「倉庫、庫房」

☆機場

代表聽從野心，起飛去實現目的。機場的夢也有這層含義——即使為了達成該目的所準備的方式很實際，也不是符合靈性的方法。參考：「飛機」、「飛行船」

☆監獄

過於怠惰。明知道該行動卻不動作，自己設下的隔離間。這裡的關鍵是「變化」。請朝目標行動。

☆劇院

夢中的你如果是觀眾，夢便是催促你客觀看待自己的人生。如果你是劇院老闆或是導演、製作人，請不要將你的人生交與他人，自己的事自己決定。人生的主角是自己。雖然這件事伴隨著責任，但最大的責任是上演自己的人生，請依自己的喜好開創人生吧。夢中的劇院傳達了請你將那份自由取回手中的訊息。

參考：「看電影、影片」、「舞臺」

☆下水道

代表情感淨化似乎有障礙，也可能是腸胃和腎功能低下或淋巴液循環阻塞。你是否有讓體內充分遍布乾淨的水呢？無論是情感淨化還是體內解毒都需要乾淨的水。根據夢中故事情節，有時是在催促你盡快攝取乾淨的水分和洗腸。

☆研究室

朝理想擬定計劃。能夠判斷狀況和重新建立目標。這是因為你想變成心靈鍊金師的緣故。

☆玄關

夢裡出現的玄關代表你對人的開放程度，你的心必須開闔自如。由於主導權在你手中，管理鑰匙和修補門扇是你的責任。在心靈玄關布置花朵的話，應該會吸引真心對待你的人吧。

☆公園

夢中的公園是督促你將焦點放在放鬆、溝通或是靈性上，獲得覺察。如果是放鬆的話，實際到大自然懷抱下的公園裡曬曬太陽，一個人靜靜地休息應該是最棒的。若是溝通的話，有孩子的父母或許有些和公園相關的緊張。請研究夢中前後脈絡，分清楚必須小心謹慎之處，以及能夠輕鬆樂觀前往的地方。若是靈性方面，可以藉由公園本身看起來如何得知你現在的靈性。你的靈性會為你的生活方式帶來變化，這是誰都看得一清二楚的事——公園便是帶著這層意義在夢中登場。

出現在夢中公園裡的人們是否悠閒呢？看著樹木修剪、公園整潔以及花草維護都面面俱到的公園，你有平靜的感受嗎？請思考看看，自己是否過度遵循人生根據的信念與信條，雖然覺得有努力的價值，卻又感到喘不過氣來呢？參考：「庭院」、「噴水池」

☆高速公路

在人生的道路上極速狂奔。代表希望有效率地達成立定的目標。夢中的你若是親自駕駛自己的車子的話，這個願望也有可能實現。不過，由於一個不留神就會喪命，嚴禁大意。若不希望遇見危險，就放緩前往目標的速度。只要分出一些可以浪費的時間，便能將計劃修正成更適合自己的樣子。

如果夢中的重點一直都放在目的地上，請勇往直前朝目標前進。相反地，由於你過於適應重視速度的現代生活，有時候高速公路的夢也是在提出忠告，請你再將步調放慢一點。社會適應力並非直接等同於靈性的發達，請試著思考自己是如何運用的吧。

☆參道

夢中的參道與產道是一樣的。結婚通向真我所在的神殿，前往神殿則要通過參道。這個參道不只是女性性器官的陰道，也代表了喉嚨。前者意味著第二脈輪，後者則是第五脈輪的運作。參考：「鳥居」、「神社佛閣」

☆雲霄飛車、馬戲團

你的人生如雲霄飛車般驚險刺激。請培養客觀的觀察力，掌握自己正在做什麼吧。你是否因為獲得刺激的變化而洋洋自得呢？

☆車庫

讓一直活力充沛的自己休息的所在。一個勁地開拓人生，體驗不會固定成學問。我們的生活也是一樣，活動後就休息，在休息期間保養，這便是車庫的意義所在。

☆十字路口

夢見自己看著地圖上的交叉路口、走著走著就來到了十字路口，或是正處在一個四角的地方，這些全都代表了被要求做出選擇。請確立自己現在面臨問題的態度，決定要向左還是向右吧。如果覺得之前都是選右邊，但該選擇不符合一般常識的話，就請果敢地選擇左邊吧。

☆修道院、僧院

代表逃避或避難。雖然基本上不用擔心食衣住行，但在精神、靈魂層面上需要幫助。至今以來，你過度現實和實際，疏於注意內心，必須集中精神面對內在才能維持兩者的平衡。

☆商店

滿足你本來需要的東西、貫徹你自己人生所需的資質。夢見在商店前面看商品、挑東西，代表你開始接納人生課題。買東西的夢展現你打算跟隨內心資質生活的決心。內在出現變化，看待物品的方式也在改變。羅列在店裡的商品特色代表你被賦予的機會。參考：「買東西」、「百貨公司」

☆城堡、樓閣、宮殿

建築物越大，代表能夠發揮才能的可能性越大；其中，城堡代表可用的才能十分龐大。不過，越是歷史悠久的城堡，可能越無法盡情使用那份才能。請仔細思考其中緣由，取回自己的標準，為內心吹進新氣象的風吧。

有時候宮殿、城堡和樓閣出現是為了告訴你以前世為發端的人生主題。前世的主題與日常生活中展開的人際關係重疊，你可能會看到包含自己在內，所有相關人員的課題。接著，也可能會對相應的周遭環境產生理解與同理。如果夢中出現的是空中「樓閣」的話，代表你現在的立場總有一天會崩塌。

☆臥房

代表性生活、休養或內省某部分有問題。請確認臥房裡的裝潢擺設是否合宜，能否保有隱私。最重要的是，乾淨整潔是必備條件。因為無論是休養還是內省都與前往神殿是一樣的。

☆超級市場、市場

我們會在超市購買日常生活所需的用品。市場的夢是在請你珍惜日常生活，享受微小事物的累積。參考：「百貨公司」

☆倉庫、庫房

代表你能在想做的事情上運用的一切才能、創意與可能性的寶庫。每個人身上都有對感興趣的領域精通的能力。為了從倉庫裡取出那些能力並運用自如，需要一些訓練。唯有這些訓練才是令才能開花結果的關鍵。參考：「銀行」

☆大學

代表大學時代的問題再度回來。請重新思考當時的人際關係、處理人生的方式和人生觀，應該就能面對眼前的問題。或許你會受到讓處理方式從大學程度升級的期待，課題比過去還困難。參考：「學校」

☆地下、地下室

所謂自我探索，指的是將注意力轉移到無意識上的行為。地下的夢代表的就是自我探索的其中一個入口。地下顯示了你對性的看法以及性的表現。特別是地下室大都會傳達性器官、生殖器的狀態，也間接表示大腸與小腸。女性如果不滿於目前的性生活，或許會夢見受傷的女子在地下室裡奄奄一息，悲歎傷心。

如果伴侶一直擅自對你採取洩欲式的性愛，或是你因為某種利益而進行性交易的話，即使你讓自己的內心沉默，身體也不會說謊。身體與心靈撕裂的你，最後必須讓性器與腸子償還這份代價吧。首先，請從愛自己開始，運用智慧豐富情感，創造連天使也欽羨的性愛吧。女性利用身體博取情人關心的情況也是一樣的問題。

如果夢中的地下室充滿光輝，代表豐富表現創造力的可能。由於地下代表第一脈輪與第二脈輪，也能解讀為物質與心靈的創造力可能。地下的能量將會被誘導至表現自我的第五脈輪，化為現實。為了適當的誘導，有時候地下會有守衛或是怪獸巡邏。請對他們的工作致上最高的敬意，思考能用什麼方式活用埋藏在地下的寶藏吧。參考：「地下鐵」

☆出口

脫離現狀的大好機會。找到能從束縛和固定觀念中自由的選項。

☆百貨公司

你尚不知道的才能、被賦予的機會。你的祈願所需要的，是內心擁有無論任何事都能實現的才能。問題是你是否能下定決心選擇願望。請不要買特價品，當個用原價買高級品的人吧。請尊重那份高貴與獨特，努力伸展它們的枝椏。參考：「超級市場、市場」、「買東西」、「商店」、「商人、銷售員」

☆天花板

請監督自己的內心，以免陷入自戀或自卑的情結裡。這種夢的故事情節大都是透過天花板的異常通知你有落入圈套的危險。此外，寺院的天花板畫顯示超越自戀和自卑的重要。能夠實用的才能與自戀和自卑都無關。天花板代表自我現在的框架，對目標開悟的我們而言，需要受到天花板保護的安全感。

☆廁所、洗手間

問題終結，現在是放手的時刻。學習結束。測試你是否有放下過去的寬容。因為廁所不乾淨而不能用的夢意味著無法放開過去的藉口。尋找廁所的夢則可以預期你的升級。請懷抱熱情面對現在的困難，應該會得到健康排泄的精彩成果。參考：「大便」、「小便」

☆塔

塔代表第六、第七的上層脈輪。請確認洞悉事物的精神力和靈力是否得到第四脈輪的檢測，活用在現實生活中。夢見被關在塔裡，顯示你只想在理智的世界處理事情。塔的夢有時也代表了自我滿足的世界。

☆燈塔

夢中的燈塔是會成為巡視情感大海、追求內心安全標準的事物。避開莽撞心靈航程的能力。

☆動物園

動物園裡的動物，代表第二脈輪性能量的種族保存本能與第三脈輪太陽神經叢食欲的生命維持本能兩者不協調。又或者是為了保持兩種本能的平衡而培養玩心。就像我們透過親近動物所展現的趣味與幼小可愛來消除緊張感，動物園的夢也在暗示我們不要對自己的動物本能懷抱不必要的罪惡感。參考：「動物」

☆城市

被迫維持過度功能取向又緊密的人際關係。殺氣騰騰、弱肉強食的人際關係。此外，也代表巨大的經濟至上主義能量在翻騰。提供滿足個人欲望夢想實現的好機會，為此，必須集體動員自己的多個面向來面對事情。為了保有自我，請想像自己周身有一層發光的保護膜，注意不要被過度影響以免迷失自我。人類本被期許是大自然的守門人。

☆理髮廳、美髮沙龍、理容院

改變形象，培養精力與體力。用時尚打扮確立自我形象。培養自信。此外，剪髮、修髮的夢將帶來治癒。參考：「頭髮」、「美髮沙龍」

☆圖書館

圖書館是知識的寶庫，是意識自己身上具有尚不了解的智慧資質。從歷史典故中習得人生的課題或是代表知道「人生即學習」的真相。此外，需要積極的態度去學習尚未學完的事物。

☆隧道

會進入隧道是因為目的地在出口前方。當我們為了追求新世界與洞察而立定目標後，暫時會覺得自己宛如進入了黑暗的隧道，受這股心情影響。重要的是反覆咀嚼自己的目的，不要停下腳步，心無旁鶩地前進。參考：「黑暗」

☆流理臺

著手處理問題前洗揀出何謂真正的問題。流理臺是清洗料理食材的地方，因此代表簡化問題。另外，這裡也是清洗餐具的所在，所以也意味著結束問題處理的確認工作。無論何者，只要冷靜以對就能解決吧。若是沒有時時注意流理臺的整潔，周遭便容易流於髒亂，但只要能持續確認自己在做什麼，內心就不會藏汙納垢。

☆庭院

代表至今為止的心靈成長、靈魂的修行成果。就像庭園需要日常呵護一樣，夢中的庭院展示了你是如何照顧自己的內心。若是雜草叢生，便是自我掌握出了問題；肥料太少則是成長緩慢。請花更多時間照顧心靈吧。為該做的事決定先後順序，計劃再充電！參考：「公園」、「噴水池」

☆酒吧、居酒屋

切換模式、轉換心情。需要排憂解悶、社交技巧。或是代表橫下心，暫時逃到某個地方的必要。參考：酒精飲料

☆墳墓

如果是土葬，大多代表挖掘自我的工作來到了極限，或許是過度拘泥於自身，而無法進展到實際活動。請晒晒太陽，取回活力吧，從這種體驗中感受自己正受到恩寵眷顧。若在夢中去掃墓，是告訴你你與過世的這個人以溫柔的心情連結在一起，或是請你活用從對方身上學習到的事物。請實際去一趟墓園，傳

達你的心意。

☆博物館

代表你如何對待知識。是虛心學習還是逃離知識，偏離了人生之流呢？又或者是懷念過往美好的年代，對現實的瑣碎煩雜感到不耐呢？請溫故知新，不要阻止時代的潮流，正面迎向知識吧。

☆橋

代表你現在想做的事或是今後打算著手的事。渡橋後，新的世界將會展現在你眼前，因此，請渡橋看看吧。過去的你謹小慎微，是敲著石橋也不過橋的人，但現在無論看起來多麼危險的橋，你都能輕鬆渡過。不管是聯誼、跟團旅行還是創新創業，不管是什麼事都去挑戰看看吧。無論你再怎麼擴大想像，也無法預想橋另一端世界的美好。能讓你大幅成長的世界正等待著你。

☆農田、水田、田地

夢中的田地意味著人生的課題或工作。如果是應該投入的課題，夢中和誰在一起做了什麼便非常重要。如果是和母親一起在田裡做農務，或許可以試著比照母親向你展示的生活方式與自己所思考的生活方式。如果夢見的是綿延不絕的田地，請反省一下自己是否工作狂吧。是為了生活而工作，還是為了工作而生活？這對你來說應該是個重大的問題。

若是夢見一整片花田則代表極樂世界，可能是你將重生或是送某人前往極樂。如果你在夢中的田裡播種，可能會看見自己為了新事物而努力。收成時節，你將獲得與你的努力相符的收穫。這與懷孕是一樣的道理，肥沃的土讓會收穫美味的作物。由於田地被比喻為母體，種子被比喻為精子，如果希望懷孕，請試著從農田的狀態汲取訊息吧。參考：「農事」

☆碼頭

代表將暫時從情感層面的挑戰抽身。客觀審視情感的動搖與浮沉，等待情緒風平浪靜以擬定安全的對策。或者也可能是預告再這樣下去會面臨情感層面的危機。請拿出勇氣休息，創造掌握全局的機會吧。

☆路障

代表前方會橫亙著難題。你心中的矛盾情感與無法做決定的兩難正是這個難題的真面目。請深入你的內心，尋找解決的線索吧。不要把事情想得太嚴重，因為還有岔路與別條小路，用自己的步調尋求解決之道吧。

☆露臺、陽臺

建築遠離地面的部分向外突出、沒有屋頂的臺子代表拓展視野，提高視角觀看、掌握事物。就像登山途中視野開闊，能將腳下的景色收入眼底一樣。

☆美術館

代表你想將人生變成藝術的願望。創造力的人生以自由意志展開。請眺望前人的人生觀與成就，不要一心認為那是與自己不同的世界，先試著投入一件事情中吧。例如，在美術館裡看的藝術品或許會刺激你過去無法意識到的感受與才能，應該能幫助你做出符合自己風格的自我表現。參考：「藝術」、「藝術家」、「壁毯」

☆醫院

即使只是夢見去探病，夢中醫院要傳達的還是請你採取名為「健康管理」的治療。夢中的細節會顯示治療方法，請先注意你在夢裡將注意力放在醫院的哪個部分。假設如果看重的是醫院供餐，就檢討自己平日的飲食。若是醫院的汙水處理有問題，就要考慮腸壁的髒汙。如果夢中知道專門的科別，便是顯示內心的負擔現在都集中在身體的那個部位上。根據夢中的狀況，或許也可以實際去做個健康檢查。

不過，現行的醫療行為並未加入夢的資訊。請不要等待亞希彼斯（希臘神話裡的醫神），而是成為自己的亞希彼斯吧。參考：「房屋」

☆美髮沙龍

如果夢見在沙龍裡美髮，請整理自己的思考方式，下定決心讓別人也能理解自己的思維吧。若是在沙龍裡美容或化妝，則需要注意自己的表情。這兩者如果都有專家幫助，是最好不過的事。參考：「頭髮」、「髮飾」、「理髮廳、美髮沙龍、理容院」

☆大樓

代表既有的影響力、權威的象徵。夢中無論是遠眺大樓或是身處大樓之中，你身上現在都有足夠的能量挑戰自己。看是要配合周遭狀況與自己的立身之處，活用有權威的影響力；還是離開那個地方，創造屬於自己的全新價值觀，一切操之在你。

☆游泳池

接下來發生的事就算令你措手不及，也只是在游泳池裡的程度。你有足夠的力量游過情感的浮沉，也能充分解讀情緒的流動與浪潮，不會發生讓你難以應對的事。

☆舞臺

你是人生舞臺的主角，因此，隨時可以改變想展現的戲碼和角色。參考：「遊戲」、「聚光燈」、「演員」

☆平交道

你似乎需要將機會或道路讓給別人。此外，也需要確認自己獨特的做法。若夢中的平交道警鈴作響的話，請察覺冒冒失失、闖進他人領域的自己吧。

☆浴缸、浴室

為了過著有創造力的生活，請先單獨放鬆一下吧。將休養生息擺在第一順位，放空腦袋。如同今天的汗水與汗垢要於今天之內在浴室裡沖掉，今天的心靈汗垢也請在今天之內洗掉吧。參考：「廁所、洗手間」

☆噴水池

留意健康安全的情感表現方式。了解情感表現可以是種美，而不是將情感封上蓋子或是胡亂發洩。即使在夢裡，噴水池的負離子也能幫助你調整身心的平衡。

☆床、棉被

人生有三分之一的時間在床鋪上度過，床鋪是帶著你從意識經過潛意識，最後抵達超意識的交通工具。從夢中的故事情節解讀夢想傳達的訊息是關於性生活、靈魂回歸宇宙，還是休息的方式。參考：「睡衣」、「床單」

☆房間

你的內在狀態。如果夢中的房間亂七八糟，代表思考沒有統整；如果房間配置得很奇怪，是思考不切實際。若是陌生的房間，則代表你未知的可能性或是還沒培養的才能。參考：「房屋」、「裝潢擺設」

☆飯店、旅館

人生旅途中短暫停留的地方。請帶著感激的心情回顧你所得到的物品、資格與人脈吧。這種回顧就像一個人出遊住在飯店裡一樣。藉由獨自品味人生的幸運，以靈魂成長為目標的旅程接下來也會繼續展開。參考：「旅行」

☆道路

你的人生道路。如果夢中的道路路況不佳，則需要花一些時間前進。如果有水窪，代表有該避開的事。如果道路鋪設完善，前行也會很輕鬆，若是石子路或泥濘，便需要量力而為、小心謹慎，最後也會得到相應的成就感。藉由從道路狀態知道自己正走在怎樣的人生道路上，心情應該也會變輕鬆。參考：「高速公路」

☆港口

港口是船隻啟航與抵達的地方，平息我們在人生航程中感受到的情緒波潮。港口的夢也代表了避難和修復的必要。挑戰必須伴隨高亢的情感才有可能成功，但若無法控制情感便會失敗。想要成功的話，就必須配合時宜休息、避難與修復。

☆迷宮

夢中的迷宮代表難以預測的日常恐慌，以及你能夠應對處理的能力。迷宮是自己混亂與不安的情緒所製造出來的產物，只要擁有一條名為冷靜的線索，便能成功脫出。參考：「迷惘、迷路」

☆旋轉木馬

你正在扮演與過去相同的角色、職位。夢提出忠告：「熟悉的角色差不多就做到這邊吧。」若繼續下去，將看不到前進的可能，也無法期望靈性的進步。

☆儲藏間

擱置不需要的東西。無意義的人生制約。強迫你整理人生。

☆門

門代表通往另一個世界的入口。這個世界與那個世界的區隔只有門而已，跨一步就能走向未知的世界。現在是你的人生轉變期，請將決心付諸行動，穿過門扉吧。無論門是開啟或是關閉，穿過門扉的關鍵在於你的決心。

☆屋頂

夢中的屋頂代表身體的頂端、頭髮。請觀察你的思考方式、看待事物的方法是安全派還是注重形式派。夢裡房子的外觀有時候也顯現出你想讓別人看到的姿態或是別人眼中的你。參考：「瓦片」、「閣樓」

☆閣樓

房子最上層代表身體的腦（尤其是第六脈輪的松果體）。閣樓裡有許多現在未使用到、令人懷念的東西，若想引導出自己的可能性與幹勁，透過從心中懷念的東西裡找出提示，便能得到方向與洞察。參考：「壁櫥」、「屋頂」

☆遊樂園

你是只工作不玩的人，還是只玩不工作的人呢？如果是一個勁地工作，不懂得玩的話，夢便是告訴你人生就像來遊樂園玩耍一樣，徒有嚴謹正直是無法成長的。如果你討厭工作、一味玩耍，夢見自己在遊樂園裡玩的話，夢便是在斥責你要適可而止，告訴你遊樂園是為了社會上勤勉工作的人而存在。

☆地板

生活的基礎、對工作與生活費的看法，或是代表覆蓋橫隔膜與腹部這塊胸部與下腹部界線的肌膚。夢中的地板若是傾斜的話，你對工作的看法與現實之間應該有落差吧？請趁收入尚未支絀前調整與仔細思考。

有時候，夢也會透過地板的狀態顯示下腹部內臟的運作情形。由於你應該有輕微的自覺症狀，請收下珍貴的跡象，重新檢視自己食衣住行的整體狀況。參考：「柱子」、「地板下」

☆地板下

地板下代表腹腔的內臟，特別是傳達了大腸與小腸的狀態，務必要注意。例如，夢見翻開地板後發現地板下都發霉了的話，代表大腸內側堆積了淤泥狀的髒汙，正在發酵。有時，壓力也會以便秘或是拉肚子等症狀顯現。你或許需要清潔腸道。參考：「地板」

☆溝渠

溝渠的夢代表為情感流動創造一個不會阻塞，沒有鬱結的狀態。無論是飲水、灌溉、工業、發電、防火的哪一種溝渠，水都是維持生命所必須。特別是夢見飲用水溝渠的話，也是在要求你為血液循環攝取水分，防火溝渠則是為壓制急性子而飲水。

☆拘留所

一直以來，你做事似乎從沒考慮過自己的責任。由於這樣下去無法避免事態惡化，因此將強制結束。

請接受一切都是自己的責任，具體描繪重生的願景，著手實現吧。

☆餐廳

身心需要或不需要的營養食品以及人際關係。在夢中與誰怎麼吃東西是線索。如果是和某人一起用餐，與那個人的關係便是對你的成長而言重要的課題。例如，如果是夢見和心儀對象在餐廳裡愉快用餐，你們就有發展戀情的可能，在店門前掉頭離開的話便沒有希望。不過結論還是要是交由你的自由意志決定。

☆走廊

陰暗的走廊盡頭大都會出現面貌猙獰的女鬼、幽靈或怪物。這個夢是請你辨認出平日害怕事物的真實樣貌。走廊的明暗顯示你的洞察能力。假設從客廳通往臥房的走廊黯淡無光，你也步伐不穩的話，代表你似乎無法順利從與家人的關係切換為獨處。這大部分與心理創傷有關。

☆巷子

改變視角、更改方向。變更計劃。轉換心情。又或者代表懷念、懷舊的趣味。由於巷子狹窄曲折，必須放慢速度，謹慎前行。請看清楚現實中你打算選的那條路是陷阱還是捷徑。

【水相關地點】

☆水池

夢是在告訴你，無論眼前的問題看起來多巨大，都只是池中風雨程度的風浪，應該不會發生你無法應付的事。參考：「湖」

☆泉水

生命不曾枯竭也不會枯竭。由於你漸漸感受不到情感，這是來自夢的關懷，請你看著泉水找回自己、感受生命。夢中泉水的直接意義是冥想，請實際去一趟泉水邊，你應該能感受到油然而生的情感，恢復精神吧。

☆井

夢中的井代表在內心深處靜靜流動的情感寶庫。請努力不要讓井水代表的感情之流止息。從情感的感受方式可以得知自己的靈性發展程度。如果覺得情感枯竭的話，請接觸冥想與藝術吧，那些應該能成為你情感的引水。

☆河灣

河灣是船隻暫時停靠的場所，如果夢中你站在河灣前的話，身體大概是需要維護了吧。現在不是前進的時機，必須致力於保養與保全。參考：「海灣」

☆海

海是生命的居所。孕育創造力的能量起源。夢中的大海代表無意識中住著可能性、感情能量無法領會的龐大。為了將原有才能從大海般的無意識世界中引導出來，我們會進行自我探索，入口就是海岸和港口。如果站在入口後，我們不帶著智慧、謹慎和對自己的尊敬探索的話，就無法接觸存在於無意識海洋中的創造力。

自我探索其實可分為三條路：一條是從「地下室」、「地下鐵」這類的性存在方式，一條是從「森林」這種顯示心靈礦脈的才能層面，還有一條就是處理大海這種感情能量的方法。不過，由於大海是生命的母體，大海對任何人都有療癒的效果。夢見大海的話，請先去海邊感受那活躍的能量吧。無論洶湧或是平靜，海的一切都會溫柔地治癒你。參考：「地下室」、「地下鐵」、「森林」

☆綠洲

沙漠的綠洲代表滋潤乾涸的情感，以及為情感引水的必要。透過冥想度過寂靜的時間後，將會抵達情感的水脈。

☆小溪

會做這個夢的你，日常的流動應該是相當穩定、沒有困難的。你擔心的事都是多慮，請天真無邪地享受這股流動吧。

☆溫泉

代表為了身心健康，必須有與日常生活不同次元的休息。

☆海岸、沙灘

經營生活的陸地與未知的大海交會之處就是海岸、沙灘。寧靜的浪潮打來，待在海邊時並不會有危險。

夢見海岸和沙灘的你，或許過去從來不曾想過要探索自己的內心或是找出自己內在的寶藏。如今，你雖然覺得這件事情很重要，但切忌馬上投奔大海，也就是急著探索自我。請慢慢環顧四周，在能夠下定「這樣很好」的決心以前，請享受現狀吧。

水與生命、水與健康、水與靈性、水與身體……我們有時也會為了切身體會與水相關的感受而夢見海岸。例如，超意識為了傳達全身的健康狀態，讓你夢見在海邊散步的夢。請對照你實際的身體狀態，讀取夢的訊息吧。

☆河川

代表靈魂的初始與終結成為河川，滔滔不竭的人生之流。雖然我們現在無從得知靈魂從何處而來，往何處而去，但至少是明白「自己正受到偉大時空支持」的時候。你的目光是否太過專注侷限在腳邊了呢？夢中你若是正在渡河，就是打算前往另一個世界。河的另一端代表另一個次元、新的世界，是你就算冒險也想抵達的新境界。如果你因為無法順流而行不知該如何是好，可能是對自己的要求標準過高，請放寬條件吧。若是迷失方向，便是錯估了努力的方法，請先追求情緒上的穩定。

☆瀑布

瀑布在電磁能量的作用下會帶來療癒，夢中的瀑布所帶來的，則是將乍看之下毫無聯繫的體驗連結起來的覺知與撫慰。如果你能像瀑布般健康地釋放情感，應該就能了解先前不明白的人生意義。

☆水壩、水門

水壩、水門的作用是將河水轉換為生活用水，夢中的水壩、水門則代表啟動調節情緒之流的功能。情緒的淤塞和停滯會剝奪生命力，請從身心雙方仔細思量自己的情緒調節功能，也試著找出能有建設性地傾吐從他人身邊抽離時所積蓄情感的方法吧。參考：「河川」、「海」

☆沼澤、沼澤地

事態逐漸走下坡，快要陷入泥淖。你現在的情緒起起伏伏，請整理自己的情緒，啟動理性，追求情感上的淨化吧。首先，請大量飲用乾淨的水，利用整潔的浴室或淋浴間沖走內心的泥濘。接著是清洗人際關係，和感覺會讓你陷入泥淖的人拉開距離。你過去可能暗自覺得與那個人交往會有什麼好處，請回頭檢視自己內心是否帶著算計吧。參考：「泥巴」

☆湖

反應情感。情感的資質。湖所顯示的情感資質是感性的品質與深度。夢中之湖如果起霧的話，代表情感創造力的一面籠罩在霧中。即使你現在陷入情緒不安，喪失自信，也不過是湖上發生的事罷了。再寬闊的湖都沒有大海危險，只要沿著邊緣走，便能確認湖的大小。即使被自己的情感波濤壓倒，你還是能爬上岸。安心靜待幫助應該也不錯。參考：「水池」

☆海灣

大海進入陸地的大規模區域就是海灣，夢中的海灣代表想離開人生航程，稍微休息一下的時刻。請暫時告別禁欲的生活吧。縱觀人生全局的力量是在勤勉與放縱兩種體驗中培養的。參考：「河灣」

【陸地相關地點】

☆山巔

代表貫徹自己的目標。夢中如果看到山頂，意即看到了你的終點。若看不見山頂，代表你還處於看不見目標的階段，請確認是什麼遮蔽了山頂吧。參考：「山」

☆田園

田園風光裡寄宿著神和宇宙所有力量的作為。田園的夢代表療癒疲憊受傷的心，以及再次處於與創造力連結的位置。

☆山丘、山崗

人生視野開闊，位於視野良好的地方。代表站在山丘上的話便容易掌握整體風貌。此外，也代表迎接平緩人生的時刻。

☆國外

夢中的異國或是外國人，代表了你應該處理面對卻不清楚的問題與個性。前世的體驗正在影響你的現在。現在的狀況將成為你收割播下的種子的機會。儘管你因為過往從潛意識浮上檯面的問題而不安，但只要能調查、體驗夢中的那處異境，應該就能安心面對問題。

☆山崖、懸崖峭壁

代表處於走投無路的狀態，被迫當機立斷做出改變。話雖如此，那卻不是左或右、對或錯的二元論能解決的問題。雖然無法回頭，但請朝會有安全逃離辦法的方向思考吧。過去雖然有逃生口，也有遠路和回頭路，但這次唯有縱身的決斷才是成長的依歸。冷靜環顧四周，凝視腳下的深淵，尋找之前沒看到的道路、橋樑或繩索。又或許，你身上已經配備了小巧的降落傘也說不定。然而，若是你一心放棄，就會夢見墜落懸崖或是被推落懸崖的夢。而且將來可能得重新再來一遍。

☆火山

遭壓抑的憤怒潰堤爆發。憤怒本就是有自覺、被表現出來的情感，擁有創造力。然而，若是對自己的憤怒沒有自覺，讓它在沒有被感受的狀態下爆發，便會引發無心的破壞。請把注意力放在自己的情感上，將憤怒當做一種自我表現來運用以免被憤怒牽著鼻子走。火山的夢大都是在警告人們不要讓它變成危險的爆發狀態。尤其孩子的夢裡若出現火山，是告訴你孩子累積了沒有表現出來的憤怒。這是一記警鐘——越用力壓抑，越會演變成狂暴的行為或是侵蝕身體。無論在工作還是人際關係中，如果能發揮創造力表達憤怒，就能培養自尊心。參考：「隕石坑」

☆窪地、凹陷

代表自己創造的自卑，也代表無法躲藏的真相。

☆隕石坑

衝動、強烈的情感體驗後難以抹滅的痕跡。只要意識到這點便能整理。參考：「火山」

☆荒野

你踏上了探索自我的旅程，來到了除了自己以外沒有任何其他生物的地方。荒野代表你的心境，你深受孤獨所苦，已經連目標也不確定，只能一個勁地逼自己忍耐。不過，待在這裡的同時，你也開始察覺到不用再待下去了。成為荒野流浪者的你，現在正是提高靈性、獲得強大精神力的時刻。因為你已經洞察到沉重的不安與聽天由命的輕快並不會共存於心。不過，持續待在荒野時若是無法抱持自省的念頭，每天或許都會非常無聊。那樣下去，你也就只能一直留在荒野裡。

☆坡道

夢中的坡道若是上坡，請想想自己的驕傲；若是下坡，則要思考自卑，將其活用於淨化心靈。若是上上下下的話，代表看漲的運氣無法順利搭配你的內心能量，你的心情容易起起伏伏，以周遭的價值觀評斷自己。人生有恰到好處的連續上坡，也有令人低落的下坡路段，但請記住：坡道的盡頭一定有平坦的大道。參考：「道路」

☆沙漠

沙漠中沒有孕育生命所需的水。因此，無論你一個人再怎麼灑水，這裡也不會變成肥沃的土地。任何一種人際關係若是不停蔓延成沙漠，便無法豐富你的生命。上輩子與你以無果關係告終的人，這一世也可能換個舞臺與你重逢。因此，能夠成為線索的，便是即使孤身一人也能在沙漠中活下去的獨立心態。

此外，經歷了悠久時光之旅的沙漠也代表能瞬間超越時空的冥想。在沙漠中覓得的綠洲雖然充滿危險，卻代表了發揮謹慎集中力後獲得的安心。參考：「沙子」

☆島嶼

島嶼代表的是投身大海這塊無意識領域後才能獲得的洞見、嶄新的可能與自我覺醒。假設在自我探索的旅途中意外獲得富有創造力的自我表現方法，也需要實地鍛鍊才能夠將其活用。夢中的金銀島代表了心靈的尋寶，顯示前往自律（自立）的道路。

夢見與冒險和探險無關的孤島則代表放鬆、逃避或避難。請仔細判讀狀況，看看哪些是你自己的期望，是必須得如此，還是即使不值得也要離群孤立呢？島嶼另外也代表了神仙所居住的蓬萊仙山、超越苦難的高我存在。如果夢見與情人或伴侶一起划船前往島嶼，做為彼此的人生伴侶，你們應該能得到豐富的體驗。

☆草原、平原

平原的綠色代表療癒疲憊的心靈。請在草原上躺成大字形和地球合而為一，撤掉心中的藩籬吧。若能在這裡充分休息，不久將會預見令你怦然心動的情節。即使是做了《咆哮山莊》的夢，也請實際去一趟草原，試著與周遭的景色融為一體吧。

☆大地

代表人生的基礎、安定、豐饒、生命維持和依據等等。請根據夢中大地的狀況，評估你心靈的根據地呈現何種狀態。明白自己的狀態後，應該會有種被大母神抱在懷裡的感覺。

☆山谷

在人生山峰後接著到來的山谷，代表站上舞臺前的幕後準備。其實，待在山頂時更不能掉以輕心，驕傲會將你推落谷底。跌落谷底後失望便會襲來，失望正是我們最大的敵人。不過，一旦能夠意識自己處於山谷中，自我反省，決定下一座要征服的山峰後，便會湧起攀爬的能量和積極向上的心情。

但在這之前，你必須先知道待在山谷裡的好處。正因為待在谷底，你才能認識過去不清楚的情感源頭、悲傷和喜悅的出處。這是汲取這份生命之水，理解持續飲用它有多珍貴的大好機會。無論你在人生的山峰還是谷底，都是生命賜與的恩惠。此外，山谷的夢有時也代表在行動前休養生息，或是強制給予自己休息的時刻。

☆洞窟、洞穴

未知的可能性所在。在自我探索的路上，洞窟會意外地在夢中現身。在夢裡，我們有時會下意識地知道「這裡有洞窟」而前行；有時即使知道洞窟的位置，也無法看到洞窟內部的樣子；又或是遇到洞窟裡散發動物的氣息、透出光芒等各式各樣的情況。這些全都是在鼓勵你進一步持續探索自我。

洞窟的夢向你承諾，雖然不知道會得到什麼寶藏，但都已經來到這裡了，結果一定會有所收獲。不過，如果想得到心靈的寶藏，就需要更加不懈的努力。參考：「彩虹」

☆富士山

了解自己、明白磨練自己的這份高尚堪比富士山。富士山是全日本人的心靈綠洲。你將自己的理想形象與富士山的美、昂然獨立的姿態、無論從何處觀看都知道那是富士山的鮮明個性相互重疊。只要在新年夢見富士山，內心便會再次振奮精神，朝磨練靈魂邁進。參考：「老鷹」、「茄子」

☆森林

森林代表無意識的世界。與海洋代表的無意識世界是從情感這個入口進入相比，森林代表的是追求自己的才能而進入的無意識世界。白雪公主追求自律，離開父母親管理的庇護逃進森林；森林這個在真正自律前追求才能而進入的無意識世界，為她提供了保護和幫助。只要並非漫無目的，森林就會是安全的；但若是厭倦探索才能，態度隨隨便便，一直將注意力轉向不同地方、毫無定性而失去目標的話，森林本身便會開始醞釀危險。處在森林裡只是一時的，如果以最後會回到實際世界為前提，勤奮不懈地運作五感，便能避開危險。

☆山

山的量詞是「座」，山的形狀是坐禪、冥想者的姿態，夢見山的話，請你覺察自己的內在價值吧。人生如爬山，爬山的畫面是請你了解內在價值。寺院的名稱附有山號，日文中的「山道」與「參道」相通也是一樣的道理。參考：「神社佛閣」、「參道」

☆陸地

由於不是海洋而是陸地，因此代表脫離情緒層面的挑戰，又或是培養獨立生活的能力，對某些人而言則是向工作尋求生活基礎。另外，陸地的夢也代表思索與大自然共存的方法。

■靈性■

夢是意識深層的超意識所帶來的訊息，這個超意識也被稱作神的意識。我們每個人都與超意識相連，因此所有人在本質上都擁有神的意識。也就是說，每個人類都是神聖、靈性的存在，無一例外。因此，在這個部分舉出來的靈性存在都位於我們心中。惡魔與鬼怪是我們靈魂還沒磨練完全的一面，反之，佛陀與基督等聖人則象徵磨練後的內心。

不過，夢中如果出現聖人的話，還請留意：由於神聖即是我們的本質，並不需要從外在看起來神聖的事物。請驗證夢中聖人說的話究竟是代替自己的內心發聲，還是源於外部的控制（現實生活中有沒有人想從精神層面控制你呢？）。如果夢中的聖人表現得相當謙遜，通常就是你內在神性的化身。

【神、聖人】

☆神

神在夢中大多沒有形體，只有聲音或是只感受得到其存在。夢中出現神，表現出你平常如何與自己內在的神相處。若夢中的神和藹可親，想必你在生活中也非常珍惜自己的神性。若夢中的神令人畏懼，距離也很遙遠的話，可能是你因為過度自我貶低，忘卻了自己心中的神。聽見神的聲音之類的神祕夢應該不需要多加解釋，是相當直接的訊息。

☆耶穌基督

代表你心中神性的假像。心中的神以有形體的姿態登場，是請你以神聖存在的樣貌表現自我。

☆釋迦牟尼佛、佛陀

你神聖的自我。老智者。佛陀是以師祖的身分現身在夢境裡，這個夢是請你學習佛陀的平靜或是了解靈性能量的樣貌。此外，佛陀的夢或許是種預示，你透過將內心的陽性面與佛陀的樣貌重疊，與現在的陰性面之間產生一種改變，即將脫胎換骨成平衡的心靈狀態。參考：「耶穌基督」、「佛像」

☆菩薩

慈悲心。你的超意識直接送來訊息。訊息的內容對你而言或許很嚴苛，超意識正是在質問你是如何處理慈悲心，意即同情心。參考：「天使」

【聖典、傳說、故事的登場人物】

（日本、東方）

☆桃太郎

從老奶奶在河邊發現的桃子裡誕生的桃太郎，代表你無法親近親生父母的心情。這個夢告訴你，若無法親近父母，就請保持無法親近的狀態，「朝你的目標前進」。我們的世界依靠自由意志轉動，無論父母如何阻擋在你前方，世界上沒有任何人有阻止你的權利。英勇殺敵的童話象徵性地傳達了這件事。當你想依自由意志生活時，需要有善用「直覺＝猴子」、「情感＝狗」、「感受＝雉雞」的智慧。參考：「狗」、「雉雞」、「猴子」

☆一寸法師

你現在似乎覺得自己十分渺小，不知道該如何是好；但只要持續挑戰，便能開創未來。日本有「一寸蟲也有五分魂」這句俗諺，比喻再弱小的人也有意志與骨氣，一寸法師身上蘊含著超越小蟲的力量。

☆閻羅王

對二元論的告誡。以善惡評斷事物。請除掉你內心的罪惡感吧。

☆鬼怪

故事裡面的「打鬼」告訴我們要活用心中的憤怒，而非壓抑憤怒，將憤怒用來當做發揮創造力工具的方法。出現鬼怪的夢，暗示你要克服只是訴諸力量的憤怒，將昇華憤怒當做一種自我表現的方法。鬼子母神是大母神的一面。鬼怪象徵阻止你成長的事物。參考：「桃太郎」

☆怪獸、哥吉拉

大部分是代表母親丟出的難題，或不為普通的事情而動搖，如怪物般的言行。由於你在夢中常在遭到怪獸追趕之際順利閃躲或逃走，讓夢境在還沒看見對怪獸恐懼的根本解決之道時就結束，因此將會反覆做同樣的夢。這個訊息是表示你並未跨越和母親之間的問題。為了促進自己從父母身邊自立，你會採取在夢中被怪獸殺害、與怪獸戰鬥，或是以智慧和怪獸和平相處等方法。若你在夢中對怪獸採取攻擊性的態度，以這場夢為分界，你的心靈將大幅成長。如果孩子談到怪獸的夢，請不要打斷他，彼此反覆討論應該會很不錯。這是為了讓父母能同理孩子遇見怪獸時的恐懼，給予孩子面對怪獸的勇氣。雖然其實是你（父母）過去的言行讓孩子心生恐懼，但請不用有罪惡感。請理解無論是孩子還是父母，彼此都是發展中的靈魂，將孩子的夢當做探索親子溝通更佳方式的好機會吧。參考：「怪物」

☆竹取公主

不依靠任何人探索自我。自主獨立。竹取公主對現世的利益與結婚都不感興趣，活著的目的唯有回到靈魂的故鄉。從負面而言，是不重視現世。竹取公主的夢也代表了心中自有定論。

☆河童

代表擅長小丑遊戲悲傷的伎倆。不是將事情看得太嚴重，就是太過四兩撥千斤避開問題。無論何者都沒有直視現實，只能成為暫時的處世之道。

☆鳳凰

鳳凰的夢是鼓勵你繼續這樣活力充沛地行動。夢見四獸之一的朱雀或是火鳥也一樣。參考：「龍（東方）」、「老虎」、「火鳥」、「烏龜」

☆**龍（東方）**

四獸之一的青龍鎮守東方，代表依直覺發揮創造力開創人生的強烈意志。現在的你是否沉溺在憤怒、懊悔、悲傷、心痛等狂暴的感情中，品嚐著孤獨呢？儘管你可能覺得內心紛亂，掀起波瀾的狀態既痛苦又討厭，但這是你成長不可或缺的試煉。你或許很意外，但這是你成長的證明。夢在宣告，你已經強大到能持續直視內心龍的姿態。從驚濤駭浪與烏雲間現身的可怕龍身宛如一條大蛇，但龍有左右對稱的腳，龍爪握有明珠，這是你心中閃閃發光的神性。龍保護著你的神性，同時也是催促你察覺神性的昆達里尼（存在於人體內的根源生命能量），在你能統合這顆明珠前來到此處。為了統合神性，必須充分體驗現在的情感風暴，不要畏懼。風暴的盡頭必然有光。參考：「龍（西方）」、「東方」、「老虎」（西方）

☆**惡魔**

象徵你心中的魔性和負面。代表你做好為人生負責的覺悟，也是一種成長的確認。請不要害怕，試著面對吧。

☆**吸血鬼、德古拉**

為他人浪費自己的能量。反之則是為了自己呼喚他人的能量。無論你是吸血還是被吸血的一方，那些血，也就是能量，都無法幫助你的人生。請從夢的前後脈絡思考，自己是否陷入了與某人無果的相互依賴關係裡呢？

☆**邱比特**

代表無論何種人際關係都必須找到愛。也代表了想建立愛的關係的必要性、溫和與善良視角的必要性。邱比特的夢督促你以正面思考前進。

☆人馬

代表雖然因身體活力四射，而忘卻體能上的疲勞；卻無法控制情感，看不見靈性的成長。也就是在催促你協調身心的能量。如果你止在談戀愛，這可能是一段雙方都受性魅力驅使的關係。這或許不能說是靈魂所追求的愛情關係，而是雙方都違背了自我的結果。

☆小矮人

《白雪公主》裡的七個小矮人等在神話、民間故事或是童話裡登場的小矮人，全都代表自己尚未察覺的守護力量與可能性。此外，對有男性恐懼症的女性而言，小矮人代表她們在對一般男性產生興趣前負責緩衝的存在。參考：「一寸法師」

☆聖誕老人

若是夢見聖誕老人，請為自己這一年來努力投入的事物做個了結，獎勵一下自己，將想要的東西送給自己當禮物吧。又或者，代表有份來自超意識的禮物。不然，有可能是你對無條件的愛——這種在成人世界裡少有的情感以及如願以償的幸福感感到飢渴，像過聖誕節的孩子般也渴望得到禮物。

☆白雪公主

白雪公主的故事中你最在意哪個部分呢？是白雪公主死後被放進棺材裡，還是公主因為王子的親吻而復活呢？如果你是對王子的吻有興趣，代表你在戀愛與婚姻裡看到了幻想。另一個版本是：隨從在運送棺材的途中絆了一下，毒蘋果從白雪公主喉嚨飛出來的瞬間，公主便活過來了。如果你想相信的是這個版本，你似乎認為結婚的資格是能夠用自己的話語傳達內心的想法。如果你喜歡得是整個故事，你的課題就是脫離母親獨立。若是夢見白雪公主登場，請思考哪些才是超意識要給自己的訊息。

☆灰姑娘

你盼望某種事物能夠帶你脫離日復一日的單調無

聊。或是夢在告訴你，能夠順利消化日常是成為獨當一面的女性的條件。

☆殭屍

代表無法活用自我，依賴他人的意圖、狀態、既有的概念和信念信條而行動。你這麼做是出於對他人的恐懼。請察覺恐懼都是來自你的幻想，也請察覺對自己的愛吧。由於是自己恐懼的力量在夢中挖掘墳墓，因此，想離開墳墓也要靠自己的決心。加入活人行列的話，你便會遇到活生生的夥伴。參考：「骷髏、骷髏頭」、「屍體、死人、死者」

☆天使

天使是來自你超意識的訊息。如果天使的言行很直接，請凝神傾聽，做好心理準備吧。此外，天使的表情和言行，也會告訴你你是否有珍惜對待自己的心願。若天使在夢中通知你懷孕的消息，請在生活中做好所有準備來配合這件事。天使的夢是通知你即將美夢成真，要求你表現得如同願望已經成為現實一樣。參考：「菩薩」

☆龍（西方）

西方的龍與東方的龍含義大致相同，代表挑戰昆達里尼（存在於人體內的根源生命能量）沿脊椎而上，口中吐出火焰淨化負面思考與過去依賴的幻想。想處理昆達里尼需要有相應的覺悟，控制龍則需要靈魂的成長。龍所居住的黑暗洞穴代表了昆達里尼沉睡的脊椎根處；覆蓋身體的鱗片是讓生命誕生的重生之力；燃燒的肺是上升的氣概；翱翔天際的雙翼是目標精神與靈性高見的力量，代表你將引導昆達里尼走向創造力的可能與責任。參考：「龍（東方）」

☆人魚

代表蠱惑你的生活和思考方式、剝奪你思考能力的感官誘惑。夢中的人魚雖然一派清純，但只要你一接受誘惑，暫時就毫無勝算。即使人魚的下半身沒有性器官，也不能對他們掉以輕心。

☆吹笛人

這是來自夢的忠告。若你無法毅然決然地將名為恐懼的老鼠趕出內心，帶有創造力的童心也會漸漸從心中消失。參考：「老鼠」

☆火鳥

超意識催促做這個夢的你，讓心靈如同火鳥（也被稱為不死鳥）般死亡與重生。當心靈一度遭火焰燃燒殆盡，化為灰燼，重生時將會得到無法想像的高度靈性。此外，火鳥的存在與象徵皇帝的鳳凰相仿，也是在宣告希望你如皇帝般嚴守自己的尊嚴，迎接死亡與重生的過程。參考：「孔雀」、「鳳凰」

☆女巫

你自己討厭的那一面。想控制別人的傾向。此外，也代表你心中的嫉妒、仇視與復仇心在獲得正當性前不斷擴大，意圖欺瞞他人。為了避免自己變成這樣，檢視自問的重點是：「你是想讓別人佩服你，還是單純在做自己喜歡的事呢？哪一個才是自己的真心？」如果是自己喜歡的事，便毋須在意他人的評價，也就不再需要嫉妒和仇視。用於控制他人的能量未來將束縛自己，逼你償還代價。

☆獨角獸

純潔與力量。對「擁有性欲的真實男性」感到害怕的少女而言，獨角獸做為內心持有陽剛面，肉體卻不會令人想到男性的異性，成為居中調和的存在。獨角獸就像是白雪公主的七個小矮人，以及對與一寸法師結婚的公主而言婚前的一寸法師。

☆小精靈

夢見小精靈的話，是鼓勵你與大自然玩耍、唱歌跳舞。天真無邪的惡作劇一下，賽賽跑、捉迷藏……請放鬆一下，找出自己能夠遊戲的一面吧。從飄在空中的白雲裡找到龍、幽浮或是動物也都是小精靈做的好事。

☆怪物

代表你過度投入擔心的事情中，已經漸漸連自己在害怕什麼都不知道了。因此，超意識便讓你看看自己製造的恐懼。請在這裡仔細辨別自己正在擔心什麼，將成為你擔心源頭的信念與信條查個水落石出吧。有時工作一失誤，便會夢見被怪獸、人馬或龍攻擊的夢。如果你是女性又覺得男性很可怕的話，夢裡或許會遭到狼人襲擊。夢醒後，請一個人靜靜地拿著蠟筆，將夢中登場的怪物畫出來吧。畫好後，與怪物面對面展開談話。怪物只是玩偶，位於玩偶裡的智慧存在帶著要送給你的最佳禮物，等待你啟動。只要注意到這點，你便自然而然能體察怪物的意圖，發現藏在怪物體內的創造力，將其活用在人生裡吧。參考：「怪獸、哥吉拉」、「恐龍」

☆幽靈、鬼魂

對自己而言不確定的那一面，雖然還不到誤解的程度，卻也只有模糊的認識。由於這樣下去無法產生任何幫助，請暫時消滅這一面，讓迄今為止的認知重新來過吧。這種夢有時也代表有名無實的機會。過世的人變成鬼魂出現，是因為你過去無法掌握那個人的真實樣貌，對方的靈魂想好好與你取得聯繫。無論肉體是否存有，靈性實體都是存在的。向對方致上最高的敬意，表現關心是最好的方式。

【聖典、傳說、故事】

☆冥河

夢中渡過冥河時，你的心情會前所未有的平靜，或是處於難以忍受的忍耐狀態。若是前者，你會在這世上所沒有的神聖光輝包圍中覺醒，後者則會經歷在業火中燒死、遭斷頭臺或刀子斬首等令人衝擊的體驗。無論何者，都是人生將會有驚人變化的預兆。由於你的心靈已經大幅成長，現在是你前進的時刻。

☆地獄

做這個夢的你是否因為激烈的低潮，每天都過得很痛苦呢？這個夢是告訴你「人生不會再更低落了」。請慰勞自己一番吧，不是勉強自己變得正面，而是慰勞一直在忍耐低潮的自己。接受自己處於地獄的態度將能保證你的成長。接著，也請接受製造這座地獄的人不是其他的誰，而是自己的事實。你平時做為依歸的信念與信條孕育出恐懼，變幻形狀化作了地獄。

☆天堂、極樂世界

對自己的慰勞、撫慰。鼓勵你休息或是代表過去的努力將收到讚美和勳章。無論何者，天堂、極樂世界裡的興奮感都會成為你生存的精力吧。夢中出現的天堂與極樂世界，正是自己想看到的天堂與極樂世界的形象，因人而異。

☆方舟

接下來將會有一陣情感大浪朝你的靈魂成長襲來，夢在傳遞這件事的同時也告訴你，這是磨練能力，追求各方面平衡的時刻。雖然覺得辛苦，但要相信終將來臨的和平，穩健踏實地學習。

☆十字架刑罰

這個夢代表靈魂的成長需要苦難，靈魂透過忍耐苦難磨練的信條。只要相信自己的可能性，便能發現沒有自己察覺到的才能與能力。如果沒有實際感受肯定自我的愛就去體驗聖人所昭示的愛，可能就是順序顛倒或是本末倒置了。

☆潘朵拉的盒子

代表有機會可以將注意力放在被視為可怕、無益的負面思考上，這會是成長的墊腳石。所謂的「潘朵拉」，意思是「所有（來自神）的禮物」。

☆鬼火

鬼火的夢似乎想讓你理解「心靈是超越三次元的存在」。你是否害怕現在這個打造好的立足點會崩塌呢？心靈本就自由並擁有無限的力量。作這個夢的你，正迎接讓自己的生活方式升級的時刻。儘管你可能一下想抓住鬼火、一下又遭到鬼火追逐，有點被自己的心耍得團團轉，你仍想理解超越死亡的自己以及他人的靈魂。

☆復活

俯瞰生命，本來就沒有死亡也沒有重生。如果以永生靈魂的觀點來看，人類所說的生命是種幻想。復活的夢正是以反面的方式呈現這件事。這個夢將能成為你理解人類是超越次元存在的契機。

☆魔杖

代表想像與創造力的關係。你栩栩如生描繪出來的想像對心靈而言就是現實。凱西說：「心是建設者。」實現創造力人生的第一步，就是消除迷惘，在心中描繪出符合你自己樣子的願望。

【冥想、治療】

☆精油、芳療

休養的必要。你可能每天都太過配合環境或是過度封閉自我了。請享受香氣，體會把自己溫柔交給人生的感覺吧。另外，也可能是夢指出你在五感中擁有非常優秀的嗅覺。參考：「香氣」、「氣味」

☆占卜

夢中不管你用的是塔羅、撲克牌、盧恩符文、九星氣學、星座、姓名學還是哪種方式，重要的是你面對占卜的態度。如果你抱持希望占卜替你決定某件事的依賴心情，在現實中也會變得經常惴惴不安。參考：「占卜師」、「超能力」

☆香氣

若在夢中聞到好聞的香氣，是超越次元的內心所體驗到的靈魂原有的興奮感，大多是鼓勵你認真感受幸福的感覺。如果是在與剛過世死者的交流中聞到香味，你們便能交換訊息。醒來後，你可以點一些香氣類似夢中體驗的香氛薰香。由於我們的最終目標是夢裡與清醒時的意識合一，因此，這也會是其中一個階段。參考：「精油、芳療」、「氣味」

☆撲克牌、塔羅牌

如果是玩撲克牌遊戲的夢，代表你將人生當做一場遊戲，你關心的是在社會上成功與否這種勝負，對靈性的成長似乎沒有興趣。若夢中出現特定的塔羅牌，那張牌便是訊息。如果是占卜師幫你抽牌的話，就是你認為自己沒有決策的能力。但自己的命運是由自己開創的。

☆氣味

五感中嗅覺敏銳的人會藉由至高無上的香氣體驗宇宙的支持。這種夢稱為神祕夢或是神聖經驗（numinous）。討厭的臭味代表需要洗掉的思維，好聞的香氣應該就是適合執行的創意。參考：「精油、芳療」、「香氣」

☆冥想

代表投入冥想的必要。如果能藉由冥想統管身心與靈魂的話，自然而然能理解統御自己與宇宙萬物的法則。冥想是你與神連結的方法，也是你成長的道路。

【符號】

☆太極

太極是完整的象徵，代表女性的陰與男性的陽達到平衡。太極的夢或許是請你透過婚姻，以心靈平衡為目標。參考：「結婚、婚禮」

☆鸚鵡、歐姆

代表人生與神的旨意之間的關係。夢中聽見鸚鵡的聲音或是自己出聲的話，請實際發出那個聲音看看。此時心中所浮現的就是夢的訊息。若是代表電阻的歐姆，則是催促你表現自我。

☆御守、神符、繪馬

代表為了獲得精神力而必須模仿神佛，下定決心努力。從自己的內在找出神明的加持。

☆五角形、五芒星

五角形以頭部、雙手、雙腳的意象代表人類，意思是變化。人類擁有變化的權利。五角形和五芒星的夢正是在告訴你：自由的生活能孕育變化，這種變化會為成長帶來可能。

☆十字、十字架

面對成長修正偏差，引導出完全的平衡。十字代表以頭為頂點，雙手張開的直立人形，十字交叉處即是心輪。心輪是平衡上方三個脈輪與下方三個脈輪的地方。由於十字架對基督教徒而言是重要的符號，對不同宗教的人來說也許會有異質的含義，但十字象徵完全的平衡這點是相通的。

☆念珠

冥想的必要。請找出自己身上的默想方式，試著執行。

☆佛像

你是聽從別人意見的人，還是不願聽別人意見的人呢？夢中的佛像對前者宣揚自尊心，顯示不過分依賴他人意見的不動姿態；以靜止的姿態反面指出後者的急躁：覺得自己的事自己最了解，容易排斥他人。夢中的佛像代表過去自己重視的信念信條會配合成長的特色而變化。參考：「耶穌基督」、「釋迦牟尼佛陀」

☆曼陀羅

變化的時刻。宇宙的愛成形後會發生變化。所謂曼陀羅，即萬物依循完整法則變化的象徵，那個法則就是被稱為愛的事物。

【心理學】

☆影子、人影

內心故意不去意識或是無法意識到的一面。一直逃避面對的負面情感。若想得到深刻的洞見，就像遭怪獸追趕時一樣試著看看影子吧。只要能分辨出影子的實體，影子就會是你強而有力的夥伴。夢裡某人遭影子覆蓋，部分身體因為影子而看不見時，代表受傷或不健康的症狀。如果有陰森森的人影靠近你，請洗滌內心，看看是否有對自己不誠懇的想法。又或者，也可能是提醒你要提防懷有二心的人。

【建築】

☆神社佛閣

真我的居所。了解真我的必要性。「教堂」是從外型代表冥想的樣子，而「神社佛閣」由於與參道相連，傳達的是請你確立自己的冥想方法。參考：「教堂」

☆人面獅身像

代表可以藉由冷靜對待自己與周圍的人得到神祕的覺察。又或者，有時也代表內心長久以來變成石頭的狀況。

☆鳥居

第二脈輪與第五脈輪的入口。心靈與身體的婚姻之門、自我與真我的融合之門，或是代表走向真我所居神殿的道路。夢見鳥居的人如果單身，夢便是要求你進入婚姻，如果是已婚者，則是要求你透過婚姻生活進一步實現自我。鳥居的兩根柱子代表獨立與接受，告訴你當能得到這兩者時才有可能實現自我。參考：「神社佛閣」、「參道」

☆金字塔

過往的努力將得到報償，即將獲得朝向覺醒的入門儀式。夢中出現金字塔的話，或許可以將其製作成繪畫等作品放在身邊，它將成為屬於你的靈魂指標與依據。金字塔對你而言最終代表什麼，可能會在接下來的人生中漸漸揭曉。

【其他】

☆超能力

代表依賴、依靠的心理。你是否不夠努力，祈禱著現實能自己改變就好了呢？所有人都有在這個世界上實現自己願望的能力。每天磨練這種能力，將可以使其昇華為開創人生的創造力。參考：「占卜」、「占卜師」

☆光

內在照耀真理的光。大我。理解體驗、領會所學。成為靈魂中心的事物。

☆夢

察覺「這是夢」的夢稱為「清醒夢」，希望你進一步深入認識夢。夢見清醒夢的次數越多，越能感覺到清醒時的日常與夢中畫面的整合性。控制清醒夢是邁向開悟的第一步。

☆預知、預兆、預感

由於夢境都會預先通知我們人生中的大事，因此所有夢都可以稱為預知夢。夢境通知未來會發生的事時是迫於「認識自己」和針對認識自己「事先思考對策」的需求。假設夢見父母的死亡，代表必須反省自己一直以來與父母的關係，有意識地改善彼此之間的溝通。另外，你也必須再透過父母的死亡理解死亡的真實的樣貌。若是夢見天災，請先當成是思考自己內在事物的應對之道，採取改善災難的行動吧。以此為基礎一邊做好實際防災的準備，一邊祈禱許願。誠摯的祈禱擁有能量，應該能幫助你減輕天災的受害程度或是迴避天災。夢境若是通知你日常的細瑣小事，便是要你客觀看待自己的一板一眼和管理過度的身心。請偶爾享受這個世界的不可思議，放鬆心情吧。

☆靈界聯繫

人類在與肉體不同次元的地方持有自己的心靈。如果死者在夢中復活現身，我們便正是以同為靈性存在的立場與他們溝通。不過，必須注意聯繫的內容，請在抱持良知的範圍內判斷死者的話，不要囫圇吞棗。順帶一提，夢中出現的死者，個性常與生前沒什麼不同。

■大自然■

夢中的天氣等於心理的狀態。由於晴天視野良好，一切都在太陽之下清晰可見，內心因此得以平靜。陰天會變潮濕，所以似乎有點難縱觀全局。雨天是去感受過去沒有感受的悲傷與失望的時刻。暴風雨則代表激烈的情緒在心中翻騰，請接納認同這一切吧。

若是確定夢中所見的天氣是自己的真心，夢醒後徹底感受那份情感便是非常重要的事。例如夢見下雨，知道自己平常沒有察覺到的深沉悲哀後，就去看好哭的電影放聲大哭，淨化情感吧。情感的扳機不限於電影，音樂、繪畫、卡拉OK任何東西都無所謂，總之請盡情沉浸在悲傷中，徹底品嚐悲傷吧。無論是悲傷、憤怒或是嫉妒，只要徹底感受這些糾結在心底的情感，它們便會昇華消失，你將能變得精神百倍，令人吃驚。透過一個人盡情感受情感，不要壓抑也不要無視，將能結束過去令人害怕的「情感課題」。

注意夢中出現的自然環境、氣象，理解其意義並加以活用，便能替你的心靈掃除，能漸漸減少遭到莫名憂鬱與不開心控制的情況。

【天氣相關】

☆雨、雨天

感受悲傷也無妨。若能仔細感受悲傷、哭泣的話，將變成孕育成長的開端。不建議你將他人捲進來。透過自己一個人徹底感受，悲傷將化為心靈的養分。

☆暴風雨

代表激烈的情感。你的情感正在肆虐。你一直不去感受懊悔、悲哀、絕望的心情，拚命努力至今吧？痛痛快快讓這些抹殺情感的過去流掉的時刻似乎已經到來。請徹底感受心中的激烈情感，以你擅長的領域昇華它們。這是能將過去被你視為負面而加以排除的事物轉變為巨大創造能量的機會。參考：「雨」

☆閃電、雷

代表你心中的糾葛抵達極限，迎向解決。閃電是靈感，請接受這份靈感，珍惜心中的寂靜吧。閃電連結了如同天與地、水與火般無法相容的東西，帶來創造力的和諧。參考：「雷」

☆風

周遭的狀況即將改變。請根據夢的狀況判斷風是有創造力地吹拂，還是帶有具破壞性的作用。事情順風會順利進行，逆風則費時耗力；突然颳起大風會跌倒受傷，微風則輕推著我們的腳步前行，你的夢裡吹的是什麼樣的風呢？其實，無論哪種風都是你渴望變化才引起的。即使是破壞性的風也會成為產生改變的力量。由於不是無風的膠著狀態，就帶著利用一下它們的心情吧。

☆霧

心情變得濕答答，看不見自己的立場。在能夠冷靜判斷狀況以前，請停止胡思亂想吧。等心情放晴後再慢慢掌握事態也不遲。若夢中看到的是朦朧水氣或是靄，便不需要像霧花那麼多時間等待心情平靜。

☆雲

若是輕飄飄浮在藍天中的白雲，代表享受清澈心靈的同時積極面對問題；若是烏雲或雨層雲，便是通知你之後會發生一點小問題。由於你在夢中提前得知這件事，因此能保持冷靜。如果是雷雲的話，達成目標前應該會一波三折吧。不過你不需要害怕，只需要平靜享受時刻變化的狀況，波瀾中應該會存在真正的靈感。

☆彩虹

你的努力應該會得到適當的報償，接下來只剩下收尾了。你之前一直孜孜不倦於內心尋寶，如今距離完成只剩一步。請感受能夠抵達這裡的感動與感激之情吧。充分感動將會打下靈性前往下個階段的基礎。「彩虹」的含義類似「洞窟」，「彩虹」代表稍微偏物質層面的完成，「洞窟」則是更精神、靈性層面的完成。或者，彩虹的夢指出你正逃向幻想的世界，不停過著很難實際感受到自己活著的生活。請開始努力脫離幻想的現實吧。參考：「洞窟」

☆晴天

視野良好，掃去心中的陰霾，能夠把握自己的所在之處、立身之地。晴空中飄著白雲的夢代表能夠清楚意識到內心的問題，可以期待去應對。啟動創造力的靈感後應該也能獲得洞見吧。參考：「雲」

☆太陽、向陽、白天

夢見太陽出現的白天，代表你能夠清楚鮮明地意識現狀，即使有問題也能冷靜看待。現在，你擁有充分解決問題的能量。

☆陰影

自我評價低落。因社會立場處於弱勢而有所顧慮。代表尚未分出勝負。要不要趁現在朝太陽一躍而出呢？

☆雪

你封閉內心，壓抑、隱藏真實的自己。你將自己關起來，如同待在隆冬大雪下一樣，別人看不見你整體的樣子。覆蓋你的白雪雖然代表潔淨，但潔淨也與斷絕生命、絕望的意思相通。現在是所有希望都凍結、徹徹底底感受世間與他人冷漠的時刻。儘管或許痛苦，但這卻是迎接心靈春天所需的時間。越過冬天的靈魂保證會有豐碩的成果。參考：「冬」

☆雷

對你心中怒氣與憤慨的警告。看你是要做好有一番波瀾的覺悟，還是趁現在徹底感受，昇華這些心情吧。雖然當事者之間的緊張感抵達頂點，將會爆發一場與破壞或創造有關的衝突，但情感也會從那裡開始淨化。參考：「閃電」

☆海市蜃樓

對自己或他人的幻想。你的感受與現實有落差，你可能需要冷靜一下頭腦。

【天災】

☆洪水

由於長時間偽裝真心，沒有生產性地引導情感能量，矛盾似乎已經抵達頂點，變得無法控制。你過去封閉情感並非因為個性乖巧或是沉默寡言，大部分是源於罪惡感。請避免用依賴酒精或購物的方式填補矛盾。參考：「海嘯」

☆地震

代表生活將會發生突如其來的變化。你的信念和主義、主張，也就是一直以來的生活方式將不再有用。乾脆放開這些事物，從零重新開始的時刻來臨了。由於是場巨大的變化，你暫時會感受到生活遭受威脅的滋味。不過，變化之後你的壓力將會減輕，能夠過著更有創造力的生活。睡眠中實際感覺到地震時，也請訓練自己將地震看做內心的問題，思考自己必須放手的信念和信條是什麼。夢見地震的預知夢時也一樣，內省後規劃現實中的準備，祈願平安。參考：「洪水」、「海嘯」

☆山崩

代表你雖然無法自覺，但身心負荷過重，再也支撐不下去了。請放下多餘的責任，專心將注意力放在珍惜自己的這件事上吧。參考：「雪崩」

☆颱風、颶風

代表情感肆虐的狀態。由於情感在連自己的真心也不懂的狀態下颳起暴風，可能會將周圍的人都捲進來。想恢復冷靜唯有冥想一途。參考：「龍捲風」

☆龍捲風

狀況即將發生變化，過去理性與身體扭曲的連結將取回平衡。這個變化是你自己為了心靈的進步所引發的，因為安定的環境很難引起心靈的進化與整合。儘管以此為契機可以看見未來，但必須注意變化過大有時也會帶來破壞。話雖如此，龍捲風的螺旋結構與基因相同，螺旋這個形狀保證了生命與成長。與其畏懼破壞，不如享受這場變化及與之相伴的成長。參考：「颱風、颶風」

☆海嘯

原以為安穩的生活基礎和仰賴至今的信念出現裂痕，無法維持以往生活的恐懼突然如潰堤般浮出水面。又或者是你長時間逃避「人生即變化」這個事實，忌諱變化，貫徹這種生活的模式走到了極限。請解放不停壓抑、已到達飽和狀態的情感吧。正因為長年累積，你或許會有種要被大浪捲走的恐懼，但只要跨越這層恐懼，內心便會展開新的次元。雖然土石流夢的意義幾乎與海嘯相同，但海嘯也包含了家庭和工作，這類成為生活基礎的有形事物的變化。參考：「洪水」、「地震」

☆雪崩

長時間冰凍的情感一口氣融化、崩潰。你一直抗拒、忽略心中不擅長應對的情感。雖然你的情感因長久以來的拒絕而凍結，但他人小小的親切等舉動似乎成為了溫暖情感的契機，令它一口氣融化了。你是否已經無法壓抑內心這股強烈的鼓動？即使會做牽扯到周遭的不當表現，卻還是得將一切釋放出來。內心纖細的你或許會很在意周遭的反應，但請放輕鬆吧。因為只要放開凝固的情感，春天便會造訪心靈，溫暖的人際關係也得以萌芽。參考：「地震」、「山崩」

【陸地相關】

☆岩石

強烈的意志。過度頑固。前方的阻礙。請檢查看看，你的頑固是否也出現在身體上了呢？

☆地平線

視野開闊，看見自己的立身之地。代表全方位的可能性。現在正是詢問自己想去哪裡的時候。

☆土

為內心整地的時刻。請保持從容卻不大意疏忽，讓新計劃或事物在何時出現都能應對。此外，夢中若是抓著土或雙手觸碰大地的話，便是建議你活用土地的治癒能力。請實際去做做農務、製作陶器或是浸浸沙浴，大量接觸土地。又或者，土的夢代表透過知道自己也是該回歸塵土的存在來磨練靈性。參考：「泥巴」

☆泥巴

夢見陷在泥巴路裡、渾身是泥或是站在泥沼中死去的夢代表你缺乏心思想。或許，你一直受到周遭的動向左右，對自己的想法沒有自信。取回自己的中心思想就能改變狀況。參考：「沼澤、沼澤地」

☆火

與代表無意識的水相反，火代表著意識。對我們而言最重要的火，是沉睡在脊椎之下的昆達里尼（存在於人體內的根源生命能量）之火。火的本源為太陽，我們體內都有與神聖太陽相同的火存在，無一例外。要點燃昆達里尼之火，就要讓你所依據的信念與信條昇華，這也是通往真知的道路。參考：「火把、篝火」、「營火」、「煙火」、「火災」、「手電筒」

☆火焰

生存動力。生命之火。確實存在於你內心深處的光。任何人都可以藉由冥想感受到這股火焰的存在。火焰的夢有時也代表情感的火焰，或是嫉妒和憤怒。

☆熔岩

吐出長年累積的憤怒，也代表吐出憤怒後的殘骸。你或許沒有注意到，但你已經漂亮地讓憤怒昇華。為了今後著想，要不要試著有意識地回顧這段路程，確立將憤怒化為創意表現的方法呢？

【水相關】

☆間歇泉

感情的爆發與沉靜。若能意識到這個反覆的節奏，將能更輕鬆地掌握自己的情感流動。

☆冰

情感凍結，感受麻痺。你是否也拒絕他人的好意，故意裝作漠不關心的樣子呢？夢中若出現薄冰，就代表解決問題的可靠性很低（薄）。

☆潮汐

明白事物盛衰、潮起潮落的時間，或是代表情感的浪潮。滿潮引發緊張，乾潮是陷入遲緩狀態。隨潮汐擺盪或是遭漩渦吞噬，代表無法掌握情感流動而被吞沒，請在心中謹記冷靜。參考：「海」

☆海浪

夢中無論是游泳也好，衝浪、立槳也罷，若是順著波浪而行，就是代表你現在正順應人生的潮流。集中感受的同時，內心應該也會產生餘裕。若是在岸邊觀浪，是現實生活中內心將獲得療癒的預兆，可以預期自然療癒能力的提升、遇見有效的治療方式，或是宣洩情感的體驗。也建議你實際去看看閃閃發光的海浪，吸取生命能量。若夢見波濤洶湧，代表人生承接過多的痛苦，請試著放鬆休息一下吧。參考：「海岸、沙灘」

☆水

一杯水、雨、冰霰、雪、水蒸氣、水窪、水池、沼澤、湖川、大海、瀑布、泉水、井水、以至於雲，只要夢中有水登場，就請試著思考自己的體內是否遍布著乾淨的水吧。千變萬化的水象徵潛藏在內心四處的無意識，夢中的水則告訴我們無意識表現在情感和身體上的狀態。想以有創造力的方式控制情感，就需要與情感相互呼應、飽含水分的身體。乾淨的水能讓細胞再生，因此，請每天攝取乾淨的水，保持身心通暢吧。夢中清澈的水代表坦率與寬闊的內心，混濁的水則代表由執著衍生的失望情緒。參考：與水相關的其他辭條

【天空相關】

☆曙光

新課題即將現身，請採取積極的行動解決吧。起初，你可能會有處在黑暗之中的感覺；但只要凝神細看一陣子，便能看到整體的樣貌。請評估時機，冷靜以對吧。

☆朝霞、朝陽

即將展開人生的新頁，這是受到祝福的一頁。實際上你可能會開始新工作或是新的人際關係。封閉自己不會有任何進展，請持續對外展開行動吧。參考：「太陽」

☆天空

代表高舉盼望、發展。你身上擁有無限的可能，你是否只注意腳邊，哀嘆自己懷才不遇呢？請抬頭看向天空，歌頌自由吧。

【宇宙相關】

☆宇宙

宇宙的夢代表你能從靈魂整體，寬闊俯瞰自己現在所處的立場。夢中出現在宇宙另一端的星星可能是你靈魂的故鄉。透過夢見宇宙的體驗，應該能改變你的世界觀（宇宙觀）、拓展視野，增加靈性的理解力。若你在夢中能飛向宇宙，請試著向自己提出平日想解決的問題吧。這是超越時空的體驗，你應該知道自己身上擁有真正的智慧。宇宙的夢也可以說是在催促你從囚禁中解放。參考：「星星」、「飛翔」

☆銀河

催促你別將自己侷限在這個世界的次元裡，而是做為一個來往多個次元的存在，拓展視野。夢見銀河大多是受孤立感所苦的時候。銀河登場是為了告訴人們靈魂的故鄉所在。參考：「星星」

☆太陽

自己身為光能量的生命、洞悉真相的眼睛、無條件的愛。太陽自體發光，孕育地球萬物的生命。太陽表面上擁有陽剛的父性，表面下卻也能見到陰性最高的姿態、慈愛與鼓勵。太陽蘊含的象徵是將光照耀在我們的存在上。如果夢見太陽，請將此刻當做人生即將發生重大變化的時刻。太陽的光芒會在背後推你一把，讓你能夠無所畏懼地應對人生的變化；同時，太陽也具備保證「只要做就辦得到」的意義。你能夠精彩地克服這次的變化。

夢中太陽上升落下，是告訴你有對外行動的時候，也有內斂自省的時刻。了解自己的人生節奏將減少無意義的糾葛，豐富靈性的學習。黑色太陽指出你不喜歡踏出自己的世界，缺乏創造力。現在請不要焦慮，祈禱創造力到訪並在一旁靜候吧。這同時也是吸收外部光輝的時刻，只要想成自己現在只是像日全蝕一樣暫時被遮蔽，心情就會變得比較輕鬆。參考：「樹」、「葉子」、「朝霞」、「晚霞」

☆月亮

你可以透過夢中月亮的樣貌得知自己現在該怎麼做。新月最適合確立心願。新月到上弦月之間，要面對新月時決定的事物，集中心靈的能量。滿月時能量到達顛峰。滿月到新月之間，將重心放在行動上，讓心靈悠哉順應時流。月亮的盈缺也被拿來比喻女性身體的變化，但其實不論男女，月亮能夠刺激所有人類陰性面的創造力。也就是說，如果能建立遵循月亮盈缺的生活方式，創造力便能順利配合人的身心，最後化為具體的形狀。與太陽擁有的主動性相比，月亮給人的印象或許都是等待接受的被動性；但在走投無路時一閃而過的創造靈感，則是由月亮負責。參考：「太陽」

☆星星

靈魂的約定、將希望變成現實的明確靈感，或者代表「自己的想法最終會回到自己身上」的宇宙真理。你這輩子的相遇與經歷，都是靈魂的期望。尤其是人際關係和想做的事，即便沒有意識到，但幾乎都是靈魂的計劃。就像是向星星許願般，這是自己對自己許下的約定。若能體悟一切都是自己立下的計劃，應該就能看到乾脆的解決之道。參考：「宇宙」、「飛翔」、「行星」

☆流星群

通知你人生的變化將會變得令人眩目。你有可能成為眾所矚目的焦點，從前孤獨、鬱鬱寡歡的日子宛如假象。雖然夢中流星群的夜間表演瞬間便會結束，但請你在現實中也不要受鎂光燈迷惑，不要得意忘形，好好地享受吧。

☆行星

加深靈性認識的機會。自己存在於複數次元裡的覺知。重新認識自己被遺忘的生命目的與想活下去的強烈願望。你在夢中若是從外側眺望地球的話，代表想脫離人生。請承認這樣的自己，思考實際的生活方式吧。此外，行星的夢也告訴我們，人類的靈魂在睡眠時會前往地球以外的行星，或是回到故鄉的星球。

參考：「太陽」、「月亮」、「星星」

順帶一提，出現在夢中的各個行星代表特有的力量。

水星：感受內心的躍動。
金星：感應對「愛」的感動。
地球：感受體驗的珍貴。
火星：無懼的上進心。
木星：覺察物質與心靈兩方面的眷顧。
土星：相信擁有無限的機會。
天王星：劃開新次元前行。
海王星：堅定相信新次元，並將影響擴散。
冥王星：超越意識，在宇宙中旅行。

【其他】

☆回音、回聲

身邊沒有心靈相通的對象，就像希臘神話裡回音女神愛可一樣悲傷度日。不然就是代表意識到自己是超越次元的存在。夢中若是能清楚聽到回聲，代表你的能量處於相當良好的狀態，因為這是自己內心的聲音在夢中喜悅的回音。請坦率接受這個經驗，好好珍惜。

☆風景、景色

夢中無論看到什麼樣的風景，都代表你內心的景象，反映你的現狀與願望。如果在夢中看見風景，請實際到與那幅景色類似的地方去看看，將景色畫下或是拍下來放在身邊，暫時凝望那幅風景吧。與風景，也就是與自己內心同在的體驗會告訴你該知道什麼事情。

■行為、事件■

請試著思考，夢中出現的行為和事件是否符合該場所、時間呢？若是符合時宜，大部分都是肯定的訊息。不過，由於「性愛」和「殺人、被殺」在夢中有獨特的意義，請特別注意。此外，跟時間有關的夢並沒有預知的含義，而是告訴你自己是如何看待「時間」這個現世的條件。

【行為】

☆向上

若夢中你的動作正在「往上」，代表你現在做了很合適的選擇。參考：「樓梯」、「上升、登」、「向下、下降」

☆握手

你想向夢中握手對象展示或是遞出的東西，最後會變成由你自己接收。無論對象如何，重要的是你的內在擁有什麼。參考：「手」

☆打呵欠

你的能量似乎正在流失。你是否覺得人生很無聊呢？正因為活著，才能夠體驗情感的擺盪。特別是「笑容」，會成為我們想起「靈性是什麼」的契機。首先，請先笑一笑，喚醒你的情感吧。

☆玩

你把事情想得太過嚴重。夢向你傳達「人生是遊戲和享受」。

☆編織

人生如同編織，每一針都很重要。若夢中的線糾纏在一起或是結鬆開的話，暗示實際生活中可能會發生某種問題，請立即應對吧。參考：「線」、「壁毯」

☆道歉

現在正是向某人或是自己道歉的時候。此刻就算道歉也不會受到非難與責備。夢中若是看到他人道歉的姿態，就是你藉由看著對方在練習道歉。你對夢裡那個向某人道歉的人應該也有很好的印象。「謝謝你」、「我愛你」、「對不起」、「感謝你」是魔法的話語。

☆清洗

夢中洗的若是衣服，請改善你的態度吧。若是洗手，則請檢討感情的應對相處。洗髮代表徹底洗去停滯的思維，有時也是在督促你注意實際生活中的衛生問題。

☆走路

由於是以自己的雙腳走路，代表人生正按照自己的步調前進。若有同行者，並且與你用相同步調行走的話，對方代表的就是你自己未察覺到的那一面，或是將會成為你的人生伴侶。走路的夢暗示前往目的地的移動方式雖然有許多種，但最棒的就是腳踏實地而行。參考：「散步、順路繞道」

☆上網

即將馬上獲得真理和智慧的喜悅，或是已經得手的錯覺。井底之蛙，不知海深。打發時間。也代表缺乏溫度的溝通。如果你在夢中對網路相當有興趣的話，請冷靜判斷自己現實生活中正在做的事是該停止還是該繼續吧。或者，現在也可能是重新檢視接觸對象的時候。

☆訪問

確認自己想法的時候。無論你是採訪他人還是接受採訪，你對那個問題的答案是「YES」還是「NO」呢？

☆失去、遺失

代表你正失去生活目的、目標、真實的自己，也沒有決策能力。請冥想並追求心中的光明吧。只有你能決定自己的方向。

☆唱歌

由於你的能量狀態良好，隨心所欲地行動可能會比較好。儘管我們能很平常地「看」和「動作」，但展露情感以及用言語傳達意志是需要能量的。不過，這些事你都辦得到。我們能從夢中唱的歌詞類推這股能量的出處。無論歌詞是愛的告白、感謝的話語還是深沉的悲傷，都請徹底感受這份情感。你將會愈發提升自己的能量，展開充實的人生。

☆掩埋

你是否不想看見，或是不想讓人看見什麼呢？夢裡埋東西的人如果是你，可能是基於對過去抱持的責任感或是自我厭惡。如果埋東西的是你以外的人，你似乎採取了「應該會有人來幫我處理麻煩事」這種不負責任的態度。探索自我如同尋寶，若能熱中挖掘自己，儘管也有痛苦，卻能大幅提升遇見寶藏的機率。只是一個勁地掩埋、隱藏，避開目光的話，將難以抵達寶藏的所在。

☆感情出軌

夢中是你出軌的話，代表你正在做簡單的逃避。伴侶代表內在的異性，因此無關乎已婚未婚，出軌就是在逃避面對自己的內在。由於探索自我的道路上必須直視自己，你或許因此感到痛苦和艱難。如果是伴侶出軌，最好重新檢視一下你們兩人的關係。從自己身上引導出出軌對象的優點應該能避開危機。若夢中是和陌生人或名人發生性關係，意指自己身上也有那些人的優點。參考：「性愛」

☆開車

如果是自己握著車子方向盤的夢，代表你有為人生負起自己的責任而活。若是場愉快的兜風，你應該很有行動力，在社會上也有容身之處，並能過著與之相符的生活吧？如果開的是別人的車，要不要試著效法那個人的長處呢？對方的生活方式應該能為你解決一些小問題。

若是搭乘他人駕駛的車子，就得注意。請反省一下那個人是否主導了你的人生？你是否正跟著對方的意志而活呢？如果那個人的意志與你的價值觀無法相容，你就必須大幅修正軌道。若並非如此，比較像是你正接受那個人的智慧和經驗幫助的情況，就請暫時借助對方的力量吧。

夢中伴侶或他人的駕駛引發車禍時，便是你對駕駛心懷不滿或有所疏忽，需要多多關照對方。若是沒有駕駛資格的人在開車，即使夢中有資格應該也很令人不安，請反省自己眼高手低的態度吧。如此一來，應該就能得到生活上的提示，找出屬於自己風格的生活方式。參考：「汽車」

☆運動

情感與思考、身體合一的必要，焦點擺在身體上。請活動身體，讓容易渙散的內心冷靜下來吧。或許說到運動你就覺得麻煩，但不妨將它當成一種讓分離的身心合一的休閒來享受。

☆看電影、影片

夢中上映的電影是你的理想或現狀。如果是現狀，請釐清想修正的地方，將其帶到理想中吧。這類的夢是告訴我們「修正人生是有其效用的」。

☆延期

為了看清如何才能有效使用能量的寬限期。維持現狀，等待機會。此外，也有可能是包含周邊狀況，建議你延後計劃的預知訊息。不然就是代表因為害怕無法迎向挑戰。即使夢的建議與你的意識有落差也不用害怕，只要知道自己選擇了什麼就好。如果覺得「就是現在」的話，就去面對。即使跳過這次，只要你準備妥當，還會有無限的挑戰機會。

☆演戲

代表你是你人生大戲的原作、導演、製作人和主角。如果有不滿意的地方，可以自由改變劇本和登場人物。以人生大戲演員的身分演戲時，請只專注在這件事情上吧。透過拋棄自我徹底成為角色，將提升你觀看人生這場戲的眼光。參考：「看電影、影片」

☆遲、慢

你雖然焦慮，但時間其實十分充裕。若夢中你怎麼努力都趕不及或是遲到的話，也有可能是你自己並不希望事情按照計劃進行。這是你停下腳步，思索自己真正願望在何處的時候。參考：「遲到」

☆襲擊、遇襲

無論是襲擊人或是遭遇襲擊的夢，都代表你心懷恐懼。如果你是女性，夢見自己遭到男性襲擊，代表你正陷入對男性的不信任裡；如果你是男性，夢見自己襲擊女性，可能是因為覺得女性是難以理解的生物。無論何者，都請反省自己平常是否用偏見看待異性，能否與對方展開真實的交際往來吧。

或者，這種夢有可能代表你覺得眼前的課題過於困難。人生的課題無論何時都是一種恩典。即使失敗，直到學習結束為止都會被賦予無限的機會。失敗為成功之母。世上沒有所謂「絕望的失敗」，請接納、檢討過去的失敗，再次挑戰吧。參考：「害怕、恐懼、可怕」

☆掉落、被推落

代表沒有自信面對問題。展開行動前請先冷靜地觀察問題吧，那將成為你堅固的立足點。參考：「地洞陷阱」

☆舞蹈

用身體感受而非思考的重要性，或是代表透過舞蹈了解自己。夢中若是你在跳舞的話，代表你的身體遍布能量，過著富有創造力的人生。此外，舞蹈本身也具有「實際的處世之道」、「關於戀愛的人際關係」這層意義，暗示你或許可以將舞蹈當作一種表現自己的方法。

☆溺水

夢見快要溺水、抓著救命稻草這類的夢，代表你被龐大沉重的情感壓垮，痛苦掙扎。由於你把現狀看得太簡單，做出了錯誤的評估。首先請放鬆掌握現況吧。只要別過度用力，就能掌握周遭的狀況與自己的情感流動。你也可以不顧一切放聲大喊、呼救。打造了解冷靜狀態、不耽溺於情感的體質也很重要。若夢見自己溺死，是鼓勵你可以清算過去因激情而彷彿忘記自我的自己。參考：「漩渦」

☆游

代表能夠與情感的浪潮一起嬉戲。只要不阻斷情感流動，將身心全數託付，情感便能成為你喜悅或是達成目標的助力，你也能探索位於情感浪潮下的無意識寶庫。如果夢見在泳池裡游泳，應該就能安心完成情感的課題，這是戀情剛開始時會做的夢。如果夢見與情人單獨出海游向海島，對方將成為你探索自我的伴侶。若是從大海游向岸邊或沙灘，代表你將漸漸把重心移向現實生活。

無論何者，若游泳時很有精神，便是你有勇氣將意志付諸行動。只要別溺水就不用擔心任何事。不如這麼說：夢的訊息是要你相信自己。若是和海豚共游的話，就更是如此。參考：「潛」

☆向下、下降

無論是夢見下山、下階梯、下坡，或是退下某種角色，只要你對這件事有自覺就沒問題。不自覺地向下才會有問題。此外，在夢中下去某個地方時，有可能是你在現實生活中採取了不恰當的行為。只要察覺「我可能做了不恰當的行為」、「我可能在貶低自己」，修正的機會便會降臨。參考：「上」、「下」、「向上」、「上升、登」

☆買東西

代表決心。由於金錢是能量，你是決定用自己的能量得到想要的事物，藉由它讓自己成長。不過，若是隨隨便便下的決定，就會在夢中買便宜貨；若是打從心底做出的決斷，就會用原價購買有價值的商品。參考：「價錢」、「金錢」

☆隱藏

你現在似乎沒有正面挑戰課題的勇氣。然而，事態最終會發展成不得不處理的局面。現在不要莽撞行動，請承認缺乏勇氣、感到害怕的自己，觀察情況吧。現實生活中，你可能有感到愧疚或是想隱藏的事物。

☆咬

就像老鼠咬布袋偷米一樣，你正讓自己慢慢失去力氣。代表能量外洩。請沉吟思量自己的內心，仔細查出奪走體力與精力的問題，開始努力將它們一掃而空吧。

☆割禮

你是否因為舊習或習慣切割了自己本來的優點呢？這個優點經常關乎性命與尊嚴。

☆咀嚼

代表開始處理人生課題。你現在想進一步分析這個處理方式是否適合自己，並體察那道課題的意義。不過，夢中你若是咀嚼不能咀嚼的東西，就是在「假裝」處理人生課題，自己在欺騙自己也說不定。此外，嘴裡若有不能咀嚼的物品，指出了你並沒有表現自己的真心。參考：「口香糖」、「牙齒」

☆卡拉OK

溝通。將想法化為言語的重要性。排憂解悶的時刻。無論如何，請輕鬆看待事物吧。

☆狩獵、獵人

冒冒失失地除掉自己難以控制的本能面。又或者，代表運用理智將生物欲望提高到自我表現層次的意志力。如果能做出行動，將本能欲望提升至高次元的話，便會得到巨大的覺知。

☆灌溉

代表讓情感生氣蓬勃，並透過有建設性的方式表現出來。提升靈性需要積極的情感。夢中的田地代表實際上的工作與勞動，你現在投入的工作似乎很適合你，十分具有價值。若能讓內心對工作雀躍，感受到興奮期待的喜悅，你的經驗與經濟都將能夠豐收。

☆齒輪

夢中安裝齒輪代表已經做好執行計劃的準備，更換齒輪是改變吸收能量的方式。根據夢的前後脈絡，決定了接下來你是會進入狀況發揮，還是無法進入狀況。參考：「自行車」、「汽車」

☆吻

對戀愛的憧憬。夢中若與單戀對象接吻時，請慎重以對。這有兩種可能：一是告訴你「你喜歡的是戀愛這件事」，或是預告對方最後會成為你的戀愛對象。其中的差異只有你自己知道。此外，想要與人接觸的心情有時也會以接吻的形式呈現，代表想觸碰人類溫度與溫柔的願望。在另一方面，吻的夢也包含了背叛之吻、封口之吻、性誘惑等意義。

☆露營

回歸自然的必要。與地球母親互相擁抱。重新確認你的出發點與初衷，養精蓄銳。露營中的營火象徵親睦，是能夠追求與自己融洽相處的徵兆。

☆救援、救難員

透過夢裡位於何處尋求救援，可以看到你的問題。

如果是海上救援，代表你正陷入情感焦慮。不放棄尋求救援的話，驚濤駭浪的情感終會平息，你將能脫離焦慮狀態，獲得洞見。山難救援代表你追求真理，在形而上學或精神世界裡徬徨中迷失了方向，漸漸看不見自己。可能是因為你太急著趕路，投身到過於困難的理論或是無法理解的道理才會這樣。

無論是探索自我還是探究真理，每個人都有自己的路。無論如何，現在請為了心靈安全集中能量，依靠這些能量尋找脫離目前狀態的方法吧。了解自己的力量與獨特性也會成為很大的幫助。根據夢中的故事情節，救援的夢有時也是對於你把自己的順位擺在後頭，想去拯救世界的警告。參考：「救護車、急救人員」

☆賽跑

想一下子實現自己多個願望而焦急拚命。若是夢見純賽跑，就是讓自己心中的多個面向如字面上的意思競爭。夢境所教的生活方式對事情都有先後順序，願望只要一個個實現就好。想實現願望，處事時必須讓自己各種內在面向合作幫忙才行。

☆去勢

奪走精神。強制排除陽性面。無論你是男性還是女性，都不承認自己本來具備的決策力和社會適應能力，用不自然的方式封起這些能力。夢見宦官或是閹伶（遭去勢的男歌手）也一樣，你在刻意封閉原有才能的狀態下工作或表現自我。請思考這是否你自己的選擇吧。

☆切、割、剪

切除無用事物的必要。或是警告你因切割不小心引發能量釋放的危險。割斷銀繩的夢是某人將踏上異次元旅途的通知，鼓勵你以符合自己本性的行為應對；夢見剪下報章雜誌內容，是督促你整理思維；夢見衣服遭切割或撕裂，代表你現在受傷了。想避開他人中傷，就不要穿那件衣服，意即改變你對社會表現自己的方法。請採取有尊嚴的行動吧。參考：「傷口」、「受創」、「截肢」、「刀子」、「剪刀」

☆近親相姦

這是對你針對生活方式與靈性，去模仿性愛對象長處這件事提出忠告。雖說是夢裡的事，但是和近親之間的性結合還是令人衝擊，但這種夢也包含了「請你重新看待對對方的偏見」這般強烈的訊息。參考：與對方的親屬關係

☆空中飄浮

飄浮在街道上空或是輕飄飄地在別人頭頂上漫步——這樣的夢指出你在觀念或是夢想上不切實際。也就是說，你並沒有腳踏實地生活，也可以說是無法將身心整合運用。請將口常活得現實一點吧。飛向宇宙或是精力充沛在空中遨翔的夢請參考：「飛翔」

☆噴嚏

代表因恍神而沒注意周遭的寒意。你的疏忽和天真是造成周圍寒冷的原因。看是要在這裡稍微休養還是再次喚起能量做事，取決於你的判斷。請反省後再行動。

☆練習、課程

需要吸收新知和資訊的柔軟與寬容。特別的練習課程代表回應你靈魂需求而現身的導師，但有時也是在指責你一直沒有拿出真本事面對人生。你是否花太多時間光顧著練習（準備）了呢？練習課程的夢鼓勵你差不多該認真實踐了。

☆吵架

代表在相反的心情中激烈擺盪。吵架的夢或許可以為這份糾結帶來新氣象。如果在夢中充分將想跟吵架對象說的話都吐出來，應該能讓你僵硬的痛苦鬆一口氣。夢中的吵架單純只是給你勇氣，你實際上並不會和對方吵架，也不會遭到對方厭惡。夢中吵架將能

紓解現實生活中的緊張，與對方互相理解、保持適當的距離。

☆拳頭

意志的確認、堅定的決心、頑固、憤怒、攻擊性。

參考：「石頭」

☆強暴

他人正在任意利用你的能量。遭對方的存在和行為壓倒，或是對對方有自卑感時便會做這樣的夢。夢中若是在非自願的情況下和近親發生性關係，請參照：「近親相姦」

☆遊行

代表一切都在統御之下有節奏地前進。所有人都在注目這件事。

☆告白、坦承祕密

卸下重擔。說出介意的事，互相拿出智慧。相信自己或是對方，敞開心門。不再隱藏過去至今的自己，而是將其展露出來。反省該反省的地方是原諒自己的行為。原諒令內心輕盈，讓現實生活更有幹勁。

☆殺人、被殺

殺人或是遭殺害的犧牲者是你心中的某一面，你將藉由這個面向的死亡重獲新生。例如：夢見殺害父母或是父母遭到殺害的話，意味著你身上繼承自父母的古老價值觀不再有用，建構屬於自己價值觀的機會已然來臨。今後，你將能活出真正的自己。儘管殺人的夢有時太過悲慘，但那是過去的你蛻變成嶄新的你的生命禮儀，是靈性進步的必經過程。經歷這個過程後，你將變得強大，無法滿足於過去的框架，會想要嘗試新挑戰。儘管如此，你的心裡仍會殘留悲傷、愧疚與心痛，這是體驗劇烈變化後任誰都會有的感受。請不要逃避也不要否定它們，徹底品嚐這些感受吧。

此外，若在夢中殺害小孩、老人、朋友、認識的人和其他各式各樣的人時，請從夢中的脈絡判斷那是代表今後你不需要的一面，或是雖然需要，你卻擅自認為沒有價值、視而不見的一面。如果是自己遭到殺害成為屍體，血流滿地的話，是對你因內在能量外洩而活得毫無生氣的警告。參考：「傷心」、「死亡」

☆釣魚

釣魚的夢代表可以從冥想獲得的心靈糧食。請積極追求靈性和精神上的體驗。夢中的故事情節會讓你知道自己對這些事情的態度。參考：「魚」、「釣竿」

☆散步、順路繞道

你正在單調與必須負責的生活中尋求滋潤。由於過度禁欲，你漸漸無法感受到大自然的恩惠以及自己的幸福。無論如何，先將眼前的事擺一邊，允許自己透過一點小奢侈取回活力。參考：「走路」

☆工作

不管是生存所需還是你的天職，你夢見的工作中都有表現你該做的事。工作會創造夥伴，請和夥伴一起分享體驗吧。

☆自殺

你沒有活用自己的可能性，正在殺害自己有創造力的那一面。你背對自己也背對他人，對人生斷念，放棄人生。自殺無法獲得同情，我們的靈魂都同意活著這件事，無一例外。若想活用自己的可能性，唯有相信自己、採取行動。現在有解決的辦法，只要你希望，幫手就會現身。

☆失業

自我心象的貧乏。討厭鍛鍊，不磨練才能。請在現在的自己與站在目標上的自己之間，鋪設一條名為鍛鍊的跑道。為了開始邁向人生目標，請冥想吧。

☆實驗

為了進一步磨練靈魂，嘗試改變面對人生的方法。將不可能化為可能的思考轉換、典範轉移。內心的鍊金術。無法預期的人際關係往來才能令我們成長。你現在來到了嘗試新創意和計劃的階段。

☆失敗

若是勉強讓超出你現有能力的計劃成功，你恐怕會停止成長，因此你心中的神性在向你表達：這樣子的你注定失敗。恐懼、沒有自信、中途受挫。失敗的夢也代表了你討厭努力。無論何者，你都在畏懼因成功而衍生的責任。請克服只注意事情負面的傾向，坦率地為成功而喜悅吧。雖然巨大的成功之前有無數的小失敗，但世上沒有失敗會擊倒巨大的成功。參考：「考試」

☆射手

訂定自己的課題。又或是會引起願望成真或紛爭的行為。參考：「弓」、「箭」

☆淋浴

代表現在的你能夠輕易淨化情感。將應該洗掉的情感徹底品味一番後，乾脆地放手吧。透過徹底感受，讓任何一種情感昇華，挑戰下個課題。

☆跳躍

單腳跳、跨步跳都已結束，現在是跳躍的時候。請下定決心躍出腳步吧。

☆興趣

享受人生的訣竅。養精蓄銳的方法。輕重緩急的平衡可以提高生產力。或是代表逃避到自我滿足的世界裡。

☆將棋

敵人也會變成夥伴的複雜人生。不是贏就是輸，只有勝負的人生。

☆小便、尿

小便不順的夢代表無法讓已結束的事流去的執著。適度體會喜悅與成就感的滋味，而不是只有後悔與罪惡感後，你需要為了將來而放手。有時候以為自己已經舒服地小完便，睜開眼才注意到膀胱漲得滿滿的。

能夠在廁所方便而不至於尿失禁，是很舒服的一件事。在夢中和現實中體驗到的這份舒適，是在請你放下執著，保持身心健康的訊息。

☆游泳

代表在情感世界游泳的課程。你是在哪裡用什麼樣的方式游泳呢？假如是在游泳池裡悠游，代表你具備堅強的內心，即使面對嚴重的問題也能夠享受狀況。如果是在大海裡溺水掙扎的狀態，可能是自我認識太樂觀，缺乏管理能力。不妨承認快被情感淹沒的自己，暫時從現在的課題退開。

☆開關

能夠決定事物的優先順序，與人之間的溝通也能臨機應變。你具備機智與能力，可以轉換到不同於以往的處事方式。參考：「電燈泡、電燈、光」

☆競技運動

心靈鍛鍊。無論勝負，持續享受就會出現成果。代表不懈的練習令能力進步。現在是為了面對豐碩成果進行紮實基礎訓練的時刻。

☆相撲

代表著重傳統與忍耐的一面。在明確的目標前有效的態度。關鍵是有落敗的心理準備。或是代表陽性在你心中佔優勢。

☆背負

代表生活以信念和義務為依歸。雖然你深信人生沒有信念與義務便無法成立，但隨著覺察，這些會漸漸減少、縮小。

☆性愛

惦記著想將性愛對象的特性與自己的特性融合，創造新事物。內心的鍊金術。性愛在夢的象徵中具備最深的含義。雖然夢主實際生活中有無和夢中對象做愛會因夢見的對象而異，但夢的意涵具有高度靈性。有時會夢見身為女兒的自己和父親做愛，醒來後可能連父親的臉都不敢看，但請冷靜地列舉父親的特性，思考其中哪些是現在的自己前進時所需要的。即使是夫妻也會在夢中做愛，這是因為兩人之間的性溝通很淡薄，請你們要建立更緊密關係的建議，同時也傳達了一個訊息：透過彼此身心合一，交疊心情與理想便有成長的可能性。

若在夢中與同性做愛，代表需要更明確地採納自己所屬性別的特質。如果是和平常討厭的人做愛，請試著改變對那個人的觀點和看法吧。這是了解對方長處的好機會。有時雖然不認識對方，卻在夢裡經歷了一場優質高潮的性愛。這是因為你疏於身體的需求，經年累月如聖職者般未和異性接觸的關係。所以夢發揮治癒能力，評量了身心與靈魂（靈）的平衡。今後請更加注意身體所傳達的訊息吧。

☆截肢

代表你現在的心情就像遭扯斷四肢一樣。夢中經常會出現手腳遭截肢的夢，拿掉你手腳的人大多是父母。之後，地位在你之上，特別是你尊敬的人會負責這個任務。夢在告訴你，這是因為你投射在父母或是地位比你高的人身上的價值觀是「感覺就像斷手斷腳般無法發揮」，如何處理這件事是你人生中的重大課題。關於手腳的功能請參考：「手」、「腿」

☆潛水、潛水艇

無論是在大海、湖川還是游泳池，只要是潛入水中的夢，就代表你正根據自己的意志探索自我。搭乘潛水艇出發到深海尋寶也是探索自我，但似乎有些小題大作，緊張過度了。蛙鞋搭配潛水面鏡與呼吸管這樣的裝備比較適合探索自我。戴著面鏡和呼吸管在游泳池裡潛水的夢請參照：「游」。此外，潛水也可以說是冥想行為。日常的意識狀態就像划著一艘滑過內心水面的小船，完全無法潛入深處。如果想要抵達潛意識、超意識，除了冥想別無他途。或者，潛水的夢可能也代表與深層情感一起玩耍。

☆洗衣、待洗／洗淨的衣物

改變態度。淨化生活態度與思考。夢中若是望著曬得乾乾淨淨的衣物，就是你的心靈正在淨化，接下來只要採取相應的行動就好。

☆洗腸、浣腸

放下已經成為內心養分的體驗。代表不為過去煩惱。無法放下已了事情的人會便秘。洗腸也有洗去執著的效果。

☆打掃

由於你自己就是神居住的殿堂，因此打掃的夢代表你必須像神社一樣常保清潔。請時常將保養身體、檢討生活態度、整理溝通與情感幾件事放在心上吧。

參考：「吸塵器」、「廁所」

☆射飛鏢

測量與目標之間的距離，或是代表輕鬆丟出正中要害的話。這個夢也是警告你不要把尖銳帶刺的話刺進某人的心裡。

☆減肥

這是夢的教誨，請你察覺「食物打造身心」的這項真理。極端嚴格的食療是自我否定、沒有意義的自我欺侮。請從食物接近內心的存在吧。參考：整體食物

☆寶藏、尋寶

代表擁有尚未察覺到的才能與創造力，現在雖然還不發達，卻是你的天賦。也代表心靈的金脈、真理之光。如果夢中是和情人一起尋寶的話，那個人就是你的伴侶。你們將會在今後的人生裡一起探索珍貴的恩典、美好與喜悅。

寶藏的所在地如果在水中代表不畏懼情感；在地底則是了解無意識和性世界的豐富；若是在洞窟則代表開發潛能的過程，你似乎會找到自己真正的才能。

浮在海上的金銀島代表能夠透過培養自律，找到自己內在的寶藏。若夢中是和情人一起乘船划向小島，是告訴你即使將來兩人選擇了結婚這種形式，也要尊重彼此的角色，將重視自律的生活放在心上。參考：「寶石」

☆戰鬥

因為矛盾造成能量外洩或下降。處在二選一之中無法動彈。過度考慮善惡而無法下決定，浪費能量。戰鬥的夢從軟性到硬性有各式各樣的形式，如果一直重複相同的夢，會持續到心中的矛盾表現在身體症狀上為止。請在夢裡體驗戰鬥的過程中採取行動吧。首先，請承認自己正處於矛盾中央，以此為基礎徹底感受情感，投入淨化。參考：「戰爭」

☆跳舞

對太過興奮雀躍的忠告。鼓勵你朝氣蓬勃，精神奕奕，也代表了解事物的節奏，順應事態變化。夢裡你是透過跳舞享受交流，還是受制於舞伴，心不甘情不願地跳舞呢？請從這些地方判斷夢的真意。

☆遲到

活在「人生沒有足夠的時間，不可能控制時間」的牢籠裡，無法抓住時機。如果你感到著急的話就停下腳步，焦慮的話便冷靜後再行動。不要焦躁，深呼吸一口氣，相信自己擁有充分的時間，抓住人生的時機吧。夢見遲到除了前面提的主要原因外，也代表擔心自己是否無法順應潮流的不安。參考：「遲、慢」

☆茶、泡茶

鬆一口氣。相視而笑。透過人與人之間的交流取得身心平衡。餘韻清爽的良好人際關係。參考：「日本茶」

☆吊

夢見自己被吊起來的夢，無論是脖子套著繩子還是倒吊，都是自我懲罰的表現。請在想像中回到夢裡的場景，解開繩子雙腳著地，然後離開那個地方吧。雖然這個夢在懲罰的傾向消失前會反覆出現，但請每次都進行這個步驟來解放自己。夢中吊起來的如果是衣服，請問問自己是否打算穿那件衣服。假如要穿，請積極實踐那件衣服所暗示的角色。

☆翻覆

放棄控制情感，或是不去面對自己對不擅長相處的對象所產生的情感。即使我們經常會遭激情的大浪擺布，但請決定自己的船由自己控制，也就是不壓抑感情，徹底感受吧。下定決心後，感情的波濤便會平息。

☆溶解

解開僵硬的情感，察覺到情感的價值。晉級後的覺察。反之，也代表被迫接收他人的意向和言行，迷失自我。

☆飛翔

無論有沒有想高高飛起，飛翔的夢所傳達的訊息都是：「請腳踏實地活在現實中吧。」又或者，代表自負、感受到生存的痛苦、逃避人生課題；也代表了你的疲勞正在累積。

有時候，夢見自己在空中飄浮的人是因為心裡感受不到普通生活的真實感，為了用身體感受真實感，便在夢中體驗飛翔。由於是難得的珍貴體驗，請試著有意識地決定飛行的方向，用飛翔解決什麼問題吧。飄浮感是可以自己控制的。

這種成功的體驗也會被活用在現實中。若你平常就覺得非常疲勞的話，請先休養體力與精神吧。如文字所述，「飛到奇幻的世界」也是一種有效的方法。請試著看看電影、讀讀小說，讓內心飛舞吧。參考：「空中飄浮」、「宇宙」、「星星」

☆哭泣

在夢中哭泣是情感的解放。悲傷的淚水、喜極而泣、問題解決後感激的淚水、感受眷顧後驚訝的淚水，無論是何種眼淚，都是因為你允許自己感受情感。哭泣溫柔地按摩了因恐懼和不滿而僵硬的心臟，取回純真。有了不逞強的純真，無論何種感情你都能自然而然地接受、品味。這些豐富的情感將進一步引導你走向嶄新的發展。

若夢醒後還在哭泣的話，請繼續哭到心裡能接受為止吧。這是療癒內在小孩的絕佳時機。如果在想哭卻無法哭的情況下結束夢境，在醒來之後哭泣也同樣能達到解放。封住應該解放的情感就像累積髒東西，凍結心靈一樣。和其他人一起哭泣無法完全為自己負責，請一個人用眼淚清洗情感吧。參考：「溶解」

☆毆打

你強力的批評與指責正透過他人轉向自己。覺得自己理直氣壯前，請反省一下這些批評和指責是否出自於你內心的恐懼吧。

☆逃跑、被追趕

代表正在逃避自己的課題。即使逃跑，那道課題也只會一直追來。反覆夢見遭某個東西追趕、逃跑場景的這段期間，在現實生活中還有一些餘地；但若感到心悸、身體僵硬之類的話，有時在現實生活中也會出現病症。請在此之前向自己提出休戰的建議，在能夠提升能量狀態面對課題為止，也請停止投入夢的世界。參考：「跑」

☆縫紉

修補、修正。有創造力的行為。把彼此沒有聯繫的事物統整在一起的創意。夢裡你在縫什麼東西呢？你的才能就在那個東西上。參考：「線」、「編織」

☆脫

代表坦率面對自己的感情。如果脫衣服的時機與場所合宜，意即你希望改變現在扮演的角色。假設你在家庭裡無時無刻不扮演一個通情達理的好母親，就會無法活用自己的美感意識，也沒有地方發揮優雅貴婦人的一面。這樣的你若是夢見脫下賢妻良母的衣服，穿上滿足優雅美感意識的衣服，便是內心希望成長的表現。不顧時間、場所脫衣服的話，代表你現在非常疲憊，對自己扮演的角色感到厭煩。請離開那個地方靜養一段時間吧。如果是夢見自己脫下衣服，單獨享受赤裸的自我，便是夢請你神聖對待自己身體的訊息。參考：「裸體」

☆竊盜

無論是偷別人的東西還是被偷，都代表你的能量因你自身的態度遭到竊取。因為內心的矛盾與執著，你無法確實相信自己，態度總是曖昧不明。請以基於自我責任的行動取回你的能量吧。參考：「小偷」

☆淋濕

被雨淋濕的夢代表面對情感的襲擊毫無對策。戀愛中尤其容易變得如此。不過，就像時機到來雨水便會停止一樣，不穩的情緒終會在經過淚雨流逝後平息。請將這樣的體驗視為感受情感的課程吧。參考：「傘」

☆睡覺

逃避現實。你對看透問題，發起行動改變事態感到極度無力。人生不會出現過不去的坎。和情人一起熟睡的夢代表兩人都沒有直視未來；團體一起睡覺的夢代表那個團體本身有讓你沉眠，也就是讓你脫離現實的可能。如果是睡著的你被叫醒的夢，是提醒你直視問題，把握周遭狀況，傾聽他人意見。夢中睡著的你如果正在做夢，代表現實與所謂的夢中夢是一樣的。你是否將現實拋在一旁，過度沉迷於夢境了呢？

☆農事

根據農事的內容，可以獲知人生課題目前的進展狀況。堆肥、整地、育苗、播種、除蟲、除草、收割，每項工作都是一種有創造力的工程。請積極面對自己的可能性吧。參考：「農田、水田、田地」

☆敲門

代表意想不到的訪客前來。可能是天使造訪，也有可能是小偷。謹慎小心的同時也請保持樂觀吧。

☆上升、登

代表你希望當自己面對善惡、利弊、好惡、適合與不適合等二元論時，可以站在超越它們的視角。上升的夢代表心靈有一段成長，能夠產生具創造力的新思維。登山、上樓梯、上坡道、北上、地位上升……上升的夢各式各樣，無論哪一種都在告訴你要超越不是左就是右的二元論。參考：「上」、「下」

☆徘徊

代表想逃走、想獨處、想離開家裡的心情。參考：「失智症」

☆排便

夢中若能排便順暢，代表已經用完的思想和信條即將向你宣告分手。你內在的淨化管道運作通暢。儘管有便意，卻因為廁所不乾淨以失敗告終的夢參考：「大便」，為便秘所苦的夢則參考：「便秘」

☆吐

代表向超出自己處理能力的問題出手，最後途中放棄。不是因為誰逼迫你處理問題，而是你自己把事情判斷得太簡單。請整理狀況，丟掉懷裡無用的價值觀，交由其他觀點來處理問題吧。

☆鼓掌

代表必須停止自卑，拿出自尊心走到人前，或是建議你適當地評價自我。

☆跑

夢見朝目標奔跑，是一種擁有充分的體力與精力，朝自己的道路邁出步伐也沒問題的核可。必須快速奔跑卻跑不了的夢，代表焦急的心情令事態延遲；怎麼跑也抵達不了終點的夢則是因為匆促行事，請回到起點，重新思考自己真正的目標吧。

感覺奔跑中的自己彷彿慢動作一般的夢，象徵因為恐懼而希望多少延後面對終點——也就是自己真正期望的時間的心情。其實沒有什麼可怕的，請別害怕，挺身面對吧。在夢中想跑卻跑不動，感覺力不從心的話，是恐懼正在累積，眼看身體就要出現症狀了。請檢查自己的健康狀況，避免發展成嚴重的事態吧。參考：「逃跑、被追趕」

☆紡織

代表人生是一匹布。請以時間為經線，環境和人際關係為緯線，如紡織般創造自己期望的人生。請在心中描繪完工後的成果，一面認知自己的能力、一面堅持不懈地織下去吧。參考：「壁毯」

☆裸體

如果是符合時間、地點、場合的裸體，代表承認、接納了包含缺點在內的「自己」。無論出現何種情感都能接受、感受，不予以評斷。看見原始的自己，理解自己是誰。若你能與情人或伴侶在夢中一同赤裸，請好好珍惜對方吧。你們是能夠在不隱藏、不粉飾真實自我的情況下交往的心靈伴侶。若是在浴室或洗澡間裸體，則是請你淨化心靈、了解自我的訊息。參考：「脫」

☆打開

找到脫離現狀的突破口。看見出口。代表今後應行的路變明確。

☆撿

在學校走廊、路邊、樓梯間、公園、堤防、車站月臺等地方撿到錢或東西的夢，大部分代表了疲勞。不是生活忙碌，而是內心忙碌的疲勞。首要原因是你過於急著實現夢想，沒有感受思量其中的過程。如同運動選手循序漸進累積訓練，提升肌力一樣，培養堅強的內心也必須跟隨適合自己的訓練表，一步一步前進。

決定目標後，請你制訂合理的計劃吧。或是不妨讓目標回歸白紙，在能量湧現之前靜靜等待。即使靈魂想學習什麼事物，也不會撿拾任何東西。請覺察那個變得希望天降好運或是撿到幸運的疲累自己吧。

☆貧窮

覺得自己沒有價值。無法相信自身的神聖與可能。請透過冥想讓騷動的內心冷靜下來，提升內在能量，用輕鬆的心情列舉自己的優點吧。

☆武術、柔道、空手道、合氣道、弓道

為了訓練內心的肌肉，必須鍛鍊注意力。或是代表紮實的努力獲得成果，身、心、靈即將抵達一體的境界。此外，也代表封建式上下關係的弊端。

☆腐敗

負面思考正在使自己的美好才能腐敗。現在，請立刻運用過去未能發揮創造力的才能。請承認自己的可能，積極地磨練培育自己吧。

☆外遇

你是否對人生感到厭倦？是否渴望如外遇般心跳加速的刺激感呢？外遇的人是想遠離自我課題的人。儘管人生無論人在何處，都必須回歸到自己的課題，但你現在卻對課題感到厭煩而選擇逃避。請反省自己現在是否有這種想法吧。參考：「男女朋友」、「結婚、婚禮」、「分手的對象、前女友、前男友」

☆煞車

代表啟動制動器的時刻。提醒你理解事物的輕重緩急。如果你今後打算著手進行某件事，請檢查一下內心的煞車功能。若是夢見車子煞車不良，或是沒有煞車，事態將會變得無法控制。起跑前請先想好風險，重新審視計劃。危機管理能力是自律的證明。

☆變身

代表你覺得如果困難時也能像假面騎士一樣變身

就好了。就算你維持自己原來的樣子，也能充分解開現在這個局面；但你卻困在過去的失敗之中。現在請相信自己的能力吧。

☆惡言

代表過度累積的不滿無法再壓抑，開始失控。若夢見自己口出惡言，代表此時即使不壓抑，也能讓不滿昇華。若夢中有人對你口出惡言，則是有人正在對你生氣。仔細確認對方的樣子應該就能免於困境。如果夢見失智症的人口出惡言，代表對方對人生感到後悔和執著，是希望你溫柔悉心對待他們的訊號。參考：「失智症」、「徘徊」

☆等待

萬物都有適合自己的時序，現在請你耐心等待。因為準備不足、焦慮或是狀況判斷有誤，造成進度延緩。若感到極度焦慮，真正的原因是恐懼。恐懼阻礙洞察，令你無法採取合適的行動，自己讓自己停止。

如果夢見自己在等待某人，大概得等待那個人與要處理的問題有個開端。如果是在等男女朋友，則要等待對方情緒高昂；如果是工作同事，代表你對那份工作尚未抱持熱情。如果是身為父母的你在等待小孩，就仔細檢討、不要著急，這是測試你寬容的時刻。不要用自己的價值觀衡量孩子，等待到你能體貼孩子的心，告訴孩子「人生有許多時間」為止。

☆迷惘、迷路

代表正在延後決策。不允許自己犯錯也不想承擔決策時衍生的責任。現在，請承認這樣的自己吧。請意識到是自己選擇了迷惘，暫時冷靜心緒。迷路顯示你正在為什麼事而迷惘。如果是在遊樂園裡迷路的話，是對環境的變化不知所措；若是在遺跡和廢墟裡迷路，就是一直與過去的事有所牽扯。買東西或是在餐廳無法做決定的話，代表逃避身為大人的責任，希望一直當個小孩。參考：「迷宮」

☆醒來

獲得覺察。覺醒。我們白天活在三次元的世界，夜晚則在夢中的世界遊玩。我們最後會知道這個世界是一種虛幻，能夠以覺醒的狀態來往這個世界與夢中世界，開始知道無論哪一個世界都是遊戲。

☆掙扎

掛心枝微末節，自己讓問題變得更複雜。垂死掙扎。請將身體交給人生之流，深入內心追求智慧吧。

☆潛

代表探索無意識。請帶著明確的意圖，積極探索自己的無意識和以往一直壓抑的欲望吧。參考：「游」、「寶藏、尋寶」

☆收下

在夢中的世界裡，你就是王，一切所需都可以由自己供給。因此，夢裡不能收下他人給的東西。若有人說「給你」的話，要果斷拒絕。無緣無故的禮物也是一樣。參考：「禮物」

不過，花束是可以收下的例外。由於送花是心靈相通的標誌，請心懷感激地收下吧。送花的人很感佩你的行為。

☆幽默

對自己一笑置之的能力。幽默是能療癒自己的仙丹妙藥，想生出幽默，就需要樂觀看待事情的能力以及距離感。

☆髒汙

夢中衣服的髒汙代表改善態度。或許你正打算敷衍帶過一些不能含糊帶過的事。室內的髒汙也代表了該房間象徵的內臟功能低落。

☆墜落

無法控制自己。代表在工作和戀愛中沒有啟動自制力。大部分是因為敗給性欲或食欲，浪費能量。從摩天大廈墜落的夢是代表陷入工作成癮狀態；墜落懸崖是受孤獨折磨；墜馬則代表性欲處理有問題；高塔暗示高傲的自尊引發困難。無論何者，請改變自虐的傾向，一邊在大自然中感受溫暖、悠閒、一體感，一邊觀察修正自己的性欲與食欲吧。

☆離婚

為了繼續之後的人生，要向自己沒用的一面宣告分手。將只會帶來痛苦、成為重擔的價值觀捨棄的決心。想追求重新開始，就要告別自己過去的生活方式。夢見和結婚對象離婚時，請仔細感受並改善自己對對方的態度吧。這是為了讓自己成為對方真正的靈魂伴侶所不可或缺的挑戰。若不希望真的離婚，你的挑戰應該會帶來豐碩的成果。參考：「結婚、婚禮」

☆做菜

思量、整頓自己現在面臨的問題，改為有效的處理方式。這是一連串熬煮歸納問題、烤出事物本質，決定應該採取的行動的過程。理解自己的獨特，在生活方式和步調分配上下功夫的智慧。代表用你自己的方式整理人生各式各樣的事件。請仔細觀察自己在夢裡是如何做菜的吧。從火候（焦掉的話就是過度熱衷）、調味（太鹹的話是緊張過頭）、營養均衡（動物性蛋白質太多是太急著追求成果）等，可以得知自己現在是用什麼樣的態度面對問題。修正是可行的，請儘快採取對策吧。

☆渡

只要相信可能性、採取行動，就會有新的世界展開。企圖改變自己而非依靠他人的意志，將開啟未知的能力，引導你走向新的可能。渡橋時是步行還是開車，是乘船還是騎馬？請從這些狀態仔細思考行動的方式。參考：「河川」

☆笑

如果夢見喜劇演員登場逗大家發笑，代表你身上具有讓人展露笑容的才能。逗人發笑是世界上最高的功德。任何事都不嚴肅看待，能夠一笑置之是種境界。「笑」，也是自我療癒能力的顛峰。夢中很少會看到諷刺的笑或是逃避現實的笑。若是夢見不是打從心底發出的笑容的話，請一笑置之吧。在活力四射的自己身上感受痛快後將很有精神。

【事件、活動】

☆運動會

你是否有充分運動呢？為了健康著想，請將持續有氧運動這件事放在心上。參考：「運動」

☆宴會、相親、喝酒聚會

代表多方位的能力與可能排成一排，你在無法選擇的情況下倉促出發。由於不知道自己真正的願望是什麼，能量分散，無法獲得滿足。是時候認清自己應該待的地方是哪裡了。

☆試鏡

代表自負或是挑戰新的可能。確認投入人生新舞臺的意志。

☆革命、政變

內心正在發生衝突。智慧趕不上激烈的情感，過去的做法都不是應對之道。變革的時刻。請為內心帶來新氣象，深入其中追求引導吧。

☆火災

累積的憤怒似乎也要襲向自己。自己的憤怒讓自己陷入苦境。請尋找不同以往的發洩方式來避開危險吧。例如，向周遭清楚表達你的憤怒，露骨地露出厭惡的表情也是一種方法。僅僅只是告訴別人自己正怒火衝天，便能降低這道危險。此外，火災的夢不只代表你的憤怒，有時候也代表你身邊的人朝你發射的怒意。

夢中如果能順利滅火、進行消防工作，是建議你試著感受自己的憤怒。藉由把水潑向（徹底感受）這股名為憤怒、熊熊燃燒的情感之火，消滅怒火。以道德和理智封閉憤怒無法學習。然而，只要徹底感受，不隱藏、不壓抑，憤怒便能化為內心的養分。參考：「火」

☆儀式、典禮

生命禮儀，完成課題的證書。雖然不久後又會開始新的課程，但在那之前請讚美自己的努力吧。參考：「派對」

☆拍賣

夢中你若是拍賣的賣家，代表因為某些藉口而無法捨棄過去的體驗或思想信念。如果強行被迫拍賣的話，就是這種傾向十分強烈。若你是購買拍賣品的買家，則從拍賣品的價值與價錢是否相符來判斷購物的品質。

☆聖誕節

雖然根據宗教信仰不同，聖誕節的意義也有所不同，但對所有追求真理的人而言，這個夢都代表對愛與溫柔的覺察、悟性的誕生、承認並慶祝自己是被愛的存在。另外，這個夢也代表了與聖誕節回憶相關的人際關係、因聖誕節而生的喜怒哀樂。無論哪種場面，你都有想與人分享回憶的心情。請坦承面對自己的內心，感謝與你共度聖誕節的人，再尋找願意一起創造回憶的人吧。

☆結婚、婚禮

內在的陰性與陽性提升，即將合而為一的開始。為心中矛盾的情感與對立面向帶來平衡與統整。無論夢裡你是與某人結婚或是參加某人的婚禮，都請將結婚對象異性的優點從自己身上引導出來，對其照射意識之光吧。缺點不是問題。假設是夢見與分手的情人結婚，便從自己身上引導出那個人的優點，加以培養，當作和下個遇見的異性建構良好關係的基礎。了解人生是一場以自我統合為目標的旅程。參考：「太極」、「性愛」

☆課程、講座、工作坊

無論你是教導的一方還是學習的一方，夢中的課程內容都是你應該學習的課題。

☆廣告

對巧妙詐取的忠告。代表你身在「大家一起過就不可怕」的社會與他人的不良影響下。又或者是誇大自己想展露給他人的一面。你的超意識正在疾呼你注意這些事。

☆考試

考試的夢分為預知夢以及非預知夢，如果現實中的考試如預知夢般通過的話，你使用能量的方式便沒有問題，請不要洋洋得意，照過去的方式繼續精進吧。若是夢中通過考試現實中卻不合格，便是指出你的怠慢，請檢討自己是哪裡怠慢了。如果夢中沒有合格實際上卻通過考試，是擔心過度，指出你浪費能量。

夢見考試的人大多會反覆做這類的夢。由於緊張感強烈的人經常會做這樣的夢，總之請不要讓自己變得神經質。相隔幾年做這樣的夢時，請享受在夢中越來越能應付緊張的自己。例如從夢見考卷上寫不出答案，到拿著鉛筆，再到不知不覺間考試結束等等，應該可以看見自己成長的樣貌。從整體人生來看，實際生活中與考試相關的問題並不是什麼大事。請修改對考試和人生過度緊張的毛病吧。參考：「失敗」

☆意外、車禍

對無法主張自我的自己感到焦慮或是對權威的反抗。這是對夢想與現實間的落差感到憤怒而做的夢。你的希望與現實分離，得重新檢視整體生活，也必須停下腳步，直到能直視焦慮與恐懼的原因為止。

認為夢中的意外或車禍是預示時，請思考一下你處理這個夢的責任吧。若夢是關於你自己一個人的話，就像前面所述，將其當作內心的問題來處理，暫時仔細注意自己的整體生活，預知夢的內容應該能因為你的變化而改變吧。若夢中的意外或車禍與他人有關，從你的真心來判斷是告訴對方比較好，還是不要說，默默為對方祈求平安就好。不要採取會對他人增加多餘負荷的行動。以真心對待意外或車禍的夢時，你將會體驗到超越次元的喜悅吧。夢真正的訊息應該在這裡才對。

☆猶豫不決

代表重新執行。若自己能仔細找出阻礙前行的事物，只要面對它、修正行為，狀況便會改善。此外，也必須謙虛傾聽前人的意見。

☆手術

必須以激烈手段去除阻礙你成長的事物。雖然需要勇氣，但可以期待好結果。若夢中看到是身體哪個部位需要手術的話，便能知道是哪個脈輪出現問題。據此擬定解決之道，在激烈手段後慢慢休養。

☆看運動比賽

你有活出自己的人生嗎？是否打算看著某人刺激的人生就好了呢？你有豐富的情感也能採取英明的行動，但可能對自己的價值觀沒有自信，或是把這種夢當成意象訓練，在面臨問題前於夢中練習。

☆整形手術

如果夢見臉上動刀，是夢在傳達「接納自己、取回自信」的訊息。或是代表為了建立自信而尋求幫助。請釐清你的自我心象吧。

☆戰爭

戰爭夢的原因是內心的矛盾。差不多到達懂事年齡的男孩了常會做這種夢，有時會有夢見在戰爭中受了傷，醒來便發燒的經驗。戰爭夢也代表夢主（男孩子）覺得某人不講道理，無法用言語表達自己的那種心情。這種時候，請身旁的大人讓夢主談談自己的夢吧。傾聽夢主的話應該能解放夢主的無力感，加深彼此的理解吧。參考：「戰鬥」

☆喪禮

如果知道夢中是誰的喪禮，請在對方的特徵中尋找覺得自己不需要的部分，放開這個特徵。這些特徵大部分是老舊的價值觀或生活風格。死亡是重生前的重要生命禮儀，你需要有意識地放開自己現在不需要東西的氣魄。參考：「死亡」、「僧侶、牧師」

☆畢業、畢業典禮、畢業證書

處理中的課題即將出現成果。代表現階段的學習已經結束，可以走向下一步的背書保證。參加畢業典禮，收下畢業證書的夢是在催促你做出區隔。畢業流程不順利的夢是你想留在熟悉課題裡的心情表現。在畢業這個轉換期裡，不要永遠留在教室中，請舉辦慶功宴獎勵自己吧。好好休息，接著再面對下個課題。我們可以從課題的轉換確認心靈的成長。

☆逮捕

夢裡無論你是逮捕別人或是遭到逮捕，都在告訴你，是你的言行創造出了現狀。你需要查明原因，改變思維。為了專心自省，請準備充分的時間與空間吧。

☆展覽

遺產。用遺產生活。奢侈。不妨盡情品嚐這個世界的奢侈。請先從先人們的功績接受滿滿的恩惠吧。不久後，會輪到你準備東西留給後人。

☆船難

代表對世間冷淡的態度缺乏冷靜。不是誰不對，而是你自己對狀況掌握太天真，可以說是因為過度相信自己導致半途而廢。請回歸初心，確認目的後重新出發吧。

☆開學典禮、入社典禮

如果是待過的學校或公司，是催促你現在再次思考當時懷抱的希望和你想成為的理想姿態。若是不曾去過的學校或公司，便是建議你為自己準備一個新環境來配合你想成為的理想模樣。決定將來的模樣後，應該投入面對的事情就會變得很明確，生活也會更加容易。

☆派對

代表可以從人際關係獲得人生的學問。無論是何種名目的派對，都是在催促你加入人群，對自己的學習課題保持積極的態度。沒有人能只靠自己學完人生的課題。怕生的人應該會夢見某人在背後推自己一把，請積極突顯自我吧。是時候從過去的樣子裡畢業了。參考：「儀式、典禮」

☆爆炸

一直壓抑的負面情感抵達臨界點即將爆發的樣子。為了自己的尊嚴，請不要變成具破壞性的人，找出表現情感的方法吧。挑選對象，將心情訴諸語言也是一個好方法。感到憤怒或是懷疑自己有所不足而悲傷的人，因為討厭這種心情而逃避問題的本質。或許，憤怒的人真正該感受的情感是悲傷，悲傷的人則應該感受憤怒吧。參考：「地雷」、「炸彈」、「原子彈」

☆煙火

代表有意識的處理方式，將努力與忍耐視為樂趣。在苦難中努力很容易只看到腳下的事物，偶爾也請拿出仰望希望與理想的從容吧。煙火的夢也代表重新認識你的靈魂光輝、窺視高我的一面，以及給予自己享受人生的時間。如果夢見的是仙女棒般的小小煙花，也代表安慰寂寞內在小孩的必要。參考：「火」

☆郊遊

請走向大自然，尋求心靈療癒吧。請製造觸碰森林的機會，遠離殺氣騰騰的人際關係，讓你的內在小孩開心玩耍吧。

☆搬家

想改變環境的心情。對環境改變的不安，或是在新天地裡的成長。你是否正面臨搬家或是類似的狀況呢？每個居住場所都有自己的主題，若新的居所與你想投入的主題一致，就試著換個環境吧。變化是成長的同義詞。

☆漂流

將自己全部交給他人，沒有自我。你是否不管和誰在一起都覺得孤獨不安呢？想找出屬於自己的方向、目的和目標，需要透過冥想喚回情感。感受自己的情感便能看到自己正在漂流的現狀，找到符合狀況的解決方法吧。

☆沸騰

反覆熬煮憤怒。累積的不好情緒化成毒，傷害自己。若能意識到自己的憤怒已經超越了忍耐的極限就不用再痛苦了。請現在放手吧。不要評斷是非對錯，內心自然而然會痊癒。

☆流亡

逃到他人的庇護之下。設定一段修復人生的寬限期。請努力提升能量吧。

☆麻醉

代表情感麻痺，最後對事物的判斷也會出現異常吧。就像麻醉的效果是慢慢遍布全身一樣，目前距離情感麻痺還有一些時間，請趁現在刺激美感意識，喚回情緒吧。冥想對喚醒情感也很有效。參考：「麻痺」

☆燒焦

無法壓抑的欲望或過度高升的情感似乎令你的立場越來越艱難。請客觀看待自己，取回冷靜吧。只要知道自己對什麼會出現激烈的情緒，便能掌握自己的弱點和執著吧。

☆綁架

夢中遭到綁架的若是小孩，代表你想除去自己心中的小孩特質，也就是天真無邪的好奇心與享受人生的傾向等等。若遭到綁架的是有錢人，代表想摘掉應該會有所成就的能力。若夢見自己遭到綁架，代表你兼備各式各樣要素的整體性正遭到破壞。請看清楚是誰在綁架別人。

☆旅行

擁有目的的必要性。人生是一場旅行，旅行一般都有目的地，你的目的是什麼呢？人生在世總有意想不到的事，但只要有目的，就不至於張惶失措，因為目的令人安定。達成目的後，你的旅行將會結束，回到另一個次元的家。

■生物■

夢中登場的生物是你的分身，也是引導你的老師。所有動植物都告訴我們簡單看待事物的重要性，請注意看看夢中登場的生物是否生機盎然地活在合適的環境裡吧。例如，如果魚在空中游泳的話，你現在目標的可能是不合時宜的環境。

請想像你的心中存在著一個完整的地球。地球是擁有意志的有機體，而夢中登場的所有生物對地球而言都是不可或缺的存在。所有的生物都環環相扣，無論哪種動植物都有其存在的理由。傾聽他們的聲音，你就會知道自己的每個面向也都有其意義，會為一切都彼此相關而驚訝。透過了解夢中登場的生物，你可以更深入地了解自己，去過更加豐富愉快的人生。

【魚】

☆魚

魚代表心靈糧食。釣魚是藉由冥想能夠得到的心靈糧食。人類必須一有機會就接觸自己的無意識。魚生於無意識，以無意識為居所，因此若是在夢中看到魚或吃魚的話，你的內心便會獲得營養，變得有精神。

夢裡釣到魚的話，請從下面三個方向來理解。第一個方向是實際吃魚，給予身體營養。第二個方向是理解心情的高昂與浪潮，體會情感，實際去感受生存的喜悅。第三個方向是不要害怕自己未知的部分，培養能與未知一同嬉戲的能力。夢中的魚也代表了占星中的雙魚座。雙魚座的兩條魚象徵內心經歷對立，朝向中庸和諧的心靈成長。

☆金魚

不知世事、純潔無瑕的女性面。稀奇古怪的美。獵奇者的誘餌。待在庇護下，不知道河川也不認識大海的金魚代表沒有自己的價值標準。若像蘭壽金魚那樣的金魚在夢中登場，可能是暗喻因為那種完全仰仗他人的生活方式導致你有子宮肌瘤。無論如何，金魚所要傳達的是請你取回野生的自立心。

☆鮭魚

暗示在人生旅程中活用智慧，獲得成功。請相信自己的智慧，採取行動吧。

☆鯊魚

代表內心混沌的情結不小心露出利牙的危險與兇暴。若夢中的鯊魚給你「食人鯊」的印象，是預告會有突然的危機事件威脅你的內心。好不容易收到這樣的警告，即使過去曾發生痛苦的事，從現在起也請注意不要一個人消沉，捲入情感的漩渦，讓狀況發生沒有必要的惡化。

其實，不刺激鯊魚的唯一方法就是一直盯著牠看。因此，平常就要觀察自己的情感，暫時不要莽撞行事。行動時，請根據自己的直覺與理性判斷，採取以自我負責為基礎的舉動，而不是依賴他人的建議。參考：「魚」

☆鯛魚

由於你有所成長，近期將會舉辦一場桌上有完整全魚的喜宴。自己位於人生航程中的哪個階段？飾演的是哪一幕？能夠把握這些的機會便是值得慶賀的事。

【兩棲類】

☆青蛙

明明擁有能夠往來意識與潛意識的能力，卻因為沒有善用能力導致問題反覆出現。青蛙身上隱隱約約有種幽默，令人感受到生命的不可思議與趣味。也請你放鬆一下，試著享受人生的滑稽吧。不僅限於青蛙，凡是水陸兩棲的動物，全都表示我們能夠往來意識與無意識的能力。

【爬蟲類】

☆烏龜

正是踏實的步伐才能連結確實的進步。沒有伴隨華麗演出的穩健變化。長壽與繁榮。烏龜的基本形象是為了實現自我絕不允許妥協的頑固與高度忍耐力。這是守護北方的玄武（四獸之一）特性，正向運作的話，能夠達成無可撼動的進步；但若是負向運作的話，則會從頭到尾採取沒有建設性的自我防衛。

在水中悠游，在沙灘中產卵的烏龜，象徵除了意識和潛意識，還能安全交替前往超意識的世界。暗示能以我們無法意識的世界裡的東西為心靈養分，在這個世界產下創造的種子。那顆創造的種子將會被大地的溫暖擁抱，透過在無意識中悠游而成長。參考：「鶴」

☆變色龍

判斷狀況的才能與適應力。緩急自如的順應與柔軟。此外，也代表了反覆無常、三分鐘熱度。

☆蛇

蛇的意思是沿著脊椎攀爬身體七個能量中心的昆達里尼（存在於人體內的根源生命能量）。盤繞的蛇代表沉眠中的昆達里尼，因你祈求覺醒而現身在夢中。

如果夢見一條蛇在體內筆直攀爬而上，代表昆達里尼的提升，也就是會獲得龐大的覺察。不過，大部分的人做的都是遭許多蛇包圍的夢，這是因為被自身過多的能量牽著鼻子走。首先，請運動發散能量，接著投入能夠發揮你個人創造力的事物吧。遭蛇咬的夢是請你釋放被咬所在的能量。若蛇咬的地方是胸口，你的心必須對愛敞開大門；若咬的是喉嚨，就請將過去嚥下的心情化為言語說出來吧。大部分的人際關係會因為坦率的言語而獲得改善。

由於蛇是能量，夢見蛇有時也會有金錢流入。不過，如果你的理解只停留在這個層面，蛇本來的力量就會停留在物質次元，不會發展成靈性的覺察。思考看看自己在金錢上富足後想做什麼事吧。如此一來，你便能確切感受到願望會呼喚金錢，察覺自己正是創造者。

這股能量當然對身心的療癒也很有效。能量本無善惡之分，無論建設還是破壞，都是依你的願望而運轉。參考：「毒蛇」

☆毒蛇

代表執著。執著是心靈的毒藥，請揭露自己在執著什麼吧。夢中若是出現毒蛇，大部分與出現蝮蛇意義相同。

☆鱷魚

鱷魚暗示了無意識說的話以及言語會傷害他人的危險性。有意識的言語因為理性的抑制發揮作用，很少會不小心傷害他人。然而，當潛伏在潛意識的不滿和恐懼沒有接受理性的檢查表現出來時，會給予對方連本人都預想不到的巨大攻擊，常常再也無法挽回。

夢見鱷魚的話，請冷靜地凝視自己的內心吧。情感無善惡之分。儘管不是百分之百，但無論何種情感都能藉由承認來預防意外爆發。夢裡不管是攻擊鱷魚還是遭鱷魚襲擊而逃跑，應對方法都一樣。

【鳥類】

☆鳥

你的自由意志。此外，也代表你的生活方式和現狀。儘管鳥在空中飛翔，但牠們的窩還是在陸地或樹上。讓內心如同在天際間遨翔般地自由解放，同時完成陸地生活的平衡感正是我們要向鳥學習的地方。參考：「鳥籠」

☆水鳥

由於水在夢療法中代表情感，因此在水中輕快悠游的水鳥意味著能夠妥善處理情感。你具備能夠享受自己任何情感、與之一起嬉戲的能力。參考：「野鴨」、「鴛鴦」、「天鵝」

☆家鴨

能夠打從心底享受樸實生活的才能。能適應任何生活環境的順應。你的情緒很穩定，內心少有混亂，擁有能與任何人愉快交流的能力。

☆鴛鴦

家庭生活和諧的必要。若能與情感和諧相處，其他事也都能一帆風順吧。請不要逃避面對夫妻間的問題，心甘情願地擔起自己的任務吧。參考：「野鴨」、「天鵝」、「水鳥」

☆公雞

從報時的特性象徵戰鬥開始。夢見公雞大多是「即使遭到突襲也不要動搖」的一種警告。此外，公雞也代表後宮。你是否對伴侶或情人之外的人心動了呢？或是你的伴侶或情人可能有這樣的情況。

☆野鴨

平凡的幸福。就像俗諺：「鴨子背蔥來」形容好事送上門一樣，野鴨代表累積一點一滴的小樂趣。或者，野鴨有時也指出你可能被詐欺犯或是黑心商人當作覬覦的對象。參考：「鴛鴦」、「天鵝」、「水鳥」

☆烏鴉

死亡與重生。可以復活的過程。神武天皇東征時出現了八咫烏、鱷魚與熊。這裡，烏鴉代表天，鱷魚代表海，熊代表陸地的征服，解釋為挑戰事物時需要兼具戰略（烏鴉）、強烈的情感（鱷魚）與體力（熊）。天（烏鴉）會支持想要埋葬過去的自己、踏向嶄新人生的人，另一方面，也會嚴厲對待討厭變化的事物。

☆雉雞

敏銳的感覺會開拓人生。讓心靈如雉雞飛舞在天空般地自由嬉戲，將會磨亮感覺，得以細密地觀察、俯瞰人生。日本國鳥綠雉在《桃太郎》裡活用能夠得到宏觀視野的特長，擔任了重要的角色。參考：「桃太郎」、「狗」、「猴子」

☆孔雀

強烈的自我表現欲。探尋動機應該就能了解是正向運作還是負向運作了。或者，孔雀也是一種應援，送給即將振翅飛向「完全」的你。

孔雀七彩斑斕的羽毛形似所有脈輪綻放光芒的樣子。孔雀與朱雀和鳳凰在意象的世界裡十分相似。由於四獸之一的朱雀負責守護南方，因此孔雀也告訴人們「象徵南方事物的運勢很好」。現在請不要停下腳步，繼續行動吧。沒有面對挑戰比失敗更令人後悔。參考：「南方」、「鳳凰」

☆老鷹

孤高的老鷹擁有在高空中遨翔的能力，能夠從視野中微小的森林裡捕捉更加渺小的動物。在日本，出現在新年第一個夢中被視為吉兆的「一富士，二鷹，三茄子」裡的鷹，就是希望人們以老鷹這樣優秀的地方為目標的民間風俗。老鷹的夢督促你拓寬視野，從整體而非自我創造的真實中捕捉事物並加以實行。參考：「富士山」、「茄子」

☆（丹頂）鶴

烏龜與鶴象徵夫妻的長壽與繁盛。成雙成對的鶴則顯示人生目的相同的夫妻姿態。丹頂鶴與朝陽的意象類似，告訴你你體內有著沒有使用的火紅能量。也就是說如果夢見鶴，意味你將前程似錦。現在是對自己如鶴鳴般一聲令下，跨出一步的時候。參考：「烏龜」

☆天鵝

若是單純讚嘆天鵝的清純與優雅的話，夢便帶有好的餘味。不過，大部分天鵝的夢都是暗示你的人生會如《天鵝湖》或《麗達與天鵝》般興起波瀾，成為一場緊張的夢。

現實生活在這樣的夢之後出現波瀾時，你將會磨練在情感浪潮間悠游的能力，得到要你提高視野的鼓勵，以及被迫面臨必須將天鵝身上的優點納為己有才能跨越的局面。儘管覺得辛苦，但一連串的事件是大局上為了讓你的靈魂成長所引起的；只要順利跨越，應該就能明確感受到自己的大幅成長。參考：「鴛鴦」、「野鴨」、「水鳥」

☆鴿子

夢中的鴿子也是和平的象徵。和平是自由意志受到尊重後到來的內心狀態，唯有和平能產生愛。因此，鴿子也象徵著愛的能力。夢中的鴿子是否精神奕奕地飛舞呢？如果有一點點不自由的話，請找出是自己內在的什麼成為了鴿子的枷鎖吧。想在內心和平的狀態下採取充滿愛的行動，必須讓自由意志無論在何處都是自由翱翔。

☆貓頭鷹

你擁有能夠看透自己心中黑暗的能力，此外，即使處於很窩囊的狀態，也有不會沉溺其中的智慧。現在不是行動的時機，請靜靜自省、思考未來吧。

☆企鵝

不把嚴寒與狂風大浪當一回事的企鵝顯示了靈巧控制情感、跨越嚴峻生活狀況的才能。不過，由於沒有在天空飛翔的能力，請你就像內心擁有翅膀般每天致力於提升靈性吧。企鵝會令人聯想到燕尾服的黑與白暗示陰陽平衡的必要。

☆鵰

對高度精神性與自由的讚揚。實踐至陽面的責任與義務。面對威脅無畏地攻擊。對勝利的自信。這些是獲得真正自由所必須的事物，你全都能辦得到。

☆翅膀

不為自己設限，讚頌自由。飛向理想。

☆蛋

抱著「可能性的芽苗」與「封閉性」兩種特性的狀態。想為生命吹進可能，必須靠自己破開外殼。復活節彩蛋代表靈魂的重生與復活，也代表內容升級的挑戰機會來臨。下蛋的夢代表想逃避生產的痛苦與成就事情所伴隨的黑暗面。蛋料理之類的夢是提醒你自己確認身體需不需要這些東西。請注意不要為消化器官帶來多餘的負擔。參考：「子宮」

【哺乳類】

☆狗

夢中的故事情節若是正面的話，代表安產、多產、旅伴；若是負面的話則代表間諜、密探、無用的怯弱。如果是在各種故事裡登場的小狗的話，從各自角色的個性象徵了友情、服務與忠誠。例如《里見八犬傳》類似中國的「槃瓠神話」，傳達的訊息是「以廣闊視野生活」。「犬」是「大」字加上一點，這點的意思是耳朵，代表聆聽以判斷事物、敏銳的感性。你也擁有這種敏銳。參考：「桃太郎」

☆兔子

現在的你似乎可以不用正經嚴肅的態度，而是帶著玩心與溫柔的心情挑戰事物。夢見兔子會聯想到彼得兔的人需要冒險。不要把現實看得太一板一眼，不要畏懼失敗，從身邊開始做出小變化吧。

若是兔子像彼得兔一樣穿著藍色上衣，就是將內心湧現的想法付諸行動的許可信號。如果是滿月的兔子在搗麻糬，則是希望你不要馬上處理問題，而是用心花時間讓問題本身成為內心的養分。如果你很熟悉兔子的生態，兔子的夢有時也是從其繁殖力在暗示無法有效抑止的性衝動。

☆牛

代表豐饒。就像〈十牛圖〉一樣，禪宗的世界將牛喻為開悟，以捕捉逃走牛隻的過程表現悟道之路。如果你的夢與〈十牛圖〉有關，或許是在顯示你開悟的路程。

此外，也必須考量占星中金牛座的特徵。若你現在正遭遇麻煩，原因是否出在頑固上呢？透過理解幸運與麻煩在大局中都是豐富你人生的插曲，將能引導出柔軟的解決之道。

又或者，牛的夢是請你不要吃牛的忠告。牛肉是一定的，另外也請重新思考牛奶、起司、優格等乳製品的攝取。仔細觀察夢中的故事情節，應該也能知道其中的理由吧。

☆馬

代表能馬上成為戰力的能量。夢見野馬奔騰的畫面，是擁有幹勁與體力的通知。夢所傳達的訊息是：「你具備體力、精力與創造力，不用放棄人生。」夢中的馬在等待乘者時，是告訴你即使處於「挖活馬眼睛」這樣急於追求個人利益的社會中，你也能獨自前行。

你的靈性將會決定是只將馬所擁有的創造力能量隨意用在性上面，或是用來提高生活態度。即使能夠相信自己所具備的能力，但想推進人生或是提高藝術表現需要勇氣，讓馬的能量從性欲上退一步。馬的夢催促你決定是用第二脈輪將你的精力表現為性力與體力，或是提升至第六脈輪表現創造力的活動。若夢中騎著發狂的馬，則傳達你正為領導、統合操煩的現狀。

☆狼

對名聲、物質、征服欲望的忠告。不了解自己真正的希望，姑且將地位象徵當做自己的願望。陽性。口文中「狼」與「大神」發音相同，許多文化也由狼擔任其始祖的地位。相傳，希臘神話中生下阿波羅與阿緹密斯這對雙胞胎的莉托也是母狼。狼的夢是在暗示培養動物本能的重要性吧。參考：「狐狸」

☆狐狸

雖然狼與狐狸的形象有類似之處，但狐狸代表陰性，狼代表陽性，狐狸的欺騙意味繁榮與規勸，狼的計謀意味著破壞。

在日本，狐狸的別稱是「稻荷」，被視為稻荷神社的使者。這點與「狐狸　稻種」的民間傳說重合，被視作計謀成功，為人們帶來繁榮的象徵。

☆長頸鹿

因為過度小心而脖子變長，或是催促你為了安全以更高的視角環顧四周。你的存在本身富有個性與魄力，即使面對有力的敵人，也有與其勢均力敵戰鬥的實力。走投無路時也可以依靠自己的飛毛腿（機靈與智慧）。

如果你現在面對問題抱著「多一事不如少一事」的態度，鐵了心裝作沒看到的話，只是因為膽小罷了，最好採取行動。不過，你可能有高血壓的傾向，請注意身體狀況。

☆熊

守護與破壞。愛與恨、可愛與可憎、喜歡與討厭這種相互矛盾的情感十分強烈。象徵無法相信的人。

☆蝙蝠

出乎意料、令人不舒服的事。通知你有地方對自己疏忽，或是隨便的小事情。不會造成巨大的破壞。

☆犀牛

佛陀說過一句話：「應如犀牛角般任獨行。」，犀牛的夢代表真正的答案在自己心中。或是代表笨重、頑固。

☆猴子

《桃太郎》裡的猴子傳達了直覺的重要，但最後做決斷的人是桃太郎。猴子的夢告訴你現在是個好機會，可以反覆思量自己的直覺是否處於有用的狀態。猴子是動物界中聰明的代表，但有時發揮的卻是「小聰明」。請從夢的故事情節冷靜判斷吧。參考：「桃太郎」

☆鹿

你乖巧而纖細，沒有注意到身上擁有自我防衛的智慧。由於你深深認為自己很無力，因此有成為外部力量犧牲品的危險。鹿的武器是判讀周遭狀況的能力，請磨練這項能力吧。不要大意。參考：「犀牛」

☆斑馬

野生並取得平衡的生活方式。或是區別能夠意識到的自己與無意識的自己，發揮這項能力保護自己。了解「人類社會中的妥協」的重要。

☆大象

象群代表對家人的愛，母象代表纖細的母性與固執。如果你是母親，可能需要擔心孩子會不會因為你感到窒息。九型人格（Enneagram）中，反省大象的母性後會變成海豚的母親，其中的精髓就是重視孩子遊戲的感性與感受，而不是以父母的期待為優先。大象會做出破壞性的行為是源於膽怯。積極忘記那些無聊的事，朝應行之路前進吧。參考：「海豚」、「鯨魚」

☆狸貓

你想逃避責任的傾向以及一無所知的態度，很可能讓周遭的人十分火大。如果是現在，根據你的態度，周圍的人應該也能原諒你。請改掉面對問題會閉上眼睛，「狸貓裝睡」的習慣吧。接著，我們來比較狐狸與狸貓的騙術——狐狸會把樹葉變成紙幣騙人，狸貓則是一心一意裝睡來逃離困境。狐狸狡猾，狸貓則是有種令人無法厭惡的幽默；但若是夢見這類的夢，是告訴你過於消極，沒有讓事態好轉的能力。參考：「狐狸」

☆老虎

強烈暗示孤獨中的自律。現在的你需要一個人的強韌。老虎與四獸（守護南方的朱雀，東方青龍，西方白虎，北方玄武）的白虎意象類似。即使其他三種神獸是出自想像，白虎卻是確實存在。這點也表現出自律的強大。參考：「西方」、「豹」

☆貓

雖然你像貓一樣，活得對自己的心情很坦率，但是否因為挑剔而無法決定事情呢？這份坦率有時會引來預料之外的困難，成為狀況惡化的原因。或是正好相反，如果你無法表達好惡、一味窺探他人臉色的話，就需要像貓一樣表現自我。此外，貓的夢有時也是在問你是否有以靈性的方式適當處理自己的陰性面。

☆老鼠

夢見老鼠的話，請先思考老鼠對你而言是什麼？若是想到童話故事裡的老鼠，請先翻閱那個故事吧。若是聯想到貓，有可能是被捲入貓捉老鼠的遊戲裡了。這是因為你過度聚焦在逃離眼前的問題（貓），沒有做本來該做的事。以夢療法來說，就是雖然分析了夢，卻沒有將理解付諸行動。請問問自己是否真心想解決問題吧。

夢見老鼠想到穀倉，而且夢的印象很悠哉的話，意味著豐饒。反之，若在夢醒後感到很無力，請理解為是能量正在外洩。能量會外洩是基於無形的恐懼，與其將這種夢當作生病的預兆而害怕，更應該去面對那股恐懼。參考：「吹笛人」、「十二生肖」

☆綿羊

夢見綿羊的話，請以溫馴柔軟的心相信靈魂的牧羊人，也就是引導你靈魂的超意識聲音吧。若能察覺到超意識，你自然而然便會看到自己應該採取的行動。夢中的羔羊是你心中的孩子，他正耍賴要你別多話，安靜地擁抱他，請回應你的內在小孩。又或者，夢也有可能是在建議你食用小羊肉（lamb）。請再次研究一下你攝取的動物性蛋白質。參考：「十二生肖」中的「未」

☆豹

你是否正如何對處理自己的性能量感到苦惱呢？不然就是對權力有所憧憬。無論如何，夢都是在提醒你，請你以適合自己的方法引導性能量。此外，由於豹與老虎相似，請參考：「老虎」

☆豬

你的行為不是為了提升自己，而是出於自我滿足，因此即使能達成什麼事也無法與他人分享喜悅。想要錢、想要名聲、想要時間、想要能量等貪念，在周圍的人眼裡顯而易見，只會降低別人對你的信賴。

若你對自己的貪念沒什麼概念，那可能是身邊的某人有這樣的念頭。為了避免增強那個人的貪念，現在請悄悄地與他拉開距離吧。另外，你也必須讓自己的生活動機像羔羊一樣純真無邪。參考：「綿羊」

☆天竺鼠

率先成為實驗品。比起被動，主動的行動收獲更多。

☆山羊

由於欠缺判斷力，逃避面對事物，無論什麼事都嚥下接受。放棄自己的責任，使用替身。另外，山羊也代表了占星中「摩羯座」意象的忍耐。

☆獅子

請你將直覺運用到極限的曉喻。若你能重視在人際關係中感受到的直覺，適當地引導事態發展，時而靜靜等待的話，你將能把心中的獅子當成自己的力量來使用。你有可能不會製造出敵人，甚至會受人尊敬。

☆駱駝

無論面對任何困難和誘惑都能忍耐，不為所動。或許，不逃避眼前的難題，正面挑戰才是最簡單的解決之道。

☆松鼠

有備無患。樂觀看待未來，將現在能完成的事循序漸進執行的能力。與象徵浪費的老鼠相反，松鼠代表儲蓄。

☆驢子

鼓勵你在實際的人生中運用身上含有的驢子特性。就像耶穌基督騎驢子進入耶路撒冷城一樣，驢子是和平與謙虛的象徵。或者，也代表驢子的負面——貫徹自我到愚鈍境界的頑固。請回想自己平常的樣子，加以反省。

【海洋哺乳類】

☆海豚

愛的同伴。純真。天真無邪的興趣所產生的直覺。若是夢見海豚自由自在地在大海裡悠游，顯示你能夠接觸情感與潛意識，甚至是在深處沉眠的超意識智慧的能力。海豚會不間斷地與同伴交流聯絡，製造和平的環境，這也與母性的理想樣貌重合。參考：「鯨魚」

☆**鯨魚**

你擁有能接受情感與無意識本來的樣貌，並享受它們的才能。小木偶皮諾丘遭鯨魚吞下腹，迎向旅程的高潮。這個畫面暗示每個人身上都有「無法對抗母性的不自由」，當下定決心想突破這份不自由時，我們就能達成鯨魚的感情特性，以及不畏懼潛意識的生活方式。參考：「海豚」、「大象」

【軟體動物】

☆**章魚**

向無限的超意識挑戰的態度。你是否覺得自己天生對無意識與超意識抱持的興趣很可怕呢？章魚的夢希望你能駕馭這股恐懼。章魚會噴墨汁混淆視聽，是因為害怕自己身上隱藏的勇氣。無論夢中的章魚是盛在盤子裡的食物，或是在海中悠游，都是催促你運用已具備的動力來挑戰無限的超意識。

【蟲】

☆**蟲**

撩動你內心的事物。儘管你一直監控，卻在不知不覺間佔據自己內心、既無建設性也沒進步的思考習慣。這種思考習慣源自於妒與無聊的競爭意識。蟲的夢有時會觸碰到心理創傷的核心，因此是找出自己囚籠的好機會。例如夢見「蒼蠅煩人地在自己鼻子附近飛」，你可能是受他人意見左右，失去了自我，無法覺得周圍的嘮叨紛擾與自己的思考無關。這裡便潛藏著你的囚籠。

☆**螞蟻**

代表勤奮。區分九型人格個性的圖騰（動物形象）中，受到囚禁的狼犬獲得螞蟻的特性後便會成長，開花結果。白蟻的夢催促你改善生活。沒有阻止的壞習慣如同白蟻從地基破壞房子般，似乎開始到威脅你的健康。

☆蝗蟲

壞習慣，侵蝕你得來不易的有建設性生活方式。或是代表將負面體驗當作養分。

☆蚊子

代表將會遭到小小的攻擊。不用過度反應，看是要離開還是忽略。

☆蛾

與代表靈魂成長的夢中蝴蝶相反，蛾代表放置不管的靈魂尚未進步的一面。被蛾嚇一跳的夢顯示你雖然不想知道自己的靈魂未能進步，卻被迫意外點醒。法語中蝴蝶與蛾都稱做「papillon」，蛾變作蝴蝶的可能應該是依你覺察的深度而定。參考：「蝴蝶」

☆獨角仙

外剛內柔。你可能認為，想在這個社會生存下去，就需要強悍的人格面具（自己對外的一面）。

☆螳螂

雖然母螳螂會在交配的姿勢下吃掉公螳螂，但夢中的螳螂代表對自己內在的陽性覺醒，踏出積極人生的徵兆。不過，你需要花一些時間才會在現實中有感覺吧。儘管如此，就算攻擊性有點高，但積極的態度應該會比你過去的生活方式好。

☆蜘蛛

自己創造的生活範圍。你是否太受限於人生的框架了呢？蜘蛛會隨心情乘風移動，在自己選擇的場所裡靈巧地利用八隻腳創造自己喜歡的世界。打造好的世界雖是將其他生物變成餌食的圈套，但自己同時也容易陷入深信那裡就是一切的思維陷阱。請避免對眼前的世界過度亢奮，而深信自己所創造的虛假世界和世界觀是絕對的真實。

☆蝴蝶

能夠讓內心變化的能力。心靈的死亡與重生。內心的模樣根據覺察，會宛如毛毛蟲破蛹成蝶般地改變。高等覺知將伴隨喜悅而來。夢見蝴蝶的你或許希望談場戀愛。或你若是正處於戀愛問題中，蝴蝶的夢便是要求你自身的改變。若能覺察該注意的事，做出符合自己樣子的行為或表現，喜悅便會悄悄降臨。又或者，蝴蝶的夢有時也是暗示靈魂所在即將改變。那是靈魂從物質世界前往高層次世界，因高度成長而引發的改變。參考：「蛾」

☆蜻蜓

不退步的精神，保持直線前進。由於蜻蜓根據種類不同，交配時有些雄蜻蜓會與雌蜻蜓結成一個愛心型，因此暗示著實現靈性豐富的戀愛。日本古語中，代表日本這塊土地的「秋津島」就是「蜻蜓」，意思是蜻蜓所居，擁有豐富大自然與豐饒土地的國家。蜻蜓的幼蟲「水蠆」住在水中，蛻化後成蟲在空中生活，從這點來看，蜻蜓也可以說象徵了超越情感課題的變化。參考：「蛾」、「蝴蝶」

☆蜂

夢中的蜂如果是黃色與黑色條紋，代表你正在因嫉妒耗損身心。有時也代表其他人的嫉妒，若是這樣的話，夢是在提醒你這份嫉妒可能於不久的將來浮上檯面。如果對嫉妒自己的人是誰心裡有數，請不要做沒有意義的挑釁。關鍵在於是你成為女王蜂，還是某人成為女王蜂希望你服從。如果蜂沒有與嫉妒連結的話，就是在鼓勵你成為工蜂，或是提醒你現在正成為一隻工蜂。參考：「蜜蜂」

☆蜜蜂

夢中的蜜蜂若表現團結一致工作的樣子，代表遵守社會秩序的重要，又或是對過度遵守秩序提出疑問。如果夢中的焦點放在蜜蜂穿梭花叢間，可能是戀愛問題的預兆。如果你是戀愛中的女性，請從夢中的故事情節判斷這個夢是在通知你將前往蜜月，還是告知你男方的花心。若蜜蜂或是其他蜂類出現時給你不舒服或是不能大意的感覺，則代表嫉妒，起因是不相信自己。請冷靜辨別這份嫉妒是屬於你還是其他人。

參考：「蜂」

☆蛹

連結「改變」的休止期。順利成長前的四面楚歌。

【甲殼類】

☆蝦子

如果是裝在盤子裡成為大餐的蝦子，暗示你將遇見有利的人際關係或是好賺的工作。由於是像「用蝦子釣鯛魚」這樣一本萬利的狀況，蝦子夢所傳達的訊息是請你不要大意，請先找好能夠快速閃避的退路吧。參考：「螃蟹」

☆螃蟹

若是裝在盤子裡成為大餐的螃蟹，與蝦子一樣暗示你即將遇見有利的人際關係或是好賺的工作。不過可能有陷阱，請務必小心。月夜在漆黑水底下活動的螃蟹雖然代表陰性的溫柔，卻也因為有吃食動物屍體的習性，象徵陰險與猙獰。若夢見螃蟹活動的樣子，可能是不自覺侵犯了他人的領域，對方被逼得走頭無路後可能會展開反擊。又或者可能是你的膽小製造了堅硬的外殼，將你自己關了起來。請仔細觀察四周，不要大意。根據夢中的故事情節，看是要面對問題或是繞道而行，請選擇適合你的方式。參考：「蝦子」

【貝類】

☆貝

螺代表經濟與子孫繁榮、安產。雙殼貝代表與女性性器官、女性性行為與性欲有關的事物。請仔細觀察看看夢中的貝是否健康吧。參考：「蛤蜊」

☆蛤蜊

夢在問你，你是如何對待你的女性面向以及女性性器官的呢？你現在的生活就像沒有女性性器官一樣，但是否開始察覺到透過女性性器官表現女性面的重要了呢？歌頌性欲望或是愛情上的交歡、子孫繁榮等等，請思考符合你自己的女性面表現方式。參考：「貝」

【其他動物】

☆寄生蟲、寄生植物

有東西正住在你的心裡，吸取你的能量。請檢討是否有誰奪走了你的心，或是你正在替誰擔心他的未來吧。又或者，是負面思考佔據內心，無法趕走。請現在馬上調查原因，丟掉它們吧。想從這些東西身上獲得解放，除了你勇敢的決斷，沒有別的解決之道。

☆蝸牛

過度封閉在殼中。請將〈小蝸牛〉歌詞中的「伸出觸角（堅定的態度），伸出長槍（達成目標的熱情），伸出頭（獨立思考）」銘記在心吧。

☆蠍子、小龍蝦

代表有毒的想法或是帶刺的話語。由於這些表現的根源是自我欺騙，因此無論攻擊者或是遭受攻擊的一方內心深處都存在著「欺瞞」。這是培養直覺，洞悉真實人際關係的時候。

☆珊瑚

珊瑚給人的印象是大海之母的骨架，夢中的珊瑚則代表創造力的基底。現在請不要違逆自己的情感，無論抱持任何心情，都接受它本來的樣子。請專心療癒、培育自己的身心，而不是向他人表現，這些將成為你靈魂成長的紮實基礎。

【植物】

☆花

你就是主角。不用顧慮，大大方方綻放自己的花朵吧。現在是不論公私都能讓你的美好開花的時機。夢中出現的無論是草還是樹上開的花，都是要求你站到舞臺前方。若是花束，傳達了只要毫不遲疑地行動，便能得到應有的評價。果樹的花距離達成目標或許需要一些時間，但由於將來一定會結果，不妨現在馬上面對問題。若是在夢中插花，代表是你出場的時刻，請率先採取行動吧。參考：「顏色」、「花束」

☆樹

從夢中樹的狀態，可以得知你的生活方式與發展狀態。樹根確實朝地底伸展的話，代表有向源頭的真我扎根；樹根很淺的話，便是缺乏挖掘內在的力量。樹幹意味著脊椎，想將昆達里尼（存在於人體內的根源生命能量）的力量直接提升成創造力，就需要粗壯結實的樹幹。樹枝代表展現天賦才能的機會和契機，天賦追求太陽這道真實之光的方向，期望開花。葉子是你所表現的才能、展現的成果、孕育創造出的事物總體。

若是夢見修剪、照護樹木的話，你似乎能下功夫讓自己得以在安全的環境下成長，度過健康豐富的生涯。生長在陰影裡的樹木代表你不追求真實，不承認自己的可能性與價值。充滿樹結的樹木，是代表無法將人生的迂迴曲折所傷害的經驗昇華為學習的收穫。不妨乾脆地切斷不需要的人際關係和信念吧。又或者，象徵認定「人生即痛苦」的態度，需要如柳杉和冷杉般朝天空挺立的朝氣與力量。

☆草、雜草、草坪

野草的夢有時與童年重要的回憶相連，或是代表需要接觸自然，感受與大自然之間的一體感。庭院裡的雜草是建議你開始著手照養心靈。雜草是需要費心思功夫拔除的東西，請不要噴灑落葉劑了事。站在草上或是坐在草上的夢，意味著所有人生中引起的問題對你而言都是最適合的挑戰。走在兩側長草的路上是在催促你盡早開始學習課題。修整得無微不至的草坪暗示過度禁欲的生活方式，或是代表你的自我管理、自我控制非常全面周到。參考：「庭院」

☆觀葉植物

你是否過度依賴他人、受他人照顧了呢？也像習慣主人飼養的貓，軟弱，沒有誰的庇護就無法生存。

☆種子

原因、因果。播下憎恨的種子，憎恨便會降臨在自己身上，播下喜悅的種子，便會有喜悅而來。又或者，就像「一分耕耘一分收穫」這句話，催促你行動。你身上有尚未萌芽的可能性。

☆鱗莖

終結與開始的力量。死亡與重生的連續性。即使現況艱難也能相信「黃金時代」的樂觀。由死而生的過程首先需要迎接死亡，接著腐敗，滋養土壤，經過植栽，最後實現重生。鱗莖與這五個階段的第四階段有關，處在第四階段的你似乎很靠近成長與開花結果的可能。

☆芽

徵兆。準備面對新挑戰。保持耐心，看準萌芽的時機，做好能專心致志培育的準備。才能開花不只要萌芽，也需要培育的能量。

☆葉子

代表你所成就的事物。茂盛的葉子象徵巨大的成果，稀疏的葉子是貧乏的學習。落葉意味著問題平安落幕，就那樣放著吧。參考：「樹」、「樹枝」

☆樹枝

樹枝意味才能發展與機會擴張。向四方伸展的樹枝配合你追求真實之光的強度，向外蓬勃延伸。若樹枝上掛著東西或是垂著什麼，代表事情似乎會半途而廢。樹枝上綁著鞦韆的話，代表你對童年感到懷念，在滿足這份懷念前，事情應該不會有進展吧。參考：「樹」、「葉子」

☆花粉

代表新的創意接二連三地湧現。想將創意付諸實行，必須判讀情勢走向（風），冷靜分析人力與財力（蟲子）。又或者也代表焦躁的源頭，對環境的不滿。

☆花苞

從一直在處理的課題中找到一定的價值與評價的前一刻。完工路上最後的忍耐階段。請拿出毅力，繼續描繪終點的樣子吧。

☆稻穗、麥穗

代表接下來的人生將會豐收，或是已經準備好挑戰能夠期待收穫的問題。可以在行動前預測結果。

☆棘刺

帶刺的言行。刻意不表露、嚥下的話語卡在喉嚨裡。與其說是顧慮對方，不如說這是厭惡自己情感所造成的結果，因此，請先承認自己的真心，在這個基礎上尋找讓雙方都不會受傷的表現方式吧。

☆根

地基、原因、根據、核心。基礎的狀態。表露在外的東西與地下的基盤相連。若是期望靈魂成長，請生出紮實的根吧。現在是努力打基礎的時候。

☆薊花

就像歌詞裡描述的一樣，薊花或許告訴了我們戀愛的心情，也或許是給予我們勇氣，要我們將人生看做是一場夢而活。薊花夢的含義請以你對薊花的印象為優先。薊花是蘇格蘭的國花，花語是「獨立」。薊花身上透著不允許觸碰、不接受干涉的獨立。

☆梅

鼓勵剛健樸質、腳踏實地的生活方式。由於在最寒冷的時節開花，梅樹是春天的先驅，花期較櫻花長，果實也具有實用性。梅干的夢是借用日文裡「鹽梅」與「安排」同音，告訴你事情的安排（平衡的狀況）吧。

☆橄欖

若是夢見橄欖樹、橄欖枝或橄欖葉的話，無論過去發生什麼事，都請將平靜放在心頭。若是夢見橄欖的果實，你平和的內心將會化成具體的成果顯現出來。如果是橄欖油，最好趕緊淨化體內。橄欖有時會以個人的生命之印（譯註：參考「畫」辭條解釋）在夢中登場，此時，將橄欖的畫放在身邊便能為心靈帶來平和，將橄欖當作食品攝取也很有效。

☆櫟樹、橡樹、櫸樹

帶著信念，筆直生活的姿態以及內心的能量。若能盡情吸收遍布宇宙的能量，再配合心靈的四季適時使用，你將能達成自己的信念。參考：「樹」

☆菊花

代表脈輪取得平衡，或是請你注意保持平衡。請採取跟隨菊花意象的自我主張方式。或者，菊花的夢也可能是在質疑你的傳統禮儀。高雅嫻靜的態度或許能為你保護自己的尊嚴。

農曆九月（菊月）九日重陽節大約在陽曆的十月中旬左右，是賞菊的季節。這是暑氣漸遠、迎來收穫的秋天，留心裝束打扮，「衣食足，知榮辱」的時節。

☆櫻花

宣告事物的春天來臨。對一切新事件的祝福。雖然新事物短時間內便會結束，但行動總比不行動來得好。切斷對過去的執著，對變化下定決心，跨出一步的時刻。

☆仙人掌

抵擋下嚴酷環境的證明。一直將周圍的人視為敵人，沒有溝通交流。覺察不足，傷害自己也傷害了別人。你可以選擇今後是繼續當沙漠裡的花朵，還是成為庭園裡的百合與玫瑰。

☆竹子

尋找夢中故事情節與竹子身上寄喻形象重疊的部分。你的主題是勢如破竹，果斷割捨執著，還是如竹子身姿挺拔，貫徹初衷呢？若是雪景中的竹子，夢境所傳達的訊息或許是忍耐人生風雪的重要性。竹取物語中的竹節裡有小小的竹取公主。竹節代表內心「空」的狀態，暗示藉由抵達這個境界便能成就不為世俗價值所惑的高貴靈魂。參考：「松樹」

☆橡實

告訴你你擁有很大的可能性，催促你將這份可能性轉變為實際的事物。實現自己的可能必須選擇時間與地點，請做好心理準備吧。

☆蓮花、蓮座

蓮座是往生者於極樂世界所坐之處，因此代表有可能獲得超越今生煩惱的清明覺察。另外，也或許是將某人送往極樂世界的預兆。蓮花象徵追求真理之光，從泥淖中攀爬綻放的愛與生命，相當於西方世界的玫瑰。

☆玫瑰

夢在詢問，如果你的心是一座王國，你想成為怎樣的女王呢？這是將你的生命昇華為無償的愛的時刻，一份帶著玫瑰般女性特質，取之不竭的愛。相傳，阿芙羅黛蒂（維納斯）在轟轟烈烈的戀情後成為邱比特的母親、愛與美的女神，卻為戀人阿多尼斯慘死流下了血淚，血淚成了紅玫瑰。

此外，玫瑰因其形狀也被喻為女性的性器官，自古即代表了大地母神，基督教中更是將紅玫瑰與聖母瑪利亞的形象重疊。參考：「百合」、「花」、「顏色」

☆松樹

你對松樹的第一印象就是夢的訊息：若是松竹梅

裡的「松」或是新年門口迎神的「門松」的話，或許是喜事和願望實現的通知。盆栽裡的「松」催促你慰勞、培育身心與靈魂。若是抵擋風雪的老樹，或許是夢將你認定「人生即痛苦」的心情化為實體顯露出來了。若你現在無精打采，就請吃些松子提升能量，再次挑戰人生。若無論如何還是提不起勁，就去海邊的松林散散步，療癒一下身心吧。參考：「竹子」、「樹」

☆百合

由於百合花的形狀令人聯想到女性的性器官，因此焦點會放在這方面的應對處理上。白百合濃郁芬芳，代表純潔，但你心中或許仍尚未認同女性。你是否在身為女性與身為人類之間感到矛盾呢？百合花的夢是在鼓勵你綻放身為女性的花朵，就像天使加百列捧著白百合說服瑪利亞接受自己成為母親一樣。參考：「花」、「顏色」、「玫瑰」

☆紫雲英

你是否覺得自己一直遭到他人利用呢？或是覺得與周遭相比，自己活得不夠像自己而自卑呢？紫雲英綻放於水田中，這也是為了在尚未種稻的春天給予土地養分。即使不顯眼，卻在稻米的收成中擔當重要的任務。你只要開出自己的花朵就好。不管擁有何等豐功偉業，從太陽眼裡看來都是像紫雲英一樣迷人。

【菌類】

☆黴菌

潮濕無用的嫉妒心遭長時間封閉，請清洗掉它吧。嫉妒會引起心靈劣化與腐敗，傷人傷己。

☆香菇

你的人生中存在一股背後的影響力。由於現在的你似乎無法正確看出是否該歡迎那股力量的真面目和影響，因此請不要焦慮，花些時間判斷吧。香菇的形狀類似男性的性器官，如果你正處於戀愛關係中，請想想自己是否太過受男性性魅力吸引，或者也有可能是你被性魅力耍得團團轉。挖到松茸的夢代表夢想一獲千金。如果這是預知夢，你實際上真的得到松茸的話，請與周圍的人分享美味吧。透過分享成果，應該能深化你對報酬與利益的看法。夢中若是猶豫要不要吃香菇，可能是腸胃運作不順，請暫時遠離菇類吧。

【古代生物】

☆恐龍

自然的威脅。或是代表你的欲望相對於內心自然的姿態，成長得過於龐大，像隻巨大的恐龍在肆虐。想取回內心的自然，實際踏入大自然中體驗大自然的恩惠是最棒的方法。人類本就是做為大自然的守門人而存在。

【其他】

☆動物

從底輪到掌管內心本能面向的第四脈輪（心輪）為止的功能。象徵為了存活，從食欲、性欲與睡眠欲望衍伸出的重要心靈動向。夢裡的動物如果健康有活力，代表你享受美食、憧憬異性、追求安全環境的心情似乎能取得平衡。另外，你應該也能表達對威脅自身安全事物的抗爭心、尊嚴受到傷害時的不平等適當的憤怒。

你的心裡有許多動物生存其中。若觀察牠們是如何在你內心這塊大自然裡生活，便能得知自己的能量是正在上升或是正在削弱，自己健康與否。

☆尾巴

即使負責殿後也不能掉以輕心，請以安全為目標。此外，避免什麼都要跟著別人，全權交由他人負責的生活方式。如果內心還對過去拖著條尾巴，以致於造成影響，現在請立刻轉換心情。從夢中是露出尾巴、抓住尾巴、甩尾巴、還是捲起尾巴，可以掌握其大致上代表的心情。

☆角

普通長在公牛頭上的角，表現你盛氣凌人的態度。公鹿雄偉的叉角催促你發揮堅毅的領導能力。反之，若是夢見公牛或公鹿角斷裂，則是提醒你強勢的做法正在令事態變得更加困難。此外，母牛或是女性頭上長角的夢則是代表嫉妒。獨角獸請參考：「獨角獸」辭條

☆寵物

承接的責任、內心的安慰。提供預期中樂趣的存在。以信賴為餌吸引目標，或代表逃避現實。

■食物■

夢藉由食物傳達你真正的樣子。無法將人生視為學習的人，夢裡經常會出現點心類的食品。把事情想得太嚴重或是太輕鬆、咀嚼能力差的人，夢中會出現柔軟的食物。總是夢見根莖類蔬菜的人內向、缺乏行動力，有對一切消極的傾向。

接著，夢會告訴我們支持或是打破這些現狀的食物，像是適合你現在的食物、應該避免的食材等，訊息極為詳細。你現在的心靈與身體，是過去所吃食物的總結算。請感謝創造出現在自己的龐大食物，與夢一起享受並打造今後的飲食生活吧。

順帶一提，夢中和你一起吃東西的人實際上會與你共享人生。如果一同在餐桌旁，卻沒有吃東西，可能就不會與你共享人生了。因為你們彼此的課題並不一樣。

【主食】

☆米、飯

飯和麵包代表貫徹人生的決心。飯與麵包是生命的糧食，因為有它們在，身體這座神聖的宅邸才得以健康，能夠度過多采多姿的人生。儘管如此，平常吃米飯的人夢中出現飯時，有時也是警告你碳水化合物過多，要有所節制。平常沒有在吃米飯的人夢見飯則是攝取太少飯，可能引起營養吸收的問題（這種情況比較少見）。另外，也有可能是暗示你的食物攝取太偏酸性。參考：「麵包」

☆紅豆飯

即將發生值得慶祝的事。成功後做一個區隔。你想在哪方面的領域成功呢？現在，請先確定好你靈魂的願望吧。

☆年糕

意識自己是宇宙的一部分，在靈性方面負責重要的角色。我們透過在新年吃年糕，與神佛、親戚以及所有活在此時此刻的人們在靈性上牽起手。西方世界裡相當於年糕的食物是麵包。參考：「麵包」

☆粥、流質食物

消化吸收能力因為人生激烈的治療手段而衰退。現在無論是人生課題還是食物，都請從最安全的部分開始挑戰吧。養精蓄銳為第一要務，能過著理所當然的日常生活就算不錯了。參考：「湯、濃湯、燉飯」

☆麵包

大部分是碳水化合物攝取過多，或是代表討厭花功夫咀嚼、深刻理解人生。參考：「米、飯」

☆義式料理

你是否因為壓力正在吃一些刺激性強的食物呢？這是消化系統無法跟上的警告。食用大量運用乳製品或油類的料理時，請注意身體會對你發出什麼樣的訊號。或者，你可能正熱中於品嚐這個世界的奢侈。現在不檢討的話，之後將會身心俱疲。參考：「義大利麵」

☆義大利麵

代表雖然不會持久，但姑且能為你打氣和成為變化契機的人際關係。或是象徵強烈觸發感性，受到雀躍驅使卻無法真正成為內心養分的關係。參考：「義式料理」

☆拉麵

希望不勞而獲得到成就感與人情味。現在的你就像面對配料豐盛的拉麵，猶豫著該從哪裡下手一樣，無法決定實現夢想的優先順序。這個也做、那個也做，有過勞的傾向。你思考出來實現夢想的方法全都能輕易實行，充滿魅力，實際上卻無法發揮那麼多效用。請了解，唯有透過單純地處理樸實的課題，才能得到真正的滿足，請辨識出自己真正的課題。夢中一起吃拉麵的人與你的關係，很可能只是一時的。

【配菜】

☆肉類料理

夢中登場的高脂肪肉類料理，告訴你你處理問題的態度既高壓又強悍。低脂食物所傳達的訊息是要你一面接受自己的現狀，一面創造積極的身心。肉類料理雖然能引導吃的人拿出積極的競爭意識，但同時也會成為不合時宜又無謂的緊張與努力源頭。請你也思考一下肉類料理對身體的負擔吧。若夢中出現高脂的肉類料理，意指現實生活中暫時不要吃。參考：「炸豬排」

☆炸豬排

催促你強力反省自己高脂、高蛋白的飲食內容。另外也指出，你對目前處理的事情想要獲勝和躁進的狀態。你可能是想鼓舞自己、好好努力，但過於強烈的情緒最後似乎會扯後腿。也有可能是你誤將周遭的期待當作自己的真心，太過拚命。請暫時遠離高脂飲食，思考舒緩過多緊張的方法吧。參考：「肉類料理」

☆香腸

男性性器官的詼諧比喻，夢在問你，你是否孩子氣地覺得上半身與下半身是兩種不同的東西呢？又或者，做為摻入大量食品添加物的代表，香腸也指出了你味覺上的幼稚。參考：「香蕉」

☆湯、濃湯、燉飯

請思考你在飲食或事物的消化吸收上是否有負擔。現在的你嚴禁勉強自己。面對挑戰，你的體力與精力是否委靡不振呢？不要過度自信，請喝些含有食物精華的湯品吧。參考：「粥、流質食物」

☆沙拉

大部分是改善飲食生活的建議。大概是你只吃肉、青菜攝取不足，或是攝取的青菜有所偏食吧。為了以安定的精神力打造有毅力的自己，也為了完全發揮所擁有的才能，請大量攝取新鮮的沙拉吧（凱因療法中特別建議在中餐攝取豐盛的沙拉）。

人生課題是溝通的人請檢討一下自己是否有像仔細咀嚼品嚐青菜一樣，細細琢磨他人說的話，或者只是囫圇吞棗。

【點心、甜點】

☆（小孩子的）零嘴、甜麵包

沒有意義的人際關係。暫時的依賴與慰藉關係。退化為小孩子的自己。或是需要檢討廉價的飲食內容。

☆點心

你的內在小孩似乎希望你關注他。你需要休息，不妨實際上吃點點心，讓自己喘口氣吧。參考：「仙貝、蘇打餅乾」

☆西式甜點

心靈與愛的交流等人生中的甜美。性交流。想開心品嚐甜點的話，在那之前必須先攝取青菜和優良的蛋白質。人際關係也是如此，若想要靈魂喜歡的靈性連結這道甜點，必須先一起處理各式各樣的問題。參考：「霜淇淋」、「蛋糕」

☆霜淇淋

對許多人而言代表了「準備好的人生甜美」，大部分是情人的出現。參考：「巧克力」、「西式甜點」

☆糖果

臨時的能量補給、幼稚的甘甜、對他人的依賴、對某種事物上癮。重點是不去面對應該處理的課題。若對自己很像想要糖果的小孩子這件事有所自覺的話，就不會引起什麼大問題。夢裡情人給你糖果或是你在舔糖果的話，代表對方或你某一方有戀愛成癮的可能。由於現代許多人工作成癮，工作在夢中也有可能變成糖果。

☆口香糖

如果在夢中開心地嚼口香糖，是建議你像打擊區的棒球選手般享受壓力。若能跨越適當的壓力，就能連結到好成績。

另一方面，如果邊嚼口香糖邊覺得不自在，或是口香糖好像卡在喉嚨卻拿不出來，代表無法說出真心話的痛苦現狀。你身邊是否沒有人能理解你說的話呢？尋找能夠安全保密的心理諮商師或治療師，坦率地傾吐你的心情吧。或是如果有平常能適度表現自己真心的朋友、熟人，不妨效法他們。參考：「咀嚼」

☆奶油、乳霜

若夢見的是食用奶油，是建議你盡情享受人生的美味。不過，根據夢中的故事情節，也有可能是建議你避開乳製品。請詢問身體的消化器官是否有累積壓力。如果夢見的是化妝品的乳霜，則需要保護皮膚，注意不要讓身心暴露在壓力之下。也請在現實生活中慰勞一下肌膚吧。溫柔呵護隔著人與人的皮膚後，自然而然也能夠細膩應對人際關係。參考：「化妝品」、「牛奶」

☆蛋糕

對成果的稱讚。獎賞。被允許的奢侈。對成功與婚姻的憧憬，或是只看重結果。與甜點一樣，甜甜的東西是最後品嚐的食物。其中，蛋糕是上天給予的特別贈禮，必須提出成果後才能品嚐。有時，這也是脂肪和甜食成癮的警訊。參考：「西式甜點」

☆仙貝、蘇打餅乾

必須療癒內在小孩。你現在希望有誰可以照顧自己，在不小心鬧彆扭引發麻煩前，請自己主動設定休息與點心時間，讓內心擁有一些餘裕。由於你現在身心疲勞，避免刺激性的食物和事情比較安全。單純用澱粉和鹽的烤餅乾不會對消化帶來負擔。參考：「點心」

☆巧克力

這個世界的奧妙所在，夢幻的愉快體驗。或者，代表虛偽的甜言蜜語和迷惑內心的誘惑。請從夢中的故事情節判斷是哪種意涵。由於巧克力實際吃多會令思考遲鈍，請吃少一點吧。如果你正在戀愛，請再次思考自己是否過於迷戀對方。參考：「西式甜點」、「蛋糕」

☆爆米花

爆米花暗示著請你反省缺乏營養、簡單單調的飲食內容，或代表不切實際的主意。該是深思熟慮的時候了。

☆包子

你是否想沿用過去的陳舊思維處理問題呢？而且還是有點廉價的方式。夢裡在什麼樣的情況下和誰一起吃哪種包子，將成為解析的線索。不管是豆沙包還是肉包，都請從同一種脈絡思考看看。或是你現在可能受到懷念的驅使，厭倦挑戰，渴望肌膚的溫暖。請明白，繞路到別的地方看看或是回頭也是人生很重要的元素。

【青菜、海菜】

☆青菜、葉菜類、根莖類

夢中出現青菜時，基本上都是建議大家吃青菜。尤其是彷彿向太陽張開好幾隻手的葉菜類蔬菜，能夠將努力面對問題的力量分給我們。現在請馬上將葉菜類蔬菜加到菜單裡吧。不過，若是夢見像「筑前煮」這種都是根莖類蔬菜的夢，代表你過度扎根於現狀，不能接受變化，為自我表現踩煞車。

☆高麗菜

無論是高麗菜田或是高麗菜絲，都在暗示你的疲勞。過去，你以近乎頑固的一板一眼做了該做的事，但差不多到達極限了。為了讓身心回復，請克制肉類料理，仰賴高麗菜的母親之力吧。參考：「萵苣」

☆小黃瓜

沒有熱情的性行為，對男性的欲求不滿，或是壓抑男性性能量的必要。小黃瓜是夏季蔬菜，有降低身體熱度的作用。當季以外不要吃比較好。

☆馬鈴薯

為了生存從事非自願的勞動。偏離靈魂本來目的的生活方式。或是為了恢復你本來的目的而經濟拮据。請留意夢中的場景，仔細思量那是否是適合自己的生活方式。

☆洋蔥

暫時的情感流露。逃脫情感枯竭的契機。用幽默的眼光看待痛苦體驗的訓練。因為洋蔥而流眼淚雖然與真正的眼淚不同，但有可能達到暫時的淨化作用。不過，這是一種掩飾，真正的學習現在才要開始。此外，由於洋蔥在地下生長，代表你即將得到背後支持者的幫助，或者也代表有可能成為背後的支持者。

☆**番茄**

從性行為衍生的精神、靈性成果。番茄的別名又叫「愛情蘋果」，若你追求符合靈性的伴侶，請適量吃些鮮紅的當季番茄吧。番茄令人聯想到太陽，雖然尋找伴侶伴隨困難，但請相信有顆宛如番茄般的太陽永遠在你心中閃耀著光輝。

☆**茄子**

「一富士、二鷹、三茄子」，如同新年第一個夢夢見這些會被視為吉夢而廣為人知，茄子意味著豐饒。對於想成為母親的女性而言，是有可能懷孕的通知。若夢見的是日本中元節供品的茄子，由於那是祖先靈魂的坐騎，有時也是暗示超越次元的交流。藍色的茄子代表第三隻眼的第六脈輪內分泌腺、松果體的能量，告訴我們關鍵是從遠離自私自利的角度採取行動。參考：「小黃瓜」、「柿子」、「富士山」、「老鷹」

☆**紅蘿蔔**

夢見紅蘿蔔的人認為認識人是件麻煩的事，個性消極。紅蘿蔔的夢建議你再走向人群多一些。紅蘿蔔是很適合搭配油的食材，要不要試著靈活運用人際關係的潤滑劑呢？特別是正值更年期的女性如果夢見紅蘿蔔，請有意識地在飲食中增加紅蘿蔔；並不要關在家裡，出門見見其他人吧。

☆**大蒜**

基於迷信的恐懼。請將身體交給安靜的音樂，冥想靜心吧。提升自己的能量，不要把自己的內心讓渡給他人。

☆**豆子**

豆子代表豐饒的同時，也告訴我們生在這個地球上的每一個人都是同伴。此外，包覆著堅硬外皮的豆子也暗示死亡與重生的動力，或者也有可能是身體需要豆類營養。

☆豆芽菜

儘管豆芽菜就像是柔弱、不可靠的代名詞，其實卻是可能性萌芽的信號。如果你有正在處理的案子，請用心培育吧。豆芽菜集結根、莖、葉芽，將生命濃縮在一起，也很推薦在現實生活中食用。豆芽菜這類優質的青菜會提供人們貫徹事物的力量。

☆萵苣

溫柔、慰藉、支持。你現在是否正在折磨自己呢？請試著慰勞自己，在太陽下昂首闊步吧。接著，大量攝取放有新鮮萵苣的沙拉，便能確實感受到太陽光遍布萬物的溫柔，變得樂觀一些吧。參考：「沙拉」、「高麗菜」

☆檸檬

因為人際關係壓力而失去精力、消化力下降。這種時候，請實際攝取生檸檬吧。最棒的吃法是食用沙拉，以檸檬汁與適合身體的油為沾醬。若想以營養補充品的形式攝取檸檬內含的維他命C，必須搭配大量乾淨的水吞入。

☆海菜、昆布、海帶芽

如同昆布生長在激烈的浪潮中一樣，你的內心也在情感的風浪中接受鍛鍊。現在請不要違逆情感的激流，時而輕輕避開，時而貼近情感來培育自己吧。在現實飲食生活中，從海帶芽到寒天，不妨攝取各式各樣的海菜。

【水果、堅果】

☆水果、果實

採收親自栽種的東西。如果過去一直果敢地面對人生課題，將能迎接預期中的成果。如果夢見盤子裡裝著特定的水果，想吃那些水果的話，請沉吟夢中故事情節，判斷這些水果是否適合自己的身體。若是非當季或進口水果的話，則探究自己心中是否有依賴或羨慕的心情。參考：「葡萄」、「蘋果」

☆無花果

讚揚女性為女性這件事。無花果經摘下後，會流出彷若母乳般的白色汁液，傳達了讓我們珍愛並品味身為擁有母性的女性這件事。艾德格．凱西有一道從夢中學習到的食譜稱做「木乃伊餐」。以無花果乾和椰棗為食材，這是無論多麼虛弱的身體都能消化的驚人食物。

☆柿子

橘色的柿子代表第二脈輪的死亡與重生，暗示接受新課題。由於根據夢中故事情節，夢主也有懷孕的可能，所以請為此做好身心準備吧。柿子的夢告訴我們，探索自我的人像待產的人一樣，透過溫柔平和的對待便能結出果實。參考：「茄子」

☆櫻桃

人生初夏的微甜體驗。初戀。從櫻桃梗連結兩顆果實象徵了情侶關係，也代表戀愛中疲憊的心回歸初衷的必要。

☆香蕉

代表小孩子心態的不聽話。如果你現在正面對問題的話，或許先療癒你的內在小孩才是明智之舉。香蕉也經常代表男性性器官，有時是指你對性態度幼稚，有時則相反，可能是在勸膽小怕羞的你拋棄羞恥心。誠實看待自己對性的態度是項困難的挑戰。請試著友善自己、慢慢面對吧。參考：「香腸」

☆葡萄

人生的收穫。不批判自我、讚美自己、溫柔對待自己的必要。如果夢見葡萄樹或葡萄田，代表活用內在資質與才能的好機會來臨了。參考：「水果、果實」、「蘋果」

☆橘子、柳橙

珍惜自己、愛自己。由於橘色是死亡與重生的顏色，因此也有可能代表為了重生而對某件事放手。健康方面，有時是催促你食用橘子和柳橙，有時則是相反，阻止你攝取柑橘類。請用你自己的身體和感受判斷。

☆桃子

為了踏向光明的未來，療癒自己，與過去道別。桃子是日本《古事記》中，伊邪那岐在黃泉國看見伊邪那美的模樣激怒伊邪那美後，為了甩開黃泉國的汙穢所投的水果。

☆蘋果

蘋果是承諾只要提升理智為睿智，除去自我，目標靈性理想，結果必定有所收穫。同時也是委婉的警告，即使以現在的知識與欲望向前衝也不會成長。「婚前的情侶看著教堂尖塔上的蘋果」的夢是個好例子，藉由這個夢，超意識請夢主在確認彼此靈性樣貌的前提下結婚，如此一來，真正的幸福便會降臨。

☆堅果類

等待生命之火吹入的才能。成長的可能。不會白費的忍耐。此外，也代表過度忍耐，疲憊困乏。如果你現在十分疲倦的話，要不要試著攝取一些堅果類提升能量的狀態呢？請一邊觀察消化器官的狀況，少量少量地細嚼慢嚥。

【飲料】

☆日本茶

你似乎將傳統上一直很注重的人際關係模式視為很有價值的事物。儘管那樣可以在親子、上司與屬下等上下關係，也就是縱向關係裡發揮效用，卻也成為難以適當創造朋友、夫妻等橫向連結的原因。要不要試著舒緩緊張，放鬆一下呢？參考：「茶、泡茶」

☆紅茶

優質的人際關係。披著適當面紗的溝通。就像紅茶的成分會產生舒適的緊張感一樣，人際關係也需要輕微的緊張感與適度的禮節。或者，紅茶的夢有時也是告訴你根據個人體質不同的適應或不適應。平常喝太多紅茶的人請減量。

☆咖啡

喘口氣的必要。短暫的休息。內心喜悅與平靜的時刻。請你有意識地追求內心的淨化吧，另外，也請檢查一下身體的疲倦狀況，尤其是消化器官是否有負擔。順帶一提，凱西療法中並不推薦咖啡（紅茶也是）摻牛奶。

☆牛奶

慰勞、培育自己尚未培養完全的一面。攝取豐富滋養的必要。或是實際上急需優質蛋白質。對乳製品過敏的人而言，牛奶的夢暗示身心雙方面的壓力。

【酒類】

☆酒、酒精、啤酒

舒緩疲勞神經的必要。保持樂觀心情的重要性。你在全力運轉神經的同時，似乎也因為過度壓抑情感而即將爆發。現在，請強迫自己休假吧。找個能夠不要害怕自己的情感，感受它，坦率與他人分享心情的地方。靜靜休養你便能恢復冷靜，為要面對的事物決定先後順序。即使這場休假十分短暫，也會成為你開啟改變大門的契機。雖然並非巨大的改變就是。

此外，若是夢中出現喝著酒精飲料的某人，代表那個人沒有判斷能力，是要你別相信對方的忠告。又或者，酒的夢是接觸神聖的意思，尤其是日本酒代表了淨化與改變。參考：「酒盞、杯子、紅酒杯、酒盅」、「紅酒」

☆紅酒

身心的放鬆或是麻痺。改變的象徵，同時也是會成為改變契機的事物。接觸神的冥想體驗。若是夢見與誰一起喝紅酒的話，是告訴你可能與對方一起經歷重生的體驗。如果夢見自己投入紅酒池或紅酒湖的話，代表你現在還沒準備好用現實的方式處理眼前的問題。參考：「酒、酒精、啤酒」

【調味料、辛香料】

☆油

若夢中出現用在機械上的油，象徵著潤滑劑。夢中的故事情節會傳達此事，又或者你會在現實生活中找到自己將成為誰與誰之間的潤滑劑。食用油的夢是健康上的建議。請在體內外使用優質的油，讓身體好起來吧。

☆鹽

從人生中的鹹辣體驗學習的心理準備。不吃甜言蜜語。蘊含在宇宙萬物中不滅的生命。成為地上的鹽，意即防止世道腐敗。腳踏實地的行為。從用在保存上這點代表消除不安。對淨化與不潔的事物態度堅定。鹹味代表了「人生即爭奪」的戰鬥信念。由於鹽分過多將會對身心造成負擔，請飲用乾淨的水尋求淨化吧。鹽適當攝取就好。

☆香料、辛香料、辣椒

為一成不變的生活添加改變的必要、適度的刺激。不過，就像過多的香料會傷害味覺一樣，過猶不及，請不要加過頭。

☆蜂蜜

請你充分享受人生甘甜的暗示。

【其他】

☆速食

認為自己無法過有創造力的人生而放棄。不用心的生活方式。你以及所有人都是獨特且獨一無二的存在。請承認這點，並攝取適合這樣的自己的優質飲食吧。速食雖然方便卻缺乏營養，持續大量食用會引起憂鬱。攝取速食的根本原因帶有自我否定。

☆餌

引誘不誠懇的人。誘惑。請反覆思量，遠離有疑問的人際關係吧。

■情感■

會在夢中感受到情緒，是因為你必須仔細感受那份情感。無論何種情感，只要徹底感受就能淨化、昇華，不會永遠賴在你的心裡。即使是負面情感也不要害怕，透過徹底感受其中滋味，你便能進展到下一個階段。因此，透過在夢裡沉浸感情，伴隨強烈情感的夢境讓你不需使用夢療法便能帶來深度的療癒。

在思考情感的夢時，有件事情希望大家注意。例如，夢見逃離某種事物時，夢中「遭到追逐的恐懼」與夢醒後「鬆一口氣」的感覺容易混淆。追根究柢，請將焦點放在夢裡的心情上。這種情況希望你根據「恐懼」來思考。夢裡感受到的情感與醒來後的心情交雜無法整理時，請檢索夢中其他重要的詞彙而不是針對情感判斷，如此比較不會有誤。

【心情】

☆放棄

如果你在現實生活中打算放棄什麼的話，這個夢就是請你思考這個放棄的動機。是冷靜判斷的結果，還是可能受到他人言行左右呢？這個夢不是要你重新思考結論，而是在問你，這個決定是否是你負起責任的結果。

☆生氣、憤怒

夢中如果有誰在生氣的話，代表對方或是與對方相關的人正在生你的氣。由於只要對方一生氣你便能提前得知，因此能夠應對，不讓事態擴大。又或者，夢中是你在生氣呢？如果你平常有很難說「NO」、被他人牽著鼻子走的傾向，夢中就會引發情感釋放。今後，你應該能夠相信自己、尊重自己的意志，適當面對他人。

夢中能做到的事在現實中也能辦到。不能害怕表達憤怒。憤怒是保護自己尊嚴所必須的情感，也是你的創造力不可或缺的事物。

☆害怕、恐懼、畏懼

不想知道真相。畏懼自己沒有對抗真實的力量。害怕看到自己未知的地方。你明知道恐懼能成為很大的創造原動力，一方面卻又害怕恐懼會不會連結破壞。人是變化的，變化才能連結成長。害怕得立在原地不動既無法成長，也得不到洞見。請穿過恐懼中心吧，恐懼將會瞬間化為美好的覺察。

☆傷心

一直以來，你或許都沒有做到在傷心的時候傷心這種理所當然的事。一邊流著眼淚一邊睜開眼睛時，你應該能感受到內心獲得了深深的解放。你平常抹滅自己的感性，始終乖巧地照料一切、虛張聲勢而筋疲力盡。傷心的夢是在療癒這樣的你。

☆討厭

若夢中遇到了討厭的人，代表你的靈魂正在進化。你正值也在自己身上找到了討厭的人討厭的那面，面對自己陰暗面的階段。透過更深入了解夢中那個討厭的人，你的自我探索也會愈加深入。

如果出現在夢裡的是你平常覺得討厭的人，請回想你在夢中如何與對方應對。如果你擺出了厭惡感顯而易見的假笑，對方在現實中也會察覺你的心情。你討厭那個人的什麼？為什麼會那麼在意？現在是檢討這些的時機。或者，有時候藉由夢裡相遇的機會，在你傳達「我討厭你」這個真心的瞬間，你的厭惡感便會消失，並產生不可思議的同理心。這是因為你透過能夠坦率表達自己，產生了尊重自己也尊重對方的心情。

產生討厭情緒的夢是現實中也能找到合適妥協點的徵兆。夢中出現討厭的食物時，請按常識應對吧。若是加了一堆添加物的垃圾食物，就沒有吃的必要。不過，單純因為任性或是根本沒吃過就挑食不吃（特別是青菜）的話，最好還是吃下去。這不是因為夢裡出現的食物對所有人都好，而是因為，那是為了你這個特別的存在所提出的特別建議。如果沒有過敏之類的問題，請嘗試看看吧。請將目光放在吃下討厭的食物後，身體對內心說了什麼。有時候明明是平常喜歡吃的食物夢裡卻變得討厭，那就是你的高我想避開的食物。請在現實生活中節制食用，探索身體的反應。

☆嫉妒

失去自信。自卑、自尊心低落。你身上具有對應自己靈性理想的美好特質，卻將這件事忘得一乾二淨。夢中的你（或不是你的某人）所嫉妒的事情，你也能學會。你身上也擁有那些東西，只是沒發現罷了。

☆煩惱

請承認煩惱中的自己吧。過去，你不能接受煩惱的人，或是一直認為自己沒有柔弱到要煩惱的程度吧？不過，你現在正在煩惱。請察覺這點，在允許自己煩惱的基礎上花時間面對問題吧。你的課題是接納煩惱的自己。

【身體的感受】

☆溫暖

舒緩緊張，鬆一口氣的時刻。用淋浴或是泡澡為心靈按摩或許不錯。又或者前往大自然中的溫泉，用五感體會灑落森林的日光、河邊的陽光等溫暖，放鬆心靈。

☆燙、熱

看待事物的方式、處理問題的方法過熱。這個夢是在呼籲你冷靜，又或者，也可能是對你的睡眠情況發出警告。

☆冷

你的情感與感受處於凍結狀態。請不要放任它們不管，有意識地溫暖你的情感與感受吧。朝氣蓬勃的感性才是讓你成長的線索。又或者可能是因為掀開被子睡覺，身體才會發冷。參考：「燙、熱」

☆重

背負不必要的重擔。為挑戰的課題決定優先順序，只做自己該做的事，一件一件處理的話，人生就會變得單純清晰，如釋重負。即使背負他人的負擔，也不會有任何人得利。請時時將無拘無束這件事記在心上吧。

☆渴

你現在是否渴望著什麼東西呢？是水、金錢、地位、健康？還是給予自己愛的人呢？無論是物質層面還是精神層面，即使某天滿足了，渴望依舊會再度降臨。這是追求以靈性為基礎的智慧的時刻。只要得到這樣的智慧，就不會再次因渴望而苦。

☆飢餓

代表缺乏感受到自己被愛的體驗。首先，請如實承認、接納感到悲傷、恐懼或是不安的自己。這份對自己的愛將會幫助你從心靈的飢餓中解脫。請每日祈禱與冥想，持續夢療法，堅定確實地培育對自己的愛吧。

☆危險

你現在正一邊感受刺激，一邊挑戰人生課題。然而，這種刺激是必要的嗎？你是否因為想過戲劇性的人生，才會追求不必要的刺激呢？欲速則不達，如果真的想成長的話，請試著整理自己的現況吧。

或者，沒有勇氣投入任何事的人也會做這種夢。若是這種情況，請反省——最危險的事就是什麼事都不做。

【其他】

☆著急、慌張

這是夢的告誡：「人生毋須著急」。過去、現在、未來之中，最重要的是現在。請不要被過去與未來牽著鼻子走，確實享受當下。某人或是自己慌慌張張的樣子看起來應該很可笑。

☆單身主義

若夢中貫徹單身主義的話，代表你平常對親近異性這件事心懷恐懼，過於把自己關在自己的內心裡。無法理解為了得到人生的真理，必須整合心中的陽性面與陰性面，或是誤以為性經驗會成為獲得真理的阻礙。所謂婚姻生活，是運用了神聖的性能量的陰陽合體、開悟之路。

■時間■

若是夢見關於時間的夢，請將其想成是在你解決問題之際，給予你該怎麼做才好的暗示。例如春天是行動開始的時節，夏天則是悠悠哉哉地大量釋放能量；秋天收穫過去活動的成果，冬天則是收斂活動，分析、檢討現狀。一天的時間分配也是一樣，早上是決定今後的方針，開始動作；白天是集中精神，精力十足地運作；夜晚則需要休息，為明日做準備。

若你在夢中做出不合時宜的舉動（例如盛夏中穿毛衣），可能現實中也正在執行現在不該做的事。

人類無法逃離時間的限制。然而，正因為身處有限的時間，才能積極地處理人生課題，在處理時衡量時機，思考該於何時做什麼，怎麼解決。身在時間之中，利用時間。順利的話，你應該能獲得「忘卻時間」般的喜悅，感覺自己是超越時間的靈性存在吧。希望你能在這個單元讓思緒馳騁在時間所擁有的生命力與創造力上。

【一天的變化】

☆黎明

開始投入開拓靈性、探索自我的時間。嶄新人生的開始。夢見黎明的人無論有沒有自覺，都正在決定人生今後的方針。請現在就將決心化為言語，不要動搖應行的方向吧。今後要怎麼生活由你作主。

☆早晨

現在不是思考而是行動的時刻。為了解決問題採取行動的時機。若是夢見早晨的話，不可以拖拖拉拉，請迅速並實際地準備行動吧。參考：「曙光」、「朝霞、朝陽」、「春」

☆晚霞、黃昏、傍晚

各種狀況的終結，人際關係與戀愛關係的結束。是為至今的行動畫下休止符的時刻。即使你心中覺得尚未了結，但在對方心裡已經結束了。請一個人沉吟深思這段時間以來的應對處理吧。若是人際關係或戀愛關係，請接受你和當事者之間應該處理的靈魂課題已經消失了吧。

☆夜晚

休息與回顧的時刻。無論成功與否，結束一直以來的活動，為了連結下一個階段反省思量。即使目光向外也無法得到明確的判斷材料。一個人靜靜自省，充分休養生息。此外，為了運用今後確實會到來的好機會，請別錯過整頓體力與精力的時機。

【一年的變化】

☆新年

向自己、他人和宇宙宣告「一切歸零，重新開始」的決心的時刻。若是夢見新年，請將自已的決心透過像寫下新年新希望這種確實的方式表現。如果新年的印象讓你聯想到童年，請投入內在小孩的療癒。

☆復活節

重新轉生的時刻。參考：「蛋」

☆萬聖節

直視內心恐懼的時刻。面對心理創傷的必要。為了獲得你所追求的「自己的樣子」，必須認識你長年壓抑下來的恐懼與欲望。

【四季】

☆春

開始投入人生課題。夢見春天的人會透過認識他人直視未知的自己，在溝通交流的過程中學習到許多事物。雖然學習伴隨著試煉，也請要好好培育好不容易萌芽的幹勁。

☆夏

事物欣欣向榮。維持現行方向任其發展的時刻。完全享受自由的時刻。或是為了目標更高的地方，養精蓄銳，以遊戲與休養為優先的必要。

現在不是在意結果的時候。應該充分處理眼前的課題，投入全身的能量。即使結果以失敗告終，只要有「能做的都做了」的成就感，人生便會確實地晉級你在這段時間所培養的處理課題的持久力，和偶爾納入遊戲的智慧將會令你更加成長。

☆秋

親自播下的種子收割的時刻。接受過去以來的成果，打從心底享受，從中得到洞見。

☆冬

回顧過去的課題處理，準備下一次活動的時刻，請仔細注意自己的內心吧。夢中的冬天大多是雪景，白雪下，動植物經歷「為了重生而死亡」、「無法保留原形的腐爛」、「化為土壤的肥料」、「重生萌芽」等變化，按部就班，準備下一次的收穫。夢見冬天的人心中也有同樣的變化。儘管內心重生是份一人執行的孤獨工作，卻是下次收穫不能缺少的一步。

在回首過去的課題處理中，你或許會經歷自我厭惡等令人畏懼的死亡黑暗，但你必須將這些經驗化為肥料，紮實地孕育即將來臨的新生命，這項工作也與女性祈求懷孕相通，也是完成所有工作、孕育藝術品不可或缺的重要過程。

冬天是夢的四季中最重要的季節。春、夏、秋天只要面對既定的焦點，貫徹到底就好，冬天卻是決定這個焦點課題的時節，請謹慎小心地過冬吧。參考：「雪」

【特殊日子】

☆休假、假日

暫時與沿著自己信念的生活方式分開的時候。夢中花了多少時間與誰、做了什麼度過假日將成為線索，讓你看到新的掌握問題方式吧。你應該會一步步地明白，怎麼做才有可能令過去仰賴至今的信念信條變成屬於自己的風格。現在是能量的充電期。

☆生日

對「想打開新可能的大門」，這個心中一直模糊糾結的願望有清楚自覺的時刻。踏向人生的下個階段。從夢見生日的那天起，你就在靈性上重生了，若之前有猶豫不決的事，就以此為機會付諸行動吧，變化只會從你的內心而來。夢裡的慶生派對如果很豪華，你將很容易得到周遭的幫助。參考：「嬰兒」

【其他】

☆地球毀滅、世界末日

有時候人們會夢到洪水、天地異變或外星人來襲而世界終結的夢。你正逢人生重大時期，累積的不滿與憤怒似乎正在襲擊你的身體。

首先，請先慰勞身體，休養生息吧。接著，向地球獻上感謝，聆聽地球的意志。你必須拋棄過去的價值觀與生活方式，才能以建設性的方式引導出自己的不滿與憤怒。透過感受地球的意志，與地球同步，你將能褪去老舊的自己，變成嶄新的一個人。

■顏色、數字、其他抽象概念■

這個單元集合的關鍵字，或許會令人覺得是毫不相干的個體。不過，如果去查詢脈輪，便會發現其與顏色和數字有密切的關係。此外，方位和文字也分別與顏色跟數字有關。雖然我們平常使用顏色和數字時不以為意，但其豐富的意涵和象徵卻會令人吃驚連連。因此，請盡量閱讀每個詞彙的前後文，而不是只看單一辭條，希望你能藉此感受到宇宙連結的趣味。

【顏色】

☆顏色

藉由夢中顏色的彩度與亮度，可以知道你的健康與現在的問題。人生從紅色開始，至白色而完成。各種顏色都能呼應到身體七個能量中心的脈輪。

・紅（第一脈輪、性腺）

生存的熱情與決心。

・橙（第二脈輪、萊登腺）

踏出步伐追求體驗。為了道別過去，遇見全新的自己，經歷死亡，呼喚重生的顏色。

・黃（第三脈輪、腎上腺）

向心性。重生後的純真令無瑕的內心湧現冒險精神與求知欲。第三脈輪也被稱為太陽神經叢。

・綠（第四脈輪、胸腺）

綠色是黃色（向心性）與藍色（離心性）的混合色，衡量協調的療癒色。第四脈輪的別名是心輪。

・藍（第五脈輪、甲狀腺）

離心性。經過內心的愛所培養的意志。意志由言語和生活態度體現。只要擁有符合自己的意志，控制體內能量的甲狀腺便會活躍起來。

・靛（第六脈輪、松果體）

靛色是藍色（意志）與紅色（熱情）的混合色，是「第三隻眼」的顏色。若能精神飽滿地實現意志，便會擁有屬於自己的世界觀。

・紫（第七脈輪、腦下垂體）

靛色混合大量白色就會變成紫色，是能夠融合物質世界與精神世界的顏色。第七脈輪也被稱為頂輪。

・白

將生命力的紅光、再生力的黃光與意志力的藍光等量照射後便會變成白色。我們就是為了發揮這三種力量、抵達白色的境界，才攀上了名為人生的階梯。遠離物質世界，發揮高遠見識的靈性顏色就是白色。

・金

憧憬的終點。例如佛像包覆金色，成為觀者的目標。金色是太陽的顏色，極為主動。

・銀

銀色是被動的、月亮的顏色。銀色與金色都是希望實現自我的顏色，不過，銀色不會主導行動。

・粉紅

在未遭任何東西侵犯的白色裡，混合些許生命光輝的紅色，就成了粉紅色。粉紅色與心輪的綠色性質類似，不過綠色是溫柔包覆，粉紅色則是想要獲得柔軟擁抱的顏色。

・洋紅

被稱為氣場最高色彩的紫色，加上熱情的紅色就是洋紅色。意味著有熱情支持的前進。

・黑

閃耀光澤的美麗黑色意味著接納人生；沒有光澤的黑色則暗示嫉妒與陰謀的靠近。黑色的預知夢是在測試夢主。臨事請負起相應的責任，保持品性。

・灰

白色反射全部的光，黑色則是吸收全部的光，混合兩者的灰色代表融合優點與缺點，有時也指出消極的態度。

・褐

安心穩步（grounding）的必要。對腳邊的意識。停下來。

・卡其

欺騙與被欺騙。好戰。

・七彩

你的努力接近終點。成功時，請向七彩虹色獻上那份喜悅吧。

【數字】

☆數字

數字代表人類的內心成長。從1這個「對自我的認識」開始的探索物語，每增加一個數字便攀上一階成長的階梯，邁向完成。

・1

自我、事物的開端、集中一點的權力。陽剛的自尊與孤獨。重新開始。身心統合。神聖的光。合一。

・2

如同兩性結合孕育生命一樣，2代表了母性、自然界的創造力。2擁有正面與負面兩種面相，差異鮮明，因此從夢中的故事情節來判斷其含義相對簡單。自己與他人；物質與靈魂；男人與女人；光與暗；對立與矛盾；太陽與月亮等。此外，2也暗示著兼具對立兩性的雌雄同體。將兩極化的事物回歸根本的平衡。創造力的陰性面與陽性面。

・3

意味著靈性的統合、因為兩極化而對立的矛盾邁向解決與和諧。從1移向3代表樂觀的和諧蒞臨自己的分裂，心中產生統一。擁有「相對的事物」與「和諧」三種要素的群體，例如父母子、身心靈、水火風。夢中出現3的話，請先將樂觀與笑容記在心上吧。不過，有時候3也像三足鼎立、三難困境一樣，象徵膠著的狀態。

・4

與伴侶身心能量的平衡。春夏秋冬四季。東南西北四方。地水火風四大元素。地球的象徵。四分之一圓是將受到這些規則保護的地球圖像化後的形狀。4由代表十字成為身體的象徵。規則性與結合規則的理性。夢中出現4的話，請先思考與結婚對象、情人之間能否進行伴隨心靈交流的性交流吧。8的訊息是重心放在性交流上，4則是把重點放在精神連結方面。

・5

在用心控制地水火風這層意義上，5代表了人類。五芒星以張開四肢，想將五感體驗化為學習收穫的身體形狀，代表上方有顆腦袋、追求上天真理的人類。此外，5也代表地球的四加上自我的一，催促人們馬上採取引發變化的行動。停留在地球上是履行「表達自我」的約定，5就是這樣的數字。5擁有的活潑要素是所有數字中最多的。

・6

6是在5的人類上加入靈魂原理的數字。兩個正三角形上下顛倒重疊而成的六芒星。大衛之星、所羅門封印。印度教的毗濕奴印代表靈魂的原理，表現出人類在找出靈魂的靈性居所前無法休息。6傳達了水與火、陽性能量與陰性能量、意識與無意識、物質與靈魂這些不同性質達到完全融合的可能。此外，6象徵「美」，也綜合代表了對「美」的矛盾情感、才能與行動。意即，如同過於讚揚美麗會令人耽溺，人生變得艱難一樣，理解美的才能過度刺激了欲望。

・7

三角與四角代表天地，天地合體代表了人類。7是最神聖的數字，傳達人類受到天地間的不可思議與宇宙的神奇所支持。脈輪、星期、音階、彩虹的顏色全都與7相關。若夢中的故事情節偏向正面，就將夢裡出現的7當做lucky seven吧。你將會得到宇宙的支持，迎接為了成就飛躍或前進的休息。如果故事情節偏向負面，建議你尋求內省與覺察，再次回到發起變化的5吧。

・8

「八」，因其形狀由上而下逐漸拓寬而代表繁榮。在西方，將8橫放後代表無限大，也同樣於8身上寄喻了繁榮的意涵。這份豐碩展現在物質界便成為商業興盛。由於4是肉體，8便代表了性交流，它提出疑問，請你更加深入思考如何處理伴侶或情人關係中重要的性問題。8也因其形狀代表了昆達里尼（存在於人體內的根源生命能量）的螺旋流動，這個形狀與荷米斯雙蛇杖上兩條蛇互相纏繞的姿態重合，象徵了雙重的創造力，會正向也會負向運作，性能量也是雙面運作。希望你能將這股能量用在自我治療與靈魂再生等正向事物上。

・9

9是個位數的最後一個數字，在自然推演中見證過去力量的止息。9所迎接的變化是無止盡的。9也傳達了事情在此終結是很自然的一件事，請將你的能量用在終結上吧。成為英文中「博物館」、「音樂」、「馬賽克」語源的藝術女神謬斯是九姊妹，父親是萬能的天神宙斯，這是人生即藝術的證明。從1開始的探索自我之旅在這裡暫時迎向終結。接下來的10將開始新階段的自我探索。

・10

體驗昇華為學問後，嶄新的出發。心靈描著繪螺旋結構成長後，升等的挑戰。

・11

兩個事物間取得平衡的關係帶來意識上的改變。例如夫妻、情人、商業夥伴等關係在取得平衡狀態時，會產生三次元的創造力。

・12

如同天干地支的十二支、黃道十二宮、一年十二個月一樣，代表自然既定的終結與重生。有時候根據狀況也代表1加2等於3的意思，這種時候若能為1和2變成3的過程也找到意義應該比較好。例如夢中登場的12若吻合「希望自己一個人（1）在物質與心靈雙方面取得良好平衡（2）生活」這段文字的話，接著將訊息解讀成「請保持樂觀（3）」也不會不自然。這種解讀方法用在多位數的數字上。

・13

跳脫前面12的循環，進入完全不同次元的世界。最後的晚餐中，耶穌與十二門徒齊聚，之後，耶穌超越死亡，實現不同次元的重生。

・22

控制精神的必要。請追求自我肉體與精神的平衡，駕馭內心，發展溝通能力吧。這是在現實中活到最後所必須的技術。

・33

控制靈性的必要。22的肉體與精神漸漸取得平衡後，便會進一步刺激高階的靈性，夢見33。致力於提高靈性的話，將能獲得一切行為都在自我責任下進行的柔韌堅強。

・40

意味完成。讓祈禱在自己的心中扎根需要四十天的時間。四十天每天反覆同樣的祈禱，祈禱於焉完成。積蓄內心能量所需要的時間。忍耐與努力的數字。帶來高階知覺的潛伏期，也是將一種覺察化為確實事物的鍛鍊期間。

☆十二生肖

夢中出現與生肖相關的事物時，需要思考你身邊的人中屬於該生肖者的特徵。請將那個人的特徵與下面的建議結合後，體察夢所要傳達給你的訊息。

・子（鼠）

你是否不斷活動，擔心今後的日子是否過得下去呢？或是被別人的期望轉移注意力，不把自己該做的事放在眼裡呢？

・丑（牛）

以為悠哉卻又性急；才覺得有著牛牽到北京還是牛的固執，卻又三分鐘熱度，當別人的應聲蟲。這種落差是魅力還是沒有一致性，浪費能量呢？

・寅（虎）

你是否想讓人覺得自己很有度量，是個直來直往的人呢？儘管一開始還行得通，但隨著時間經過就會露出本性。請在不勉強自己的範圍內與人交往。

・卯（兔）

起初，你是善用自己的長處朝目的地前進，但隨著評價越來越高後，回應周遭的期待便取代了你原本的目標。請不要忘記自己真正的目的。

・辰（龍）

說話直接尖銳，人際關係便不會融洽，請學習合宜的用字遣詞吧。

・巳（蛇）

隱藏真心的人。這個夢暗示的或許是受嫉妒與猜疑驅使的你自己，不然就是對你有沒有默默體貼對方的溫柔這點提出疑問。

・午（馬）

明明有受到眷顧的才能與個性實現夢想，為什麼如今卻差臨門一腳呢？配合努力的結果一定會收到禮物，請比任何人都更信任自己吧。

・未（羊）

雖然身段柔軟，待人接物良好，偶爾卻會隱約顯露無法輕易相處的頑固，吸引周圍的目光。堅固，是傾向以他人反應來決定自己身分立場的表現。真正的堅強只存在於柔軟之中。參考：「綿羊」

・申（猴）

溫和的個性、富有人情味的魅力，工作也能順利完成。由於這樣容易變成一個八面玲瓏的人，請學習宏觀事物的眼光和掌握浩瀚時空的方法吧。

・酉（雞）

無論任何工作都處理得很專業，這種態度源於心底對他人的不信任。體驗遊戲與工作、喜歡與討厭的事物等極端的擺盪後，就能具備讓人生變得單純的能力。

・戌（狗）

講義氣、重人情，相對的也很善妒吧？這是因為覺得有對方才有自己的緣故。請擁有自己的世界吧。

・亥（豬）

由於容易對事情一頭熱的個性，只要出手大致都能完成任務卻可能得不到成就感。你似乎需要好好思索做事的動機，請設定為自己著想的目標吧。

【文字、語言】

☆文字

文字的內容當然不用說，文字本身也擁有很重要的訊息。只要調查該字的語源或是相關諺語等，應該就能理解訊息。有辦法在夢中閱讀文字的人很熟悉夢境，對夢的投入和處理坦率而真摯。參考：「英文字母」、「句子、詩歌、諺語」

☆英文字母

以文化的方式表現、傳達現象。事物的初步表現。

英文字母也可以用生命靈數和卡巴拉來理解。

・生命靈數（numerology）

1	2	3	4	5	6	7	8	9
A	B	C	D	E	F	G	H	I
J	K	L	M	N	O	P	Q	R
S	T	U	V	W	X	Y	Z	

・卡巴拉

1	2	3	4	5	6	7	8
A	B	C	D	E	U	O	F
I	K	G	M	H	V	Z	P
Q	R	L	T	N	W		
J	S				X		
Y							

像這樣，將夢中的英文字母轉換成數字後理解其意義。卡巴拉中沒有對應9的英文字母，是因為9身上包含了「因為複雜與自然推演而得到結果」這個象徵的緣故。參考：「數字」

☆句子、詩歌、諺語

夢中閱讀或是聽見成句的話語時，大多是來自真我的訊息。這些訊息非常重要，會一輩子支持你，請好好記下來吧。你應該會發現這些話將隨著你的成長有越來越深的意涵。

夢中的語言除了我們平常用的語言外，還會有外文、過去的語言、沒有記錄在這個世界上的未知語言等分布各種類別。請不要急著為那些話尋找意義，試著將聽到的發音發出來、看到的內容寫出來，珍惜心中感受到的情緒吧。若是母語，除了句子、詩歌與諺語這些理所當然的本義外，也可以先從接下來會碰上這些話語的預知面來考量。參考：「英文字母」、「文字」

☆名字

請將承襲那個名字意涵的言行放在心上。如果是不太清楚、不屬於現代文化圈的名字的話，請試著調查該名字的語源、意義和由來，其中應該藏著解決問題的建議。如果在夢中見到或是聽到自己的名字，可能是你正忽略一件重要的事，在想起來是什麼事以前請不要移動，靜靜待在原地吧。如果想不起來的話，請注意接下來會遇到的人。那個人對你的態度應該會成為這件事的線索。

【方位、方向】

☆東方

太陽升起的東方代表事物開始、出發的時刻。將意識轉向外部，做你該做的事吧。夢中看到東方天空有太陽升起或是星星閃耀時，代表向你保證處理課題會有收穫。根據中國五行觀來看，鎮守東方的神獸青龍代表直覺，擁有捕捉不同次元事物的能力。也就是說，現在是你根據靈感行動的時刻。參考：「龍（東方）」

☆西方

太陽沉墜的西方代表關閉事物，歸納、終結的時刻。如同農夫與農婦日落時結束農活，趕著回家一樣，準備將對外的意識轉向內在，開始自省。若是夢見和情人一起看夕陽，請獨自凝視自己的內心吧，你應該會發現自己已經對對方沒有興趣了。這是因為你們兩人要處理的課題已經結束。鎮守西方的白虎代表感受，這是靜靜讓感受更敏銳的時刻。參考：「東方」、「老虎」

☆南方

太陽光輝抵達頂點的南方代表你的能量到達顛峰。你現在活力充沛，一定能有好成果吧。由於你掌握問題的方式也很明確，因此能聰明迅速地應對問題。鎮守南方的朱雀代表情感，顏色是紅色。這是盡情接受注目，健康發洩情感的時刻。參考：「孔雀」、「鳳凰」

☆北方

南邊的相反側，意識完全轉向內在，自省的時刻。若是夢見往北方移動的話，局面應該會變得很艱難。不過，知道這件事可以預防能量渙散。鎮守北方的玄武代表思考，形象是烏龜，顏色是黑色。現在，請你深思熟慮吧。參考：「南方」、「烏龜」

☆左、右

右邊代表目所能及的事物、以現實的世俗價值為優先，與曖昧不明及感性的事物保持距離的陽性之道。左邊與超越次元、眼睛看不見的存在關係密切，代表不會只侷限在現世事物裡的陰性內心模樣。參考：「手」、「大腦」、「分岔、岔路」

☆上

看向更上方、上進心的必要。或是平常太過看向上方，因此夢建議你適可而止地知足，享受現在。如果夢中上方模糊不清的話，代表你現在似乎不想決定目標。是時候讓目標更具體了。

☆下

如果夢見日文中意指賄賂的「袖子下」或是別有用心的「下心」的話，代表精打細算、斤斤計較；若是場勘的「下調查」、草圖「下繪」、內衣「下著」

便是代表基礎的重要；下位則代表自卑感；天空下是現實生活的重要性。此外，如果「上」意味著使用松果體的第三隻眼，「下」或許就是暗示適當解放性腺、生存的熱情與性能量。參考：「上」、「向上」

☆顛倒

請你改變方向的建議。人生是可以重來的，為了成就偉大的成功，失敗是必要的。現在是不是一直逃避失敗的你該翻轉思維的時刻呢？

【形狀】

☆圓、圓形、圓圈、輪子

完整性、和諧、秩序、普遍性。永恆的象徵。也代表輪迴轉生之輪。接受前後一致的人生，或是即將完成你人生的一個循環。成為全體的一部分。全體。連結的意識。地球是宇宙這個身體的一部分，而地球的其中一個細胞就是你。夢裡不停繞著圓打轉時，代表你因為人生空轉而處於沒有出口的圈套中。不過，一旦你決定要出去，就能輕易從圓環裡離開。

☆三角、倒三角

要求你齊聚三個條件，啟動人生。凡事只要至少擁有三個要素便能開啟循環。是時間、空間、物質或是情人、自己、情敵？請套用在自己的生活裡看看吧。重點是不要成為三難困境，要讓事態運轉。又或者，三角的夢代表了成熟的心，守護內心的父母與孩子間的對話。啟動大人成熟的一面激起解決問題的行動。正三角形代表火，倒三角形代表水。倒三角形單獨出現代表不安定與下降。參考：「數字」的3

☆四角形

物質的四元素，地水火風。四方、肉體、安定、不動。就像「方方正正」或是日文俗語「拿牙籤挑便當盒角落」字面上的意思一樣，四角形的夢或許是指出你的冥頑不靈。

☆六角形

代表地球是個將不相容的要素統合起來產生化學變化，將其變成「美」這道恩寵的地方。六角形中向上與向下的三角形分別代表火與水、陽與陰、男與女。作這個夢的你現在可能正處於矛盾糾葛之中。不過，即使看起來找不出共同點、相互對立的東西還是能整合的。

☆八角形

請重視生活節奏和與人之間的約定吧。八角形是將兩個正方形中心重疊後錯開邊角而成的形狀，是在代表這個世界物質性的四個角上分別加上天使加持的形狀。由於現實生活是仰賴宇宙加持而循環的，因此，想獲得加持，就要循規蹈矩地生活，實行自己想做的事情的同時，也要珍惜身邊的人。聖德太子的夢殿是八角形，在夢殿的冥想與夢境中創造出了十七條憲法。八角形象徵了在現實中運用神意的過程。

☆漩渦

暗示著與母親有關的糾結心情。與其說是母親實際上給你出難題，不如說問題是出在母親已經滲入你心中的生活方式與思維。由於你遵循母親的思路，沒有自己的目標，因此沒有定下人生的主軸，感覺就像是遭到一股難以抵擋、可以將人拖進大地或大海的力量拉到了地獄盡頭對吧？請靜下心，體察自己真正的願望，有時也試著跟可以信賴的人聊聊吧。參考：「溺水」

☆分岔、岔路

面臨該選擇右邊還是左邊的抉擇。右邊意味實際的行動，左邊意味仔細沉吟思量，夢中大多會選擇右邊。不過，二擇一的本意是在問你，你是如何行使在活著的基礎上最重要的自由意志。很重要的局面就是由你自己決定。參考：「右」、「左」、「大腦」

【狀態】

☆液體

柔軟富有情緒的事物。順應的美德。根據夢中故事情節，建議你要堅強把持自我。若是夢本身從液體化為固體、氣體，變化自如的話，或許是在傳達「你的存在本身就存在於多個次元中」這項真理。柔軟是洞察不可或缺的態度。

☆透明

能夠打從心底接受，沒有不明白的地方。公平、誠懇。或者，有時也代表顯而易見的謊言或敷衍。夢中登場的人如果是透明人，可能是對方不想讓你看見他的真面目。

☆糾結

無法抽出問題的本質卻用姑且的心態嘗試解決。為了探索出問題核心，請冥想吧。

【概念】

☆Ace

人生遊戲的王牌。無論是撲克牌中的A還是該領域的一流選手，都代表了你能夠面對眼前問題的優秀。

☆能量

這個夢向你通知你的能量狀態。由身體主要七個內分泌中樞所發出來的能量狀態大致區分後，以身體部位和顏色來傳達。這些能量進一步又形成身體層面、心理上的感情層面以及精神上的靈性層面三層結構。

實際上，是情感先運作後刺激靈性，身體再藉由體驗這個結果將能量做為共鳴來震動，感受身心的連結。因此，我們會透過夢得知情感扭曲的地方，在身體出現症狀之前接受忠告。生命的根源就是這股能量的躍動，藉由冥想活化能量，在洞察與治療上發揮力量。

☆**情慾**

第二脈輪的性腺能量尋求創造力的表現。過去，你可能都輕忽了肉體的價值和要求。儘管原因可能是出自你嚴格的倫理道德觀或是家庭環境，但適當滿足身體所要求的必要條件，就可能會獲得洞見覺察。

☆**猥褻**

有些過去你難以理解、接受，一直拒絕的事終於要面臨理解、接納和執行。無論你在夢中是猥褻別人或是遭人猥褻，都在暗示你要模仿對方的優點，將其納為己有。雖然你可能覺得模仿對方非常痛苦，很不像自己，但現在的你不這麼做便無法進展到下一階段。

☆**大、巨大**

是遭到巨大的事物壓倒倍感威脅，還是有巨大的能量支持而感到安心，你的感覺是什麼呢？若是前者，你有把自己想得微不足道的傾向，若是後者，可以窺見你相信自己身上湧現的活力，與支持自己的力量光明正大生活的樣貌。又或者，代表你擁有龐大的可能或是誇大的感情表現。如果你現在正往超出自己力量的目的地前進，可能也會出現巨大的交通工具。

☆**藝術**

「發揮創造力」。人生就是藝術。生活上的創新巧思。此外，如果反覆夢見某種藝術表演的話，暗示你有那方面的才能，因此，若能學習或是將其納入日常生活中，這項藝術將會成為你內心的療癒。參考：「藝術家」

☆**音樂**

在夢中聽音樂的人，有時是五感中的聽覺特別卓越優秀的人。請實際聽聽看在夢中聽到的音樂或是類似的曲子吧。現在似乎適合先將理性放在一旁，透過音樂體驗這個世界的和諧。演奏音樂的夢請參考：

「樂器」、「交響樂團」

☆黑暗

人生的黑暗。無法掌握問題，在黑暗中摸索。對正面臨的課題沒有自覺。缺乏活力。黑暗是故意不去意識的事物終將化為形體的預兆。不要驚慌，不要失措，為了掌握事態，請冥想，讓內在的能量綻放光芒吧。同時也注意四周，尋找合適的援軍。

☆空

虛無。覺得自己沒用，是個空殼。請試著用愛的眼光看著自己，想像朝空盪盪的內心注入能量的樣子。或是送自己喜歡的東西當作禮物吧。只要心中浮現自己想要的東西，你就會一點一滴卻確實地開始培養你的創造力。

☆汙漬

自己給自己沾上的汙點或是壞名聲。衣服上的汙漬代表你幼稚的言行，臉上的髒汙是缺乏體貼的用字遣詞和表情，家具上的汙漬代表傲慢的生活方式與信念。你需要好好思量自己整體的自我表達是否有問題。

☆終點

暫時的成果。勝利在望。抵達自己決定的目標。此時不要自得，把下個挑戰放入視野。

☆終結

現在的課題處理迎向終結。暫時的結束。了解任何事都有結束的一天，更加睿智。接下來要立定新目標。

☆3D

人生的預演、預備知識。帶著玩心的模擬。3D影像雖然沒有實體，卻可以做為體驗的預演。不過，因為事先就知道那不是真的，所以並不會幫助你培養應對不測的勇氣。

☆數位

理性、無機質。遭到時間追趕等等，讓自己去配合外在條件。無論內在如何，外表看起來獨當一面。規律。參考：「類比」

☆類比

感性、有機質。緩慢模式。尊重自己的步調。平順的移動與成長。參考：「數位」

☆圖表

今後要走的道路。點與線構成的圖表預先通知你近未來的起伏。有意識的生活，包含是否該修正現在面對課題的方法可以令你安心。參考：「地圖」

☆價錢

為自身行為所訂的價錢。自我評價。若是致力於磨鍊靈魂，你便能認同自己，提高定價。夢中若是買了大打折扣的便宜商品或是殺價的話，可能是你覺得自己的表現還差得遠。如果買到與所付金額不符的便宜貨，是你不恰當地高估自己或是周圍並沒有那麼認同你的證明。請讓自己能夠在夢中大方豪氣地購物吧。參考：「買東西」、「金錢」

【十九劃】

【二十劃】

【二十一劃】

【二十二劃】

【二十三劃】

【二十四劃】

【二十五劃】

【二十六劃】

【二十七劃】

【二十八劃】

【三十劃】

【十七劃】

【十八劃】

【十五劃】

【十六劃】

【十四劃】

【十三劃】

【十二劃】

【十一劃】

【十劃】

【九劃】

【六劃】

【五劃】

夢・關鍵字筆劃索引
INDEX

究極夢辭典：
用「夢療法」解讀深層訊息，翻轉人生

夢は神さまからの最高のシグナル

作　　者　坂內慶子
譯　　者　洪于琇
執行編輯　顏妤安
行銷企劃　劉妍伶
封面設計　李涵硯
版面構成　呂明蓁
發 行 人　王榮文
出版發行　遠流出版事業股份有限公司
地　　址　臺北市南昌路 2 段 81 號 6 樓
客服電話　02-2392-6899
傳　　真　02-2392-6658
郵　　撥　0189456-1
著作權顧問　蕭雄淋律師

2021 年 1 月 1 日　初版一刷
定價　新台幣 380 元

ISBN　978-957-32-8920-3
遠流博識網　http://www.ylib.com
E-mail：ylib@ylib.com
（如有缺頁或破損，請寄回更換）

圖書館出版品預行編目 (CIP) 資料

究極夢辭典：用「夢療法」解讀深層訊息，翻轉人生 / 坂內慶子著；洪于琇譯. -- 初版.
-- 臺北市：遠流出版事業股份有限公司，2021.01　面；　公分
譯自：夢は神さまからの最高のシグナル
ISBN　978-957-32-8920-3(平裝)
1. 夢 2. 解夢

175.1　　109019283